図説心理学入門

齊藤 勇 編　第2版

誠信書房

はじめに

　この本は心理学をはじめて学ぶ人のための図説入門書です。心理学は興味深い学問です。それは人の心についての学問だからです。私たちは自分の気持ちや性格について，人の心について，強い関心をもっています。また，人間関係についていつも気にしています。たとえば，次のような疑問をもちませんか。

　　自分は内気すぎるようだけど，どうしたらいいのだろうか。
　　あの人はどんな性格をしているのだろうか。
　　勉強を効果的にやるにはどうしたらいいのだろうか。
　　人の知能は遺伝的に決まっているのだろうか。
　　子どもはどのように育てたらいいのだろうか。
　　人は集団のなかではどのように行動するのだろうか。

　これらはほんの数例ですが，このようなことに関心をもち，答えようとしているのが心理学です。心理学は，人の性格について研究しています。人の知的能力についても研究しています。また知覚や感情についても科学的に研究しています。さらに人の成長過程についても研究しています。人と人の関係つまり人間関係の心理についても研究しています。

　このように心理学の研究領域は広範囲にわたりますが，すべて，人の心のしくみや働きがどのようになっているかを研究しているのです。そのような人間の心理に興味をもっている人に心理学の知識をやさしく紹介しようというのが本書のねらいです。本書ははじめて学ぶ人のために，心理学全般についての基本的な知識が得られるように，ていねいに説明してあります。また，心理学の重要な考え方や主要な実験については，十分な知識を得られるようにトピックスとして右側の頁にまとめてあります。

ところで,"心理学は興味があるのだけれど難しくて,どうも分からない"という話をよく聞きます。心理学の研究者としては"せっかく興味をもっているのに"と残念に思えて仕方ありません。分かりにくい理由を考えてみますとその一つは,心が見えないからだと思います。目に見えないもの,視覚的枠組みのないものはとらえにくく,分かりにくいものです。もちろん心理学者も直接,心は見せられません。しかし,心理を図式化したものや実験の風景,調査の結果など,視覚化できるものも少なくありません。そこで,本書は図説心理学として,心理研究に関連した図やグラフ,イラスト,写真などをたくさん用意し,"見えない心理"をできる限り見えるように工夫しました。これらの図や表が読者の理解を容易にし,興味を高めると思います。

〈第2版刊行にあたって〉

本書は『図説心理学入門』の改訂版です。幸い初版は多くの読者から好評を得て,また多くの大学で心理学のテキストとして採用されています。その間も,心理学は発展し続け,社会からの注目度も一段と高くなりました。そこで,発行以来15年がたったことから,第2版を刊行することとしました。大きな変更点は,臨床心理学の章を新たに設けたことです。急激な社会変化や学校環境の変化などにより,大人にも子どもにも心のケアが求められています。それに応える臨床心理学への期待が高まっていることを考慮して,この章を加えました。既存の章においても,たとえば脳科学の最新の知識を加えるなど,各執筆者に力を入れて改訂を行っていただきました。

最後に本書作成にあたり,誠信書房の松山由理子氏ならびに中澤美穂氏に大変な尽力をいただきました。心から感謝いたします。

初版同様心理学に興味をもって本書を手にした人が,本書を通して心理学への関心をさらに高めていただけたら幸いです。

2004年11月

齊藤　勇

目　次

はじめに　i

序　章　心理学入門　　　　　　　　　　　　　　　　　　　　1
1　外の世界を知る──認知心理学　1
2　喜怒哀楽の情緒──感情心理学　3
3　行動したい気持ち──欲求心理学　4
4　考えること，学ぶこと──思考心理学と学習心理学　5
5　子どもの成長──発達心理学　7
6　性格の違い──性格心理学　8
7　人と人の関係──社会心理学　10
8　心とからだの関係──生理心理学　10
9　心のケア──臨床心理学　11

第1章　知覚と認知　　　　　　　　　　　　　　　　　　　　13
1　知覚・認知とは何か　13
2　形の知覚　13
　1　図と地　13
　2　群化の法則　15
3　空間知覚　16
　1　網膜像以外の要因　18
　2　網膜像からの要因　18
4　運動知覚　19
　1　仮現運動　20
　2　誘導運動　22
　3　運動残効　24

4　自動運動　24
　5　知覚のずれ　24
　　　1　月の錯視　24
　　　2　幾何学的錯視　26
　　　3　恒常性　26
　6　知覚の選択性　28
　　　1　注意を支配する条件　30
　7　知覚情報処理　34
　8　社会的認知　38

第2章　欲求と感情　　　　　　　　　　　40
　1　欲求と動機づけ　41
　2　欲求の種類　42
　3　動機づけと認知の関連　48
　4　フラストレーションとコンフリクト　51
　　　1　フラストレーション　51
　　　2　コンフリクト　52
　5　感情とは何か　54
　6　情動の表出と伝達　56
　7　生理的反応（身体的変化）としての情動　58
　8　情動の認知学説　60
　9　社会的構築主義説　64

第3章　学習・思考・記憶　　　　　　　　　66
　1　条件づけ　67
　　　1　古典的条件づけ　67
　　　2　オペラント条件づけ　70
　　　3　消去と自発的回復　76

　　　　4　汎化と弁別　77
　　　　5　部分強化　78
　　　　6　二次的強化　80
　　2　概念と問題解決　82
　　　　1　動物の問題解決行動　82
　　　　2　概念の獲得　84
　　　　3　概念の特徴と代表化　87
　　　　4　機能的固定　91
　　　　5　創造的思考　91
　　3　社会的学習　94
　　　　1　模倣学習　94
　　　　2　観察学習　96
　　4　記　憶　98
　　　　1　作業記憶　100
　　　　2　長期記憶　102
　　　　3　顕在記憶と潜在記憶　109

第4章　**発達と教育**　　　　　　　　　　　　　　　　　112
　　1　発達とは何か　112
　　　　1　発達の概念　112
　　　　2　発達の規定因　114
　　　　3　発達と育児　116
　　2　発達の様相　116
　　　　1　胎生期　116
　　　　2　乳児期　118
　　　　3　幼児期　122
　　　　4　児童期　124
　　　　5　青年期　126

　　　　6　成人期以後　130
　3　発達と教育に関わる問題　131
　　　　1　レディネス　131
　　　　2　初期経験と臨界期　136

第5章　性格と異常心理　142
　1　統合失調症　143
　2　躁うつ病　146
　3　神経症　148
　4　精神分析理論　150
　5　行動理論　156
　6　自己理論　162

第6章　対人心理と社会心理　168
　1　対人認知　168
　　　　1　瞬間的判断　168
　　　　2　原因帰属　170
　　　　3　特性の推論　171
　　　　4　印象形成　172
　2　対人関係　174
　　　　1　対人魅力　174
　　　　2　社会的交換　175
　　　　3　協力と競争　178
　3　社会的態度　182
　　　　1　態度の性質　182
　　　　2　説得的コミュニケーション　184
　　　　3　応諾獲得　186

4　状況の力　188
　　　　1　他者の存在　189
　　　　2　支配と服従　190
　　　　3　同　調　192

第7章　脳と生理心理学 ══════════════ 196
　　1　大脳のはたらき——機能の局在と統合　196
　　2　前頭連合野と自己意識　198
　　3　左脳と右脳——大脳半球機能差　202
　　4　脳と情動——大脳辺縁系と脳幹　206
　　5　意識——眠りと夢　208
　　　　1　ノンレム睡眠とレム睡眠　208
　　　　2　入眠期心像体験，ノンレム睡眠の夢，
　　　　　　レム睡眠の夢　214

第8章　臨床心理と心理療法 ══════════════ 218
　　1　臨床心理学とは　219
　　2　臨床心理アセスメント　220
　　　　1　面接法　221
　　　　2　心理検査法　222
　　　　3　観察法　230
　　3　心理療法　230

　　引用・参考文献　237
　　人名索引　251
　　事項索引　253
　　執筆者紹介　260

序　章　# 心理学入門

　心理学は心のしくみや働きを科学的に研究する学問である。私たちの心のしくみはどのようになっているのだろうか。どのような働きをするのだろう。心理学はこのような問いかけをもとに，人間の心理と行動について研究している。

　人にはいろいろな心理的働きがある。そこで，最初に心の働きやしくみについて，全体像をみていくことにする。それが心理学全体の領域や分野の概観ともなる。まず概観を紹介し，そのうえで各章で各々の心理的しくみや働きについて具体的に内容を紹介していくことにする。

§1　外の世界を知る——認知心理学

　読者は今，この本を読んでいる。そこでちょっと目をあげて，遠くを見て下

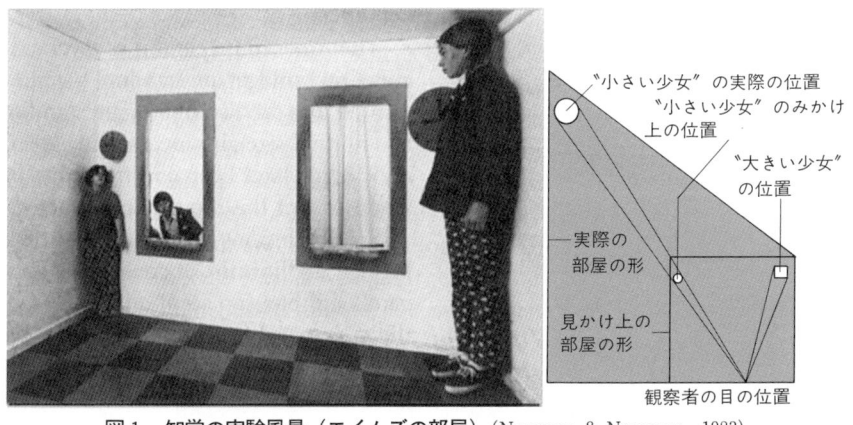

図1　知覚の実験風景（エイムズの部屋）（Newman & Newman, 1983）

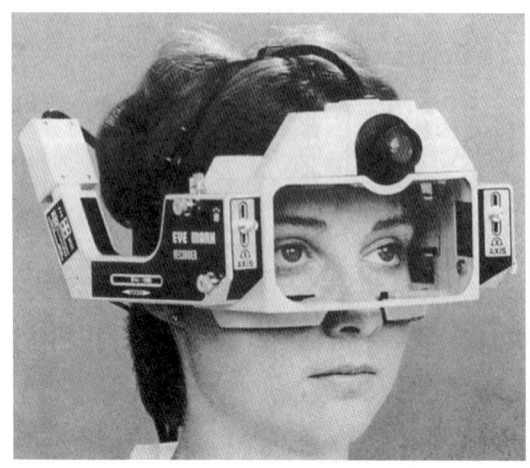

図2　アイ・カメラを用いた知覚の実験風景（ナック社）

さい。何が見えますか。窓から隣の家が見える人がいると思う。テラスから海が見える人もいるかもしれない。教室でこの本を読んでいたとしたら、前の人の黒い頭とそれに先生と黒板が見えるだろう。このように私たちは外の世界を、目を通して見ることができる。これは重要な心のしくみであり、働きである。心理学ではこのしくみと働きを知覚と呼んでいる。私たちはこの知覚を通して、外にあるいろいろな事物を知ることができる。外の事象や情報をキャッチし、自分の内に受け入れることができるのである。図1で、右の子は左の子よりも大きな子に見える。しかし、本当は、同じ大きさの子どもである。これが錯視である。

　ところで知覚は目で見るという視覚だけではない。人間の場合、この視覚による情報の入手が非常に多いのであるが、それ以外にもいろいろな知覚がある。たとえば風に吹かれている、とか誰かに肩をたたかれたといった場合は、触覚による知覚である。嗅覚や味覚の知覚もある。また人は言葉を使うが、相手の言っていることを聴くのは聴覚を通した知覚による。

　私たちはこれらいわゆる五感と呼ばれる感覚器官を通して、外にあるもの（心理学ではそれを刺激あるいは情報と呼んでいる）を知覚するわけである。この外の刺激や情報をどのように私たちは受け止め、知覚するか、つまり、外

側の刺激と人により知覚された内容の関係を知ることが,知覚心理学の重要なテーマである。

　というのは,私たちは外にあるものをそのまま,受け入れるわけではないからである。私たちの過去経験や欲求によって,人各々独自の受け止め方をするのである。このような点に力点をおいた場合,心理学では,知覚という言葉よりも認知という言葉を使う。そこで第1章では,この知覚と認知のメカニズムについて詳しくみていくことにしよう。

§2　喜怒哀楽の情緒——感情心理学

　そよ風に吹かれていると心地良い気持ちになる。おそいかかってくる猛獣を見たら,恐怖に震える。悪さをしているのを見たら,腹が立ち怒りを感じる。私たちはこのように,時と場面により,喜怒哀楽などいろいろな感情をもつ。心理学ではこのような感情を情緒と呼んでいる。情緒は私たち人間にとって重要な心の働きである。人をロボットと比較するとき,人には感情があり,いくら精巧にできていてもロボットには感情がないということが強調される。このことは感情や情緒が人間の本質的特徴であり,進化のなかで発達してきたきわ

図3　怒りの情緒の生理心理学的研究の風景（Wortman ら,1981）

めて人間的な心理的働きであるということを示している。第2章ではこの感情と情緒について詳しくみていきたい。また，怒りや恐怖のような基本的情緒については，生理的研究がたくさんなされている。このような情緒の生理心理学については第7章でもみていく。

§3　行動したい気持ち──欲求心理学

　知覚と情緒というここまでの心理的働きは，外の情報を入手し，それを知覚し，何らかの情緒を感じとるという，いわば外の環境を受容する心の働きである。これに対し，欲求と行動は逆に外の環境に対して，私たちが何らかの働きかけをしようとする心理的働きを扱っている。これはいわば能動的な心の働きといえるだろう。

　私たちは誰かが困っていたら，哀れみと同情を感じ，できることなら助けてあげたいと思う。このように困っている人に哀れみと同情を感じるのが情緒で，次にその人を何とかしてあげたいと思う気持ちが欲求（動機）である。助けてあげたいと思うのは援助的欲求である。そしてその欲求を実際に実行に移したときが行動となる。実際に手を貸したり，物を送ったりするのが援助的行動である。

　もう一つの例を挙げると，私たちは怒りを感じたとき，攻撃的になる。そして相手をなぐってやろうとか，口汚くののしってやろうなどという気持ちが強くなる。このような攻撃的な行動をしたいという気持ちが攻撃的欲求である。そして実際になぐったり，ののしったりし

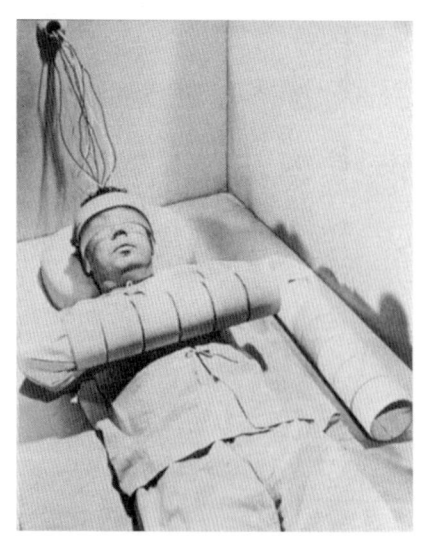

図4　人間の好奇欲求の実験風景　(Koganら，1972)

図5　サルの好奇欲求の実験風景（Koganら，1972）

た場合が攻撃的行動である。欲求はこのように人を行動にかりたてる心理的働きである。いわば行動の原動力となる重要な心理である。

　しかし，欲求はそのままイコール行動ではない。私たちは，気持ちは十分もっていても実際には行動に移さないこともかなりある。また思わずやってしまうということもある。無意識の力が働く場合もある。そこが人の心理を考えるときの難しい点であり，かつまた，おもしろいところでもある。

　第2章では欲求について，また欲求と行動の関係等について詳しくみていく。

§4　考えること，学ぶこと——思考心理学と学習心理学

　今，話したように欲求があるからといって，私たちはその欲求をすべて行動に移すわけではない。中傷され，腹を立てても，相手が上司の場合などは，今後の関係を考えて，コブシを上げずにいる場合が多いだろう。死にたいくらい悲しいときでも周囲の人のことを考え，涙をこらえ，笑顔をつくることもあろう。このように私たちは状況を考え，自分の立場を判断し，行動を決定している。人はホモ・サピエンスといわれるように知的に優れている。また，人間は

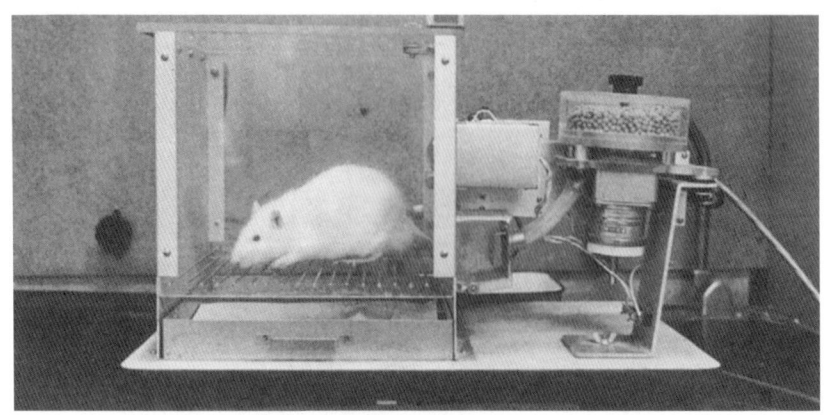

図6　ネズミの学習実験の風景（Wortman ら，1981）

「考える葦である」といわれるように思考に優れている。それゆえ，情緒のなすがまま，欲求のなすがままに行動することはない。よく考え，判断し，行動しているのである。この働きは単に欲求と行動の間にだけ働くのではない。最初の認知段階でこのメカニズムが働く。つまり周囲の環境から知覚したものを評価し，よく考え，適当に判断する。また，直面している問題にどう対処すべきかを考える。そして問題を解決するのにどのような行動をしたらよいかを

図7　チンパンジーの課題解決実験の風景（Belkin & Skydell，1979）

考えるのである。

　では私たちはどのような思考をしているのだろうか。大人と子どもでは思考の仕方が違うのだろうか。また，人によって知的能力に差があるように思われるが，知能は生まれながらに決まっているのだろうか。第3章ではこのような思考と知能の心理学についてみていく。

　この思考の材料となるのが知識である。人は経験を通していろいろな知識を学んでいく。家庭や社会からの教育と自らの学習により，多くのことを学び，多くの知識や技能を身につけ，さまざまな状況に適合した行動をとることができるようになる。この学習能力は知的能力と表裏一体をなし，人間の優れた環境適応能力を形成しているといえるだろう。では，人はどのようにして経験から新しい知識や行動を学んでいるのだろうか。この学習の方法について第3章で詳しく説明していく。

§5　子どもの成長──発達心理学

　赤ん坊は日に日に発達し，成長していく。身体が大きくなるだけではない。分からないことを言っていた発音が，ママとかパパという意味をもった言葉に

図8　性格テストの検査風景（Belkin & Skydell, 1979）

なっていく。横に寝ていた赤ん坊が立って歩けるようになる。

　子どもは成長し，青年になり，やがて大人になる。子どもは身体が成長すると同時に思考能力や人格的にも大きく発達していく。適切な教育をすることにより，数的能力や言語能力が飛躍的に伸びていく。また集団で仕事をすることやつらいことに耐える社会的能力もついてくる。青年期になると自我が芽ばえ，心理的にも独立してくる。学校では良き社会人になるために教育がなされ，自らの学習とあいまって，やがて，青年は大人になっていく。大人もまた自己成長する。社会で一定の役割を果たすことを通し，また子どもを育てることを通して，自ら学習し，心理的に成長していく。第4章ではこのような，人の成長過程についてみていく。

§6　性格の違い──性格心理学

　一緒にいる人と性格が合う，合わないは日常生活の雰囲気を決定づけてしまう。つらい仕事や境遇でも，性格の合う人と一緒なら結構楽しく生活できる

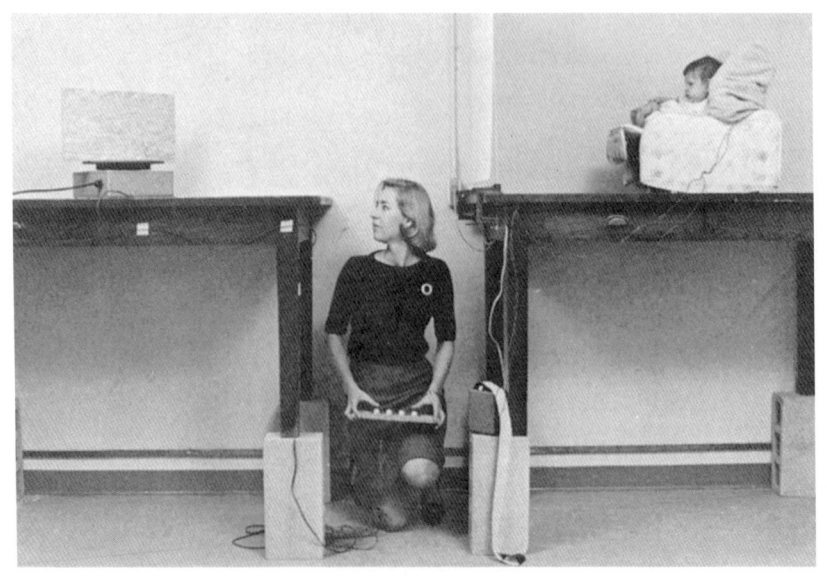

図9　幼児の視覚実験の風景（Newman & Newman, 1983）

図10 幼児のビジュアル・クリフの視覚実験 (Belkin & Skydell, 1979)

が，一方，環境はすべて整っていても気の合わない人と一緒なら，まったく楽しくないものである。このような一面からも，私たちは人の性格に特別の興味をもっており，また人の性格が気になるものである。では，人にはどんな性格があるのだろうか。性格心理学は，いくつかの性格分類と性格形成要因についての研究を行っている。それについて第5章でみていく。

ところで，心理学を研究している人が初対面の人に会い，心理学を専門にしているというと，「性格が見やぶられそうで気持ちが悪い」とか「恐い」という人がときどきいる。この言葉のなかには，私たちは他人には気づかれたくないような性格をもっていて，しかもそれは自分でもよく分からない隠された異常な心理をもっているかもしれないといった戸惑いが感じられる。第5章では異常心理や人の深層の心理について，精神分析も含めて，詳しくみていく。

§7　人と人の関係——社会心理学

　人は社会的動物といわれている。集団や社会を形成し，そのなかで育ち，生活している。私たちは一人では生活していないし，多分一人では生活していけないと思われる。現実に私たちは家庭，学校，職場，地域社会などで多くの集団や仲間を形成している。このような生活場面では人との人間関係が大切になる。この人間関係の心理を扱っているのが社会心理学である。友情の形成，恋愛の発展，競争，援助，攻撃などの対人的行動の心理的側面について多くの研究がなされている。また集団の形成や発展や葛藤，リーダーシップなども研究されている。第6章ではこのような対人心理，集団心理について詳しく紹介していく。

§8　心とからだの関係——生理心理学

　私たちは目を通して物を見る。ここでは目という感覚器官が働いているが，

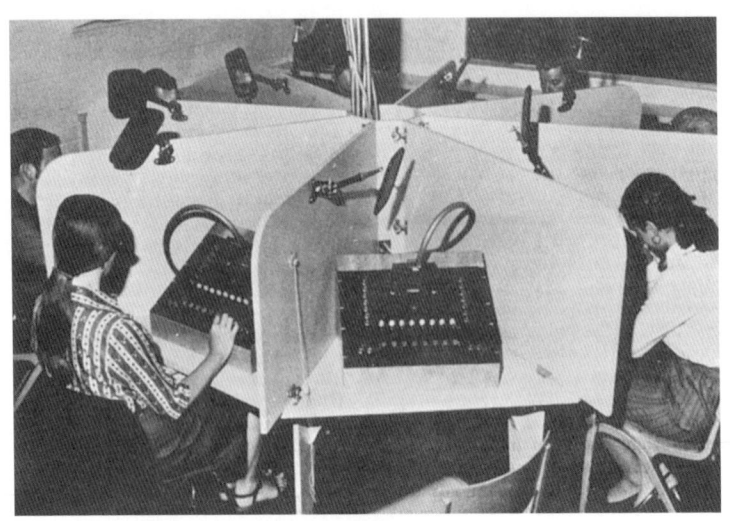

図11　集団構造の実験風景（Whittaker, 1970）

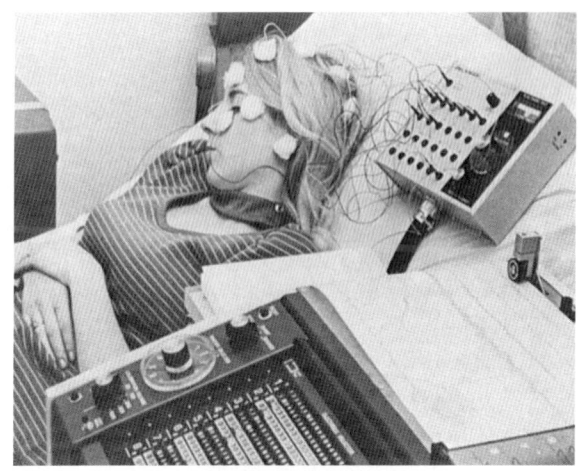
図12 睡眠の実験風景 (Buss, 1978)

それは一つの通過点で,実際には大脳の視覚野という場所で見ているのである。私たちはものを考える。このときは大脳の前頭葉が働く。私たちは怒ったり,恐怖心に震えたりする。こんなときは視床下部など原始的な脳の部分や交感神経系が働く。

このように私たちの心理的働きにはいつも,特に脳の働きが伴っている。私たちの身体は物質でできているので,心理的働きも,身体の化学的な変化や物理的変化に関係している。第7章においてはこのような心理的働きと脳の働きの関係をみていく。

§9 心のケア——臨床心理学

最近臨床心理学への期待と注目がめざましい。困っている人の心のケアをしたいという人が増えている。そこで,第2版では新たにこの章を設け,臨床心理学への関心に応えることにした。

まず,臨床心理学は,ここまで述べてきた基本的心理学と視点や立場が大きく異なることを知っておく必要がある。心理学は心を研究し,その心理的働きを「知る」ことであるが,臨床心理学は,心の問題で困っている人の相談にの

図13　フロイトの治療室
来談者は真ん中のカウチに横たわる。(Atkinsonら，1993)

り，援助をし，「治す」ことに重点がおかれていることである。このため，人一般の心理ではなく，個人一人ひとりの心を知ることに焦点があてられることである。第8章においてはこのような臨床心理学の考え方と心のケアに用いられる具体的な心理療法について紹介していく。

　以上，私たち人間には，どのような心理的働きがあるかを一通りみてきた。これが心理学の基本的な領域である。本書では，以下各章において，ここでみた各々の領域について順次詳しく説明していく。もちろん，最初から読んでいただいて結構だが，ここでの概説で興味をもった分野から読んでいただいてもかまわない。興味のあることから始めることは学習意欲を増し，より勉学効果が上がると思われる。

第1章　知覚と認知

《ものの見え方，見方の心理》

§1　知覚・認知とは何か

　私たちは周囲の事象を受け取り，それを判断し，行動している。すなわち，環境の状態を知り，その環境に適応した行動をする。知覚は人間行動の基盤といえよう。

　知覚は，「生活体が，受容器をとおして，まわりの世界や自分自身の内部で起っていることから生ずる刺激を受容し，それにもとづいて，外界の事物や出来事，自分自身の状態などについて，直接的に知ること，またはその過程」（『誠信　心理学辞典』）と定義される。刺激→受容器→求心性神経→感覚中枢という感覚系の過程に焦点を合わせた場合を**感覚**といい，より総合的な知覚と区別される。また，**認知**とは，他の感覚系，運動系などからの影響や過去経験，記憶，思考，言語などの効果がより多く考えられる過程を指し，感覚，知覚の概念よりも広い意味に用いられている。

　この章では，知覚・認知の領域の代表的テーマである，形，空間，運動，ずれ，注意，情報処理，などのテーマについてみていくことにする。

§2　形の知覚

1　図と地

　私たちは机の上に本や鉛筆があるのを見ることができる。私たちが本や鉛筆

をものとして見るということは，そこにある一定の形を見ているのである。このようなものの形として浮かび上がる領域を図といい，背景となり注意されない領域を地と呼んでいる。私たちが，机の上にある本を見ているときは，本全体が図となり机は地になっている。本を読むとき活字は図となり，余白は地となっている。この「図と地」の現象に注目したのがデンマークの心理学者ルビンである。図1の「ルビンの盃(さかずき)」は心理学では有名な絵である。この図は，まず中央に盃が見える。そして，黒の部分に注目してよく見ると，左右に

図1　ルビンの盃

2人の人の横顔が見えてくる。しかし，盃が見えるときは横顔の黒い部分は背景となり，横顔は見えない。横顔が見えているときは，逆に盃の白い部分は背景となり，盃は見えない。両者が同時に見えることはない。それは白い部分が図になったときは黒い部分が地になり，逆に黒い部分が図になったときは白い部分が地になるからである。

　それでは，あるものがどのような条件のとき図になりやすいのであろうか。図になりやすさの規定について，ゲシュタルト心理学では次のような条件を挙げている。

(1) 相対的に面積が小さい方が図になりやすい。
(2) 垂直・水平の方が斜めの領域より図になりやすい。
(3) 単純・規則的・対称的な領域の方が，複雑・不規則的・非対称的な領域より図になりやすい。
(4) なめらかな線に囲まれた領域の方が図になりやすい。

　こうして通常はこれらの条件で優先したものが図となり，ものとして知覚されることになる。しかし，これらの条件が同じぐらいで，図と地で互いに拮抗(きっこう)

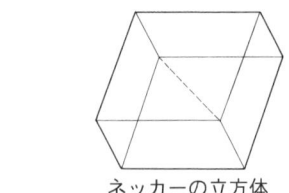
ネッカーの立方体

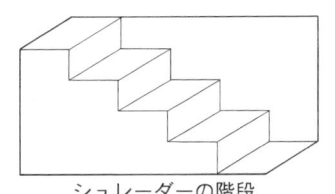

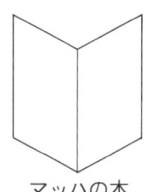

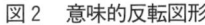
図2　意味的反転図形

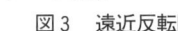
図3　遠近反転図形

するという場合もある。このようなときは図と地が反転する現象がみられる。反転というのは図と地が入れ代わって見えることである。つまり，盃が見えたり，横顔が見えたりすることをいう。このような図地反転図形は画家エッシャーにより数多く作品として製作されている。反転図形には見えるものが異なる意味的反転図形（図2：老婆と娘）や，遠近が逆になる遠近反転図形などがある（図3）。

　ところで，図になりやすさは，前述のように，図形の客観的条件に規定されるが，他方で見る人の主体的条件によっても影響される。見る側の期待や構え，先行経験などの条件も，何が図になりやすいかに影響を及ぼすと考えられる。「幽霊の正体みたり枯尾花」などと日常的に経験していることである。

2　群化の法則

　日常の視覚体験では，このような「図」がただ一つ存在するということはまれである。同時に複数の「図」が存在することが一般的である。このような場合に，私たちはこれらの図をただ漠然とばらばらに見ているのではなく，互いに関連づけて，一つのまとまりを見ようとする。ウェルトハイマーをはじめと

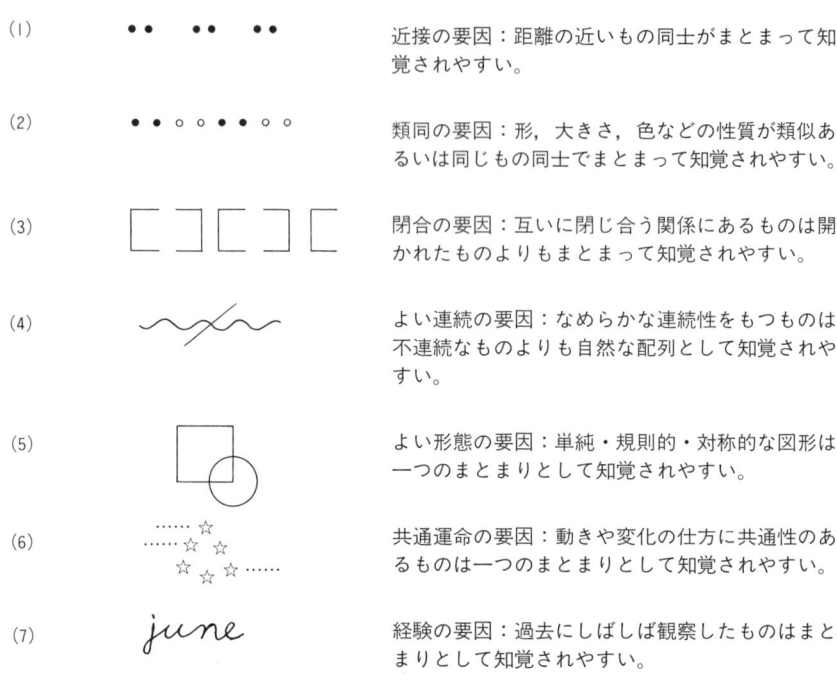

図4　群化の法則

するゲシュタルト心理学者たちは，これらのまとまりの傾向を，群化の法則(**体制化の法則**)として図4のようにまとめている。

ゲシュタルト心理学者たちは，知覚が図4の(1)〜(6)の物理的要因に規定されているという点を中心に考えている。しかし，私たちの知覚は過去経験にも影響される。

§3　空間知覚

私たちは縦，横，高さのある3次元空間に生活している。そのなかで対象を3次元的に知覚している。しかし，人間の目の網膜は2次元であり，そこに映る像は，カメラのフィルムと同じように2次元の世界である。それをもとに，

トピックス 1-1

光線には色はついていない

≪色彩の性質と知覚≫

「光線には色がついていない」というのは，物理学者ニュートンのことばである。光線が眼に入り，大脳の感覚領に刺激が伝えられて初めて色という感覚を生じる。光線はその感覚を生じさせるきっかけをつくる役である。人の眼に入らなければ，その性質を発揮する機会はないのである。ニュートンも，光の物理的性質と感覚的性質を明確に区別していたことがうかがえる。

物理学的にみれば，色は人間の眼に感じることのできる可視光で，その波長が約 380 nm（ナノメートル）から 780 nm の範囲にある電磁波である。心理学では，色の見え方を全体的に現象としてとらえ，色と行動との関係を問題にしている。

色は通常，**色相**，**明度**，**彩度**の三つの次元で記述される。これらの 3 次元で規定できる色を有彩色，明度の次元でしか規定できない色を無彩色という。

色を区別できるのは人間だけではない。動物のなかで組織的に研究が行われているのはミツバチの研究であり，生理学者フォン・フリッシュによって始められた。色紙と砂糖水を使い（後にはスペクトル光を使う），条件づけ（3 章参照）を用いて，どの色を区別できるかを調べた。その結果によると，人間が赤と感じる 650 nm 以上の波長はミツバチには見えず，一方，人間には見えない 300〜400 nm の紫外線が見え，独特の色を感じるようである。このように，色はものに付属した性質ではなく，見る側の感覚であることが分かる。

色と感情の関係も見のがすわけにはいかない。赤は気分をもり上げ，青や緑は気分を落ち着かせる。気分をもり上げる赤と落ち着かせる青とを混ぜてできる紫は，複雑で神秘的である。白は清潔な感じを与え，黒は悲哀を感じさせる。

色に対してあるイメージや連想が浮かんでくる。色が象徴的に用いられる場合もある。スタンダールの『赤と黒』は，主人公ジュリアン・ソレルの野心，すなわち，赤は軍服，黒は僧衣を象徴している。

色は日常生活のなかで随所に人間の行動に関係していることがうかがえる。

私たちは3次元の知覚をしているのである。では，私たちはどのようにして，2次元の像から3次元の知覚をしているのであろうか。私たちが3次元空間の奥行きを知覚し，対象を立体的に見ている手がかりは，網膜像以外の要因と，網膜像からの要因とに分けることができる。

1 網膜像以外の要因

(1) 水晶体の調節：遠くの対象を見るときは毛様体筋の収縮により水晶体を薄くし，近くのものを見るときは厚くすることにより，焦点距離を調節する。

(2) 両眼輻輳（ふくそう）：近くの対象を見るとき，両眼球を内側に回転させる外眼筋の収縮による。

(3) 両眼視差：人間の両眼の瞳孔間の距離は約6cmであり，対象をとらえている像は右眼と左眼とではわずかに異なる。このわずかなずれを大脳で融合させる際に立体知覚が生じる。立体視ができるステレオコープ（実体鏡）や立体映画（3D）はこの原理を応用したもので，左右わずかにずれている像を見せることにより，立体知覚を生じさせるのである（図5）。

(4) 運動視差：観察者または対象の運動によって，時間とともに視点が移動し，継続的に視差が生じる。たとえば，車窓からの風景で，近くにあるものは進行方向と逆に速く動いて見えるが，遠くにあるものは進行方向に沿ってゆっくり動いて見える。

2 網膜像からの要因

(1) 網膜像の相対的大きさ：近くにあるものは大きく，遠くにあるものは小さく写る。

(2) 線遠近法：部屋のすみ，ビル，鉄道のレー

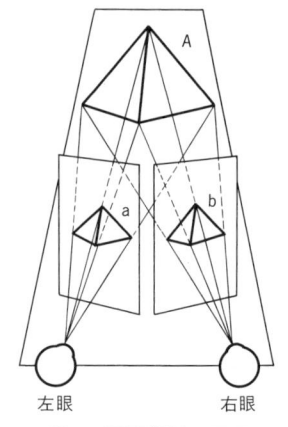

図5 両眼視差の原理

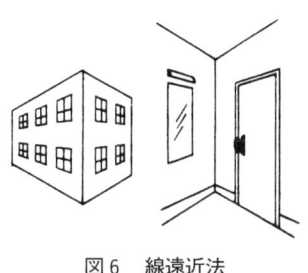
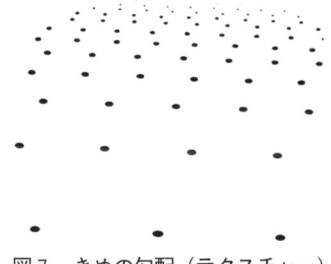

図6　線遠近法　　　　　図7　きめの勾配（テクスチャー）

ルは遠くなるほどせばまって見えるように，平行線はどこか一点に集中する（図6）。

(3) きめの勾配：きめが細かいと遠く，大きいと近くに見える（図7）。
(4) 大気遠近法：遠くにある対象は，光が散乱・吸収され，明暗のコントラストが減少する。近くのものは明瞭である。
(5) 重なり合い：図の二つの四角形は重なり合いによって遠近の差を示している（図8）。

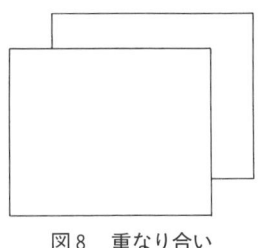

図8　重なり合い

(6) 陰影・明暗：絵画の手法にもみられるように，影が立体感を作り出している。
(7) 形態：マッハの本（図3）などのように形態的に立体的に見える形。
(8) 色彩：赤系統は進出色となり青系統は後退色となるため，遠近が生じる。

§4　運動知覚

人はものの運動，つまり動きを見ることができる。これを運動知覚という。ただし，私たちがものが動いていると感じるためには，適度の距離と速度が必要である。ものの移動距離が小さすぎても，その運動が速すぎても，人は運動を知覚できない。

実際に動いている対象が動いて見える場合を，実際運動という。空間的な位

置の変化を移動として知覚し，時間経過を速度として知覚している。しかし，実際に動いていないものでも動いて見える場合がある。その代表的なものが，次に示す仮現運動，誘導運動，運動残効，自動運動である。

1 仮現運動

ネオン・サインの電球一つひとつは静止しているが，適当な距離と時間間隔で点灯したり消したりすると，なめらかな動きが感じられる。映画の登場人物が動いて見えるのも同様の原理である。1コマ1コマが静止画像であるが，この静止画像を映写機で24コマ/秒でスクリーンに映すと，映像はなめらかに動いて見える。この種の運動は**ベータ運動**と呼ばれている。ゲシュタルト心理学派のウェルトハイマーは，このベータ運動を実証的に証明しようとした。これがゲシュタルト心理学の出発点となったのである。

このベータ運動は，対象Aと対象Bを少し距離を置いて交互に呈示すると，その時間間隔が極端に短ければ両者は同時に見え（同時時相），長ければ両者は継時的に現れる（継起時相）。その時間間隔を適当に調節すると，実際の運動と区別のつかない明瞭な運動印象（ファイ現象）が観察される（最適時相）。この時間間隔からわずかにずれると，トンネルをくぐり抜けるような印象（トンネル現象）が観察される。また，対象の知覚が明瞭でなく，運動感だけが生じる印象を，純粋ファイ現象という。

仮現運動にはこのほかにも，アルファ運動，ガンマ運動，デルタ運動などがある。アルファ運動は，ミューラー・リエルの錯視図（図9）で，両端の矢羽（斜線）の内向きと外向きの図形を交互に呈示すると，矢羽にベータ運動が生じ，その結果，主線（中央線分）が伸縮するように見える運動である。ガンマ運動は，単一刺激対象が画面に出現するときには膨張し，消失するときには収縮するように見える運動である。デルタ運動は，第一刺激よりも後に呈示される第二刺激の方が刺激強度が大きいと，第一刺激への逆向きの運動が感じられるというものである（たとえば2番目につける電球の方が明るい場合など）。

トピックス1-2

もう一つの三角形が見える

≪輪郭と主観的輪郭≫

　ものの外形を形づくっている線を輪郭という。輪郭は単に境界線であることにとどまらず，常に図となる側の一部になっているところに特徴がある。この輪郭は三つに分けられる。

　まず，明度，彩度の差により空間的不連続が急峻(きゅうしゅん)であるときに明らかになる直接的輪郭の知覚がある。階段状に明暗が変化する刺激を注意して見ると，境界の近くの明るい部分はより明るく，暗い部分はより暗く感じられる。二つの領域の差が強められ，輪郭が見えやすくなるということである（マッハ効果）。ただし，二つの領域が色相で異なっても輝度が等しくなると，輪郭は生じにくくなる（リープマン効果）。特に，隣接部分が小さいとき，境界が入り組んでいるとき，赤・黄よりも青・緑の間で，色の飽和度が低いときには輪郭は知覚されにくい。

　次に，下図にあるように，点と点，線と線との間にある小空間を補充して，各点や線を結びつけるようなつながりを感じる。この現象は，類同の要因，よい連続の要因などの群化の法則の一例と考えてもよいが，輪郭線の問題として扱うこともできる。

　最後に，実際に点や線などの境界がないにもかかわらず，形の輪郭が感じられる主観的輪郭の知覚がある。下図にも見られるように，その主観的輪郭は，線の方向の急変や切断による不連続によって知覚されやすい。

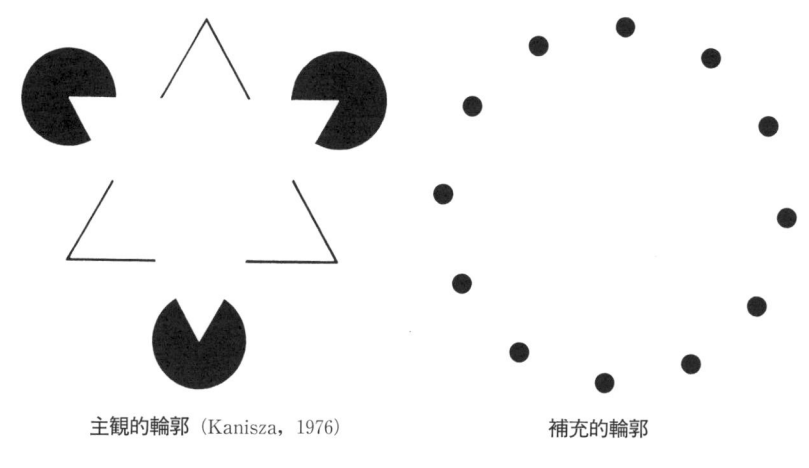

主観的輪郭（Kanisza, 1976）　　　　補充的輪郭

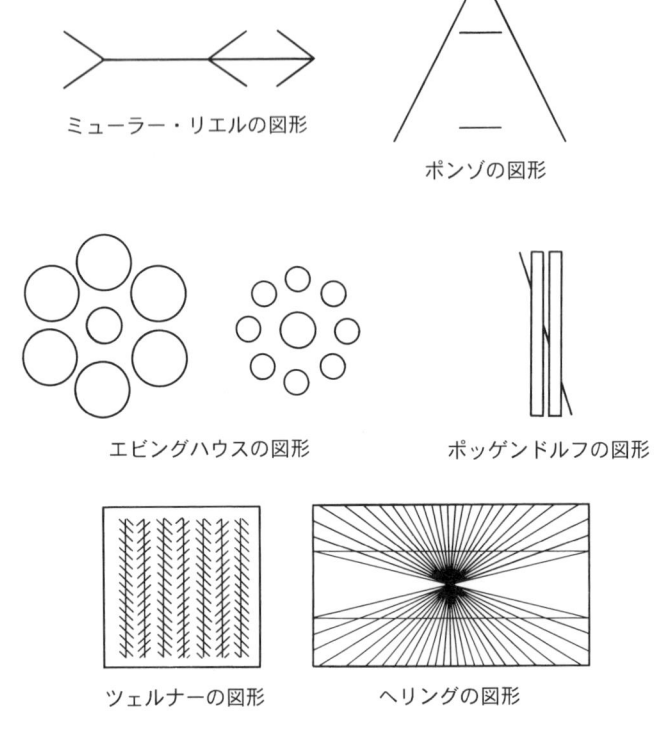

図9 幾何学的錯視図 (八木, 1973)

2 誘導運動

　上り坂の交差点で赤信号のために自動車を止めたとする。信号が青に変わり，隣の車線の自動車がゆっくり動き出したとき，止まっているはずの自分の自動車が後ろに下がったと思い，思わずブレーキを踏み直してしまったという経験はないだろうか。このように，対象間にゆっくりとした速さで相対的運動が生じていると，空間的枠組みとして働いているものが静止し，その内部に位置づけられているものが動いて感じられる。夜空の月が雲に隠れる場合に，月が動いて隠れていくように感じられるのも同様である。遊園地などにあるビックリ・ハウスもこのよい例といえよう。

トピックス1-3

隠された図形を見つけ出す

≪ウィトキンの場依存性と場独立性≫

　場依存性は，ウィトキンらの用いた用語であり，個人の知覚，思考，記憶などの情報処理や行動パターンを意味する認知スタイルに関連している。

　場依存性の測定は，ウィトキンによれば，四角形の枠をあらかじめ傾けた状態にしておいて，その枠の中に回転可能な棒を置き，傾いた枠とは無関係に内側の棒を垂直にさせるRFT（Rod Frame Test）で測定できるとしている。傾いた枠を無視して，内側の棒だけに注目して垂直かどうか判断できれば，垂直誤差は少なくなり，枠に影響されれば垂直誤差は大きくなる。実際の垂直からの誤差の大きいものを場依存的といい，誤差の小さいものを場独立的という。場依存的な人は視覚的な枠に規定される傾向が強く，場独立的な人は視覚的な枠にはとらわれず，身体的・内部感覚に規定された知覚様式をもっていると考えられる。

　ウィトキンらの考案したEFT（Embedded Figure Test）は，複雑な図形の中から単純な図形を見つけ出す検査であるが，場独立的な人は視覚的な枠に影響されることが少ないので，場依存的な人よりも速く複雑な図形の中から単純な図形を探し出すことができる。

　ウィトキンの研究によると，場依存と場独立はパーソナリティ特性と関係があるということである。場独立的な人は，ものの見方が分析的で，細かいところに注意が向けられ，逆に場依存的な人は，ものの見方が総合的で細かい部分を見落すことがある。性格検査によって得られた特徴でみると，場依存的な人は，被暗示性，主観性が強く，自主的でないし，権威主義的で硬いパーソナリティであり，対人関係においても一般に消極的であり臆病である。それに対し，場独立的な人はこの逆の特徴をもっている。

　場依存性をまとめると，事態に対し分析的に対処し，文脈の中から焦点になっている課題を取り出して処理する能力ということができよう。　　　　（Witkin, 1950）

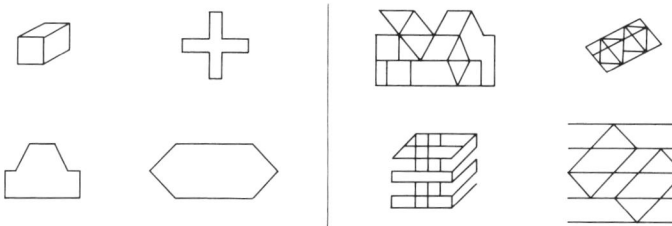

EFTの一例　左の図形が右の図形のどこかに入っている。

3　運動残効

運動残効とは，運動している対象をしばらく眺めた後に，周囲の静止している対象に目を転じると，その静止対象が運動していた対象と逆向きに動いて見える現象である。滝の流れを見ていた後に横の木や岩などに目を移すと，木や岩が動いて感じられる（滝の錯覚）。また渦巻き模様を描いた円板を回し，それを見ていた後その円板の回転を止めると，模様が拡大あるいは収縮するのが見える（渦巻き残効）。

4　自動運動

暗室の中でしばらく1個の静止光点を凝視していると，その光点がいろいろな方向に動いて見える。しかし，この運動の方向，速さ，距離などは不安定で明確にとらえることは難しい。このような現象は視覚的枠組みが失われたときに起こりやすい。この現象は，眼球運動と関係があると考えられている。

§5　知覚のずれ

私たちは眼を通して外界の事物を知覚しているが，眼は対象の物理的性質をそのまま大脳に伝えているわけではない。見ているものがその物理的刺激条件と一致しない知覚体験を**錯覚**といい，視覚における錯覚を**錯視**という。次に代表的な錯視の例を挙げる。

仮現運動や誘導運動などの運動視も，物理的刺激条件と一致しない知覚体験という意味では，広義の錯覚と考えられよう。

1　月の錯視

日常的に経験する客観的世界と大きくずれた知覚として有名なものに，月の錯視がある。月が地平線近くにあったり，地平線や水平線に沈む太陽は大きく見え，天頂にあるときは小さく見える。この現象について，光の屈折や拡散か

トピックス 1-4

ダルマチア犬が見えますか

《概念駆動型処理の知覚過程》

　私たちが印刷物の校正をする場合，誤植全部を見つけ出すことはなかなか至難の技である。というのは，文字一字一句原稿と照らし合わせて見ていけば別だが，能率を考えて文章を読んでしまうからである。「学校数育」となっていても文脈の中で「教育」と読んで見過ごしてしまう。このように，見ている人間の予想や期待や構えが大きく影響している。

　左下図のように，AとCの間にあるとBと読み，12と14の間にあると13と読んでしまう。同じ刺激であっても，文脈によって見え方は異なってしまう。ブルーナーとミンターンは，タキストスコープ（瞬間露出器）を用いて左下図の中央の文字のように，13ともBとも読める文字をいろいろな条件で呈示して，見えた文字を書いてもらった。アルファベットの次に呈示すると74％がBと読み，数字の後では85％が13と読んでいる。同じ形の刺激でも文脈によって見え方が異なることを示している。

　一般に，刺激の物理的特性に強く規定された知覚過程をデータ駆動型処理といい，データが入力されると処理が始まり，次から次へと論理的な処理の流れが進行する。また，文脈や知識や期待に強く影響される知覚過程を概念駆動型処理という。右下図は何の図であろうか。図の中に何があるかわからないと図中の対象を認知することは難しい。図の中央に左の方を向いたダルマチア犬が見えるためには，この刺激には存在しないある種の体制化の過程が加わらなければならない。一度犬に見えてしまうと，後は犬を見ることは容易である。そこに何を見ればよいか知っていると，容易に見えてくるのである。概念化があるものを見るときの助けになっているとき，そこに起こっている処理が，概念駆動型処理である。何が存在するか（アルファベットか数字か）という概念化のあとで，確認のために事実を探すことになる。私たちの知覚には，それぞれの現象で重みは異なるが，両者の処理が働いているのである。

文脈中の文字の知覚（Bruner & Minturn, 1955）　　**ダルマチア犬**（Lindsay & Norman, 1977）

ら説明が試みられたが，人工的な月を用いた実験でも認められ，光学的立場からの説明はできていない。また眼の筋肉の緊張などの生理的な立場からの説明，対比による説明，視空間の異方性による説明などさまざまな説明があるが，決定的な証明はまだない。

2 幾何学的錯視

平面の線図形において，長さ・面積・方向・角度などの客観的事実と視覚体験が一致しない現象であり，数多くの現象が指摘されている。その錯視図形は，発見者の名前をつけて呼ばれることが多い。彼らはこの錯視現象を通じて知覚システムの理論を構築しようとしたが，微妙な条件の差により錯視の起こり方が変わってしまい，組織的な整理は行われていない（図9）。

ところでこれらの錯覚は，外界と知覚とのずれとされている。そこでは，前提として外界の物理的特性と知覚の対応を仮定し，外界の特性と一致しない知覚は誤りであると考えているのである。しかし，この仮定こそが実は問題なのである。知覚のずれは特殊なものではなく，人と知覚の特性をよく示しているという見方もできる。このような見方から，改めて錯覚の説明が考えられる。

対象のない知覚は幻覚といわれ，錯覚とは区別される。ある種の精神病やLSDなどの薬物の服用によって**幻覚**（幻視，幻聴など）が生じる。普通の人でも入眠時には幻覚を経験することもある。入眠時幻覚という。また，足を切断した後に触感覚が残り，ないはずの足先がかゆいなどの幻肢と呼ばれるものもある。

3 恒 常 性

人間の眼の構造は，カメラのメカニズムに似ているといわれる。しかし，まったく同一ではない。たとえば近距離で人の写真を撮るとき，その人がカメラに向かって手の平を伸ばすと，仕上がった写真には手が大きく写る。カメラは物理的法則に従い，近いものは忠実に大きく写す。しかし，人間の眼の場合には，同じ事態でもカメラほどは手は大きく見えない。これは私たちの知覚

トピックス1-5

同じ図形はどれですか？

《シェパードの心的回転を用いた知覚実験》

「暁子さんは京都駅に降り，烏丸通りを北に向かって歩き，四条通りで左に曲がり，堀川通りで右に曲がり，二条城の前に出た。暁子さんの右手の方向はどの方角か」というような課題を解くとき，ほとんどの人は頭の中にイメージを思い浮かべ，方角を調べるであろう。このような課題を解決する場合に，イメージが重要な働きをしている。しかも，イメージを頭の中で回転して方角を調べようとしている。また，この活字を逆さにして読むとき，時間がかかるように感じるであろう。

このように，活字を逆さにしても，逆さであると知覚されれば，活字を正常な方向に回転をして，修正をして読んでいる。このような「頭の中」での回転を心的回転という。

イメージの性質を実験的に調べるのは困難なことであるが，シェパードとメッツラーは，右図のような1組の刺激図形を同時に呈示した。これは，前額平行面か奥行き方向に回転をさせたものであるが，これが「同じ」か「異なる」かを判断させ，その反応時間を測定した。その結果，判断された二つの図形の回転角度の差を横軸に，判断に要した時間を縦軸にとると，前額平行面，奥行き方向の両方において，反応時間は回転角度の1次関数になった。すなわち，被験者は判断をする際に，心的な回転をし，方向の修正をして比較をしていることになる。しかも回転角度の差が大きいほど判断が困難になり，より多くの時間が必要としていることが分かった。

また，クーパーとシェパードは，アルファベットのRのような刺激が正常の位置で呈示されたか，あるいは鏡映像で呈示されたかを被験者に判断させた。その結果，刺激が正常の状態から回転するにつれて判断に必要とする時間が長くなることが分かった。被験者は心的に正立するように心的回転をし，その文字の標準型の何らかの内的表象と照合していることを示唆している。

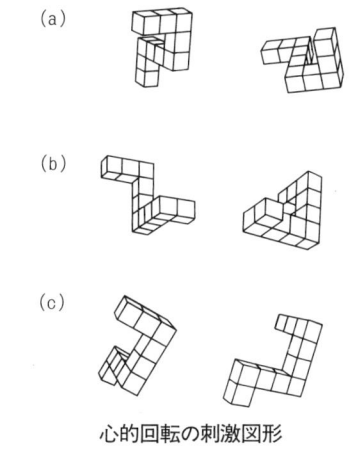

(a)

(b)

(c)

心的回転の刺激図形

(a)は前額平面，(b)は奥行き回転の同一図形，(c)は別図形。

(Shepard & Metzler, 1971)

が，環境の変化に対し，できるだけ本来の大きさ，形，明るさなどに近いものとして知覚しようという傾向があるからである。この傾向を恒常現象という。恒常性には次のような種類がある。

(1) 大きさの恒常性：先に述べた例のように，見ているものが近づいたり，遠のいたりして観察距離が変化するとき，対象の大きさは距離に反比例して変化するが，知覚される大きさの変化は，視角の変化よりも小さく，知覚される大きさは比較的恒常を保つ。
(2) 形の恒常性：映画のスクリーンを端の方から見ても，俳優の顔はちゃんと見える。客は斜めに見ており，網膜上の形は変化しているのであるが，それにもかかわらず，知覚される形は比較的恒常を保つ。
(3) 明るさの恒常性：夜でも雪はやはり白く，日なたでも黒靴は黒いというように，照明の変化にもかかわらず，知覚される明るさは比較的恒常を保つ。

ほかにも，色の恒常性，位置の恒常性，方向の恒常性などがある。また，音源と自分との距離の変化によって，音の刺激強度が変化しても，知覚される音の大きさは比較的恒常を保つという，音の大きさの恒常性もある。このように多くの恒常性が関与して，私たちは安定した世界を知覚している。

§6　知覚の選択性

ある考えに没頭しているときは，周囲の人の声や物音に気づかないことがある。電車の中で読書に集中すると，車内のアナウンスが聞こえなくなる。それで乗り過ごしてしまったといったことは，日常よく経験することである。同時に存在しているいくつかの対象のうちの一つに意識の焦点を合わせ，それを明瞭にとらえることを**注意**という。私たちはたくさんの人びとが互いに話をしているなかで，ある特定の人たちの交わす会話に注意を向けることによって，そ

トピックス1-6

逆さに見えるメガネで生活すると

≪ストラットンの視野逆転実験≫

　眼の構造は，よくカメラにたとえられる。カメラのレンズは凸レンズであり，人間の眼の水晶体がこれに匹敵し，フィルムにあたるのが網膜といえよう。外界の像はレンズを通り，網膜上に像を結ぶが，凸レンズを通った像は，倒立像になる。このことから分かるように，外界に対して網膜像が逆転しているにもかかわらず，外界は正立して見える。この問題に関して，ストラットンは，視空間が正立像として見えるためには，網膜像が外界に対して逆転していることが必要なのかどうかを解明するための実験を行った。実験は，視野の上下左右が180度逆転するように特殊プリズムを使用した眼鏡を作り，これを被験者の右眼に着用させ，左眼は完全に覆って8日間を過ごさせた。

　その際に見られる被験者の視覚-運動系の協応関係について，その不一致の様子を詳細に記述し，分析を試みた。彼はその実験の結果，逆転していると知覚されるのは，視覚と他の感覚様式の不一致が原因であり，時間の経過とともに不一致が解消されていくことを示した。すなわち，視空間が正立して見えるためには網膜像が逆転していることは必要ではなく，視覚からの経験が他の感覚からの経験，つまり身体の動きから得られた経験や触覚などからの経験と一致している限りにおいては，人間の見ている視空間は正立していると知覚されるということである。

　逆転眼鏡を8日間着用したストラットンの実験や，124日間着用し続けたコーラーらの実験では，逆転眼鏡を外してから外界が以前と同じように正立して知覚されるためには，数日あるいはそれ以上の日数を必要としたということである。

　このように，何が逆さに見え，何が正立して見えるかは，そのときに何が基準となっているかによって決まる。基準としてとられたものが常に正立していると知覚されるのである。外界が逆さに見えるというのは，感覚間の不一致事態で，視覚以外の聴覚や触覚，位置感覚，内部感覚などが基準として考えられ，目に見えるものを基準とする視覚優位の統合がくずれたことを示している。

　このような感覚間の調和を破壊し，実験的に知覚的統合をくずす実験的破壊は，視覚逆転の実験以来数多く行われている。

(Stratton, 1897)

れが自分の近くにいる人たちの会話の声よりも物理的に小さな声でも，それを聴き取ることができる。これをカクテル・パーティ効果と呼ぶ。人には知覚や思考などを，その都度ある少数の特定のものに限定し，選択的に行う機能がある。

しかし，注意を向けた声よりもはるかに大きな音が周囲にある場合には，その声は大きな音にかき消されてしまう。これは**マスキング現象**と呼ばれるものであり，カクテル・パーティ効果は，マスキング現象が起こるまでには至らない大きさのときに可能である。

パーティや会議場面を単一マイクで録音したものを再生して聴いてみると，同じ会話が実に聴き取りにくい。それは，そのときの注意と生の状況では，異なる声は違った場所から来るのに，再生されたテープでは音源定位は難しいということによるのであろう。

さて，注意の対象は移動する。視覚対象の注意の移動の様子は，**視線**の動きによってとらえることができる。図10は，顔に対するある人の視線の軌跡を，アイ・マーク・カメラ（眼球運動測定装置）によってとらえたものである。視線の動きにより，この人は顔の形を見ていることがよく分かり，目や口もとや耳のように複雑なところに集中しているのが分かる。また，注意の移動の仕方は見る人の目的，興味，関心，感情によって，当然のことながら大きな違いが生じる。

1 注意を支配する条件

私たちは，環境のなかのどの刺激に注意を向けるのであろうか。このような注意の選択を促す条件として，次のような刺激側の条件（外的条件）と，人間側の条件（内的条件）とが考えられる。

【刺激側の条件】
(1) 刺激の性質：色でいうと赤色，声では悲鳴などのように，質的に人の知覚をひき起こしやすいものがある。
(2) 刺激の強度：大きな声など，強度の大きい刺激ほど知覚されやすい。

トピックス1-7

ゲシュタルト心理学

《認知心理学の源流》

　ゲシュタルト心理学は，知覚の領域を中心に発展した。要素主義を排し，「全体は部分の総和以上のものである」として，部分に対して全体の優位を説いた。要素主義は，「すべての心理的事象は要素の総和であり，全体は部分から成っている」と主張するものである。

　しかし，たとえば，メロディはそれぞれの音一つずつから成り立っているが，移調をしてもメロディは再認され，構成要素を取り替えても同じ性質を保つことになる。また，メロディの性質は音それぞれの要素のうちのどの一つにも含まれているわけではなく，音それぞれが存在してはじめて現れる性質であり，メロディが新しい要素となる。これはエーレンフェルスがゲシュタルト性質と名づけたものである。

　ゲシュタルト心理学は，1912年のウェルトハイマーの運動視の研究に始まるといわれている。これは，仮現運動の一種である驚盤運動の実験についての観察から，運動軌道に運動を担う感覚質の何もない純粋ファイ現象を見出した。この現象は要素主義からの説明を困難にした。要素主義で考えるなら，運動を担う何らかの感覚質が運動軌道に存在しなければならないからである。

　ゲシュタルト心理学は，ウェルトハイマー，ケーラーとコフカの3人によって最初の理論化が行われた。ケーラーは，大西洋のテネリファ島の類人猿研究所に赴き，チンパンジーの研究を行い，『類人猿の知恵試験』を著わしている。コフカはゲシュタルト心理学の立場から精神の発達について研究した。

　ゲシュタルト心理学は，ゲシュタルトの法則とも呼ばれる群化の法則をまとめ，さらに全体として最も単純で，規則的で，安定的な形にまとまろうとする傾向があるというプレグナンツの法則に概括された。ゲシュタルト心理学は，知覚の領域にとどまらず，学習，記憶，思考などの領域にわたって多くの研究が行われた。全体の構造に重点をおく立場は，場理論に発展し，レヴィンの心理学的場理論，ケーラーの生理学的場理論に著わされている。ケーラーの生理主義は，心理現象と同型の神経生理過程を大脳に想定し，心理現象の因果的説明を生理過程に求めた。

　これらのゲシュタルト心理学は，心理学に新しい方向を示し，今日の心理学に大きな影響を与えている。

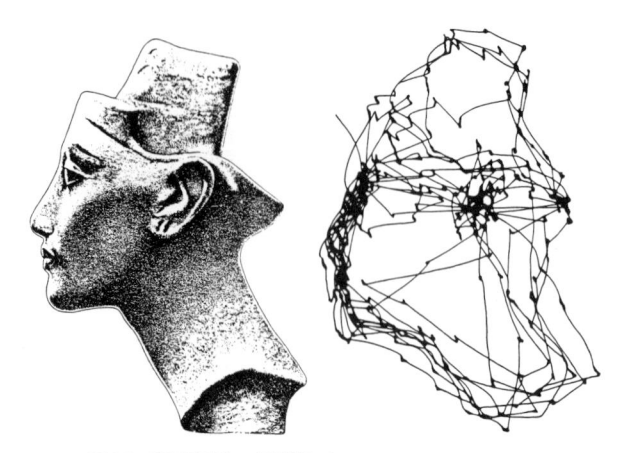

図 10　眼球運動の規則性（Norton & Stark, 1971）

(3)　刺激の持続と反復：刺激は短いより長い方が，一度より繰り返し呈示した方が知覚されやすい。たとえば鐘が何回も鳴ると注意が向く。

(4)　刺激の変化：質の変化，強度の変化，時間の変化など，単調なものよりも変化のあるものの方が知覚されやすい。

(5)　刺激の位置：人の目の高さなど，視覚的に見やすい位置などがある。

(6)　刺激の運動：静止した刺激より動いている刺激の方が知覚されやすい。たとえば野や山で動く動物には私たちの注意が向く。

(7)　刺激の新奇性：新奇なもの，見慣れないものの方が知覚されやすい。たとえば変わったファッションは目につきやすい。

【人間側の条件】

(1)　欲求：空腹時には食べ物の看板が目につくなど，その人の欲求状態によって気づくものが異なる。

(2)　目的：目的がある行動の場合，ふだん気がつかないでいたものに気づくことがある。

(3)　期待・構え：どのような心理的な準備状態にあるかによっても知覚が左右される。

トピックス 1-8

老婆と冠を載いた王女

≪枠組み知覚≫

　左下図で電柱が垂直に立っていると見れば，窓枠が傾いて見える。窓枠を垂直に見れば，電柱が傾いて見える。このように，垂直に見えるか，傾いて見えるかは何を基準にして見るかによって異なる。このとき基準になるものを準拠系あるいは枠組みという。

　ものの見え方は，見ている対象を取り囲んでいる枠，観察者が何を基準に見るかによる。また，子どもは逆さまになったものを平気で描くことから分かるように，観察者の発達レベルにも関係があると考えられる。

　日本三景の一つである天の橋立の股のぞきは有名である。空間的枠組みを上下逆さまにすると，普通に立って見た景色と異なり，別世界が広がり，思いがけない景色を見ることができ，その場の景色を倍に楽しめる。

　絵画や写真も同様に逆さに見ることによって，ものの認知が変わってしまう。人の顔の写真でも逆さに見ると，よく知っている友人でも誰だか分からなくなってしまう。絵画でも逆さに見ると，屋根や柱が単なる形や色彩の認知になってしまう。右下図は，そのまま見れば「老婆」に見え，本を逆さにして見ると「王女」に見える。絵の見え方は環境の枠に大きく影響されている。

　また，遊園地にあるビックリ・ハウスも同様である。自分はただ椅子に坐っているだけなのに，周囲の窓，壁，天井，床などが回転をすると，自分が回転しているように感じてしまうのは，枠組み，つまり基準をおいてものを見ているからである。

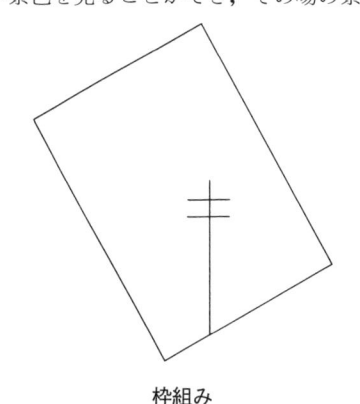

枠組み　　　　　　老婆と王女 (Kanisza, 1970)

§7　知覚情報処理

　私たちは，外界の姿を忠実にとらえているわけではない。これまでに述べてきたように，外界の情報を選択的に収集し，そのものの意味や価値を判断している。対象を認知する際には，知覚・記憶・思考などの各種機能が相互に複雑に働いている。最近，人間を一種の情報処理システムと考えて，この刺激（入力）と反応（出力）の間を媒介する処理システムを研究する，**認知心理学**が発展している。これは，情報理論や認知科学，コンピュータ科学の進歩に呼応し，これらの考え方を取り入れ，処理システムの生理学的構造よりも，機能中心にモデル化しようとするものである。

　この考えによれば，私たちは入力された刺激を，次の段階でその刺激が何であるかを読み取る。たとえば，郵便番号の読み取りを考えてみよう。0～9までの数字があり，印刷書体もあれば肉筆もある。相当乱雑に書かれているものもある。しかし，それらを何とか読み取れる。私たちは刺激のなかにある等価性を見つけ出し，同じカテゴリーに分類するのである。このような認知を**パターン認識**という。この能力では，人間は機械よりはるかに優れた能力をもっている。

　このパターン認識は，入力された刺激を過去に保存された記憶と照らし合わせて行われるが，そのメカニズムが現在，研究されている。これまでに鋳型照合モデル，特徴分析モデルなどが提出されている。鋳型照合モデルでは，入力された刺激が記憶されている型あるいは原型と最もよく合致したとき，その鋳型に相当するパターンと認知される。

　特徴分析モデルの代表的なものは，セルフリッジのパンディモニアム・モデル（伏魔殿モデル）が有名である。このモデルは，図11に示すように，悪魔（デーモン）と呼ばれる情報処理媒体が4種類の階層構造を作っている。この悪魔たちが，適当に情報を選択，判断し，最終的に一つのものを認知するというのである。この図ではRという字が認知される過程をみている。

トピックス 1-9

錯視の説明は心理学の将来課題

≪三つの錯視説明理論≫

錯視現象は相当細かくしかも量的にもデータが提出されている。その説明理論も数多く提案されているが，現段階では明確な説明は得られていない。これまでに提出された説明のうちいくつかを挙げてみよう。

【眼球運動による説明】
幾何学的錯視図形のミューラー・リエルの錯視図形を見るときの眼球運動を測定すると，外向き図形で視線はより長い範囲を移動し，内向き図形でより短い範囲を移動することが確かめられている。この眼球運動の抑制・促進により錯視が生じると考えられたが，眼球運動が起きない状況でも錯視が生じることから，否定的な見方が強い。

【誘導場による説明】
誘導とは，刺激部位の興奮が周囲に波及する現象である。図形の知覚は，周囲の「場」に影響されると考えられ，錯視についてもこの「場」の強さから説明しようとするものである。本川弘一の網膜誘導場が知られている。

【奥行きによる説明】
グレゴリーは，ポンゾの錯視やミューラー・リエルの錯視など，いくつかの錯視図形が奥行き感のある図形であることに着目した。網膜像は同じ大きさであっても，より遠くにあると感じられる部分は大きく，近くにあると感じられる部分は小さく判断されるというものである。しかし，奥行き手がかりのない図形にも錯視が生じるので十分な説明とはいえない。

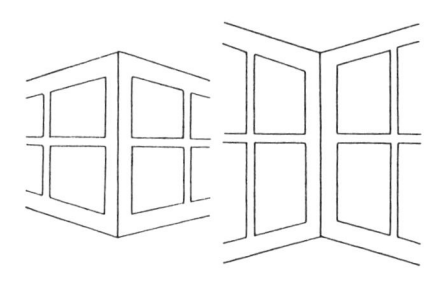

グレゴリーの奥行き説 (Shiffman, 1976)

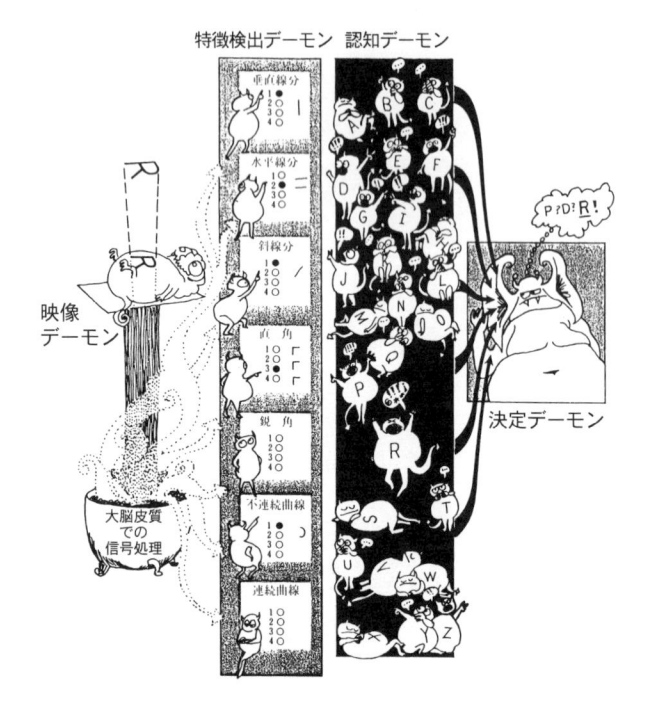

図11 パンディモニアム・モデル (Lindsay & Norman, 1977)

　まず最初の悪魔は図の左に寝そべっている〈映像デーモン〉である。この悪魔は視覚像を大脳に送り込み，映像を記録する。次の〈特徴検出デーモン〉は自分の担当の線分，角度，曲線パターンなどの部分的特徴を検出する役目を果たしている。垂直線があるか，直角があるかなどを見分けるわけであるが，図ではRを扱っているので，線分や黒丸のついている担当デーモンが活躍している。次の〈認知デーモン〉はA～Zまでの各文字を一つずつ担当している。そこで前段階の特徴検出反応を監視し，自分の文字に相当する特徴が検出されるほど強く活性化される。R以外，PとかDなど特徴が多く検出されたデーモンは大きな反応を示しており，検出されないデーモンは眠そうに寝そべっている。最後は〈決定デーモン〉である。ここでは最終決定の大悪魔が〈認知デーモン〉の動きを見て，最も強く活性化している〈認知デーモン〉を選択的に判定し，最終的に一つの文字（ここではR）を選び出すのである。

トピックス 1-10

左右の耳に異なったメッセージ

≪注意の両耳分離聴実験≫

　ラジオを聞きながら勉強するという「ながら族」といわれる人たちがいる。彼らは，2種類の刺激に対して同時に注意しているのだろうか。確かに，ラジオから流れてくる刺激は，人の話し声よりも音楽の場合の方が勉強しやすいことは容易に気づくであろう。

　注意は，両刃の剣のようなところがある。すなわち，数多くの刺激のなかから自分に興味・関心のある刺激を取り出すことはできるが，その反面，他の刺激に対しては意識が向けられず，不明瞭になってしまう。では，人間は一度にどれくらい多くのものに注意を向けることができるのだろうか。

　この状況を実験的に調べる方法がある。両耳分離聴と呼ばれるもので，被験者は同時に二つのメッセージをヘッドフォンあるいは空間的に分離して配置されたスピーカーを通して，それぞれ片方の耳から聴き，一方のメッセージだけに注意を集中する。注意の集中を確かなものにするために，一方のメッセージを言葉に出して復唱させる。これを追唱という。被験者が一方のメッセージに注意を向けている間に，もう一方のメッセージを変化させ，男性の声から女性の声に変えるとか，メッセージの言語を英語からフランス語に変える。このとき，一方に注意していたからといって，追唱していなかった方のメッセージに関して何も気づかなかったわけではなく，声が男性から女性に変わったという物理的特性の変化については気づくが，英語からフランス語に変わったという意味的特性には気づかない。しかし，途中で自分の名前を呼ばれたりすると気づく。一度に二つの課題に注意するときには，課題の類似度と相対的困難度という変数が作用していると考えられる。

　注意の選択性の問題については，今後解明されなければならない数多くの問題が残されている。

ここで挙げた二つのモデルは互いに類似しており，相違点は，入力された刺激が，特徴に符号化されてから記憶情報と照合されるかどうかの点であり，対立する考えではない。

§8 社会的認知

私たちの知覚は，対象のもつ物理的な刺激条件だけでなく，その対象の社会的価値や観察者の社会的立場，態度・期待，過去経験，パーソナリティ特性などによって影響を受ける。これらの個体側の条件によって知覚が影響を受けることを考慮に入れないと，知覚過程を十分には解明できない。このような考えをもとにブルーナーやポストマンらは，多数の実験を行い知覚研究に大きな影響を与えた（これらの研究は1940年代後半から1950年代にかけて行われ，当時ニュールック心理学と呼ばれた）。

ブルーナーとグッドマンの実験（図12）によると，10歳の子どもにコインとコイン大のボール紙の大きさの判断をさせると，ボール紙に比較してコインの方が過大視され，コインの額が大きくなるほどその過大視量が大きくなった。また貧しい家庭の子どもの方が裕福な家庭の子どもよりも，過大視量が大

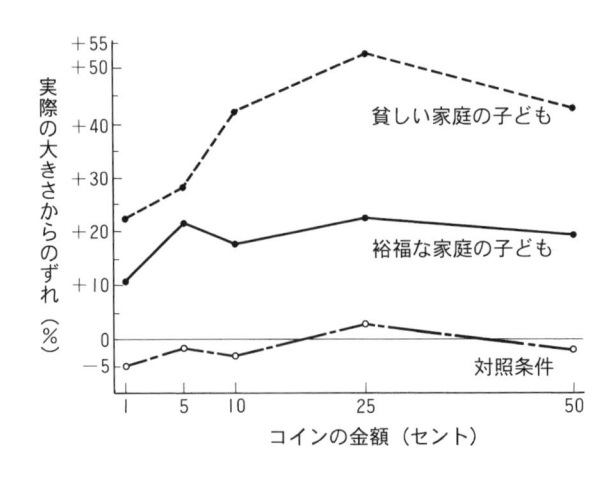

図12　経済的背景と硬貨の知覚（Bruner & Goodman, 1947）

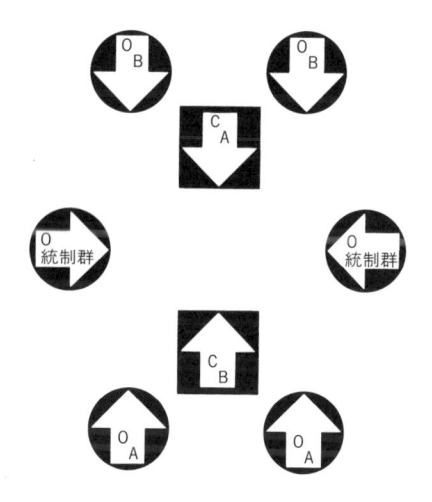

図13 テイラーの実験の会話者（CのA, B）と観察者（O）の配置
矢印は視線の方向を示す。(Taylor & Fiske, 1975)

きかった。この結果，欲求の大きさに従って過大視がなされたと考えられた。

また，人にとって価値のあるものや欲求の対象となっているものは，**認知閾**（いき）が低く，つまり，小さなもの，少ないものでもよく見え，不快なもの，タブーとされているものは認知閾が高い，つまり見えにくいといわれている。前者は知覚的鋭敏化，後者は知覚的防衛と呼ばれている。社会的タブーと関連のある語（たとえば性的言葉）は，普通の語に比べて見えにくく，つまり認知閾が高く，にもかかわらず情緒的な変化の指標といわれているGSR（皮膚電気反応）が，顕著に現れるという研究もある。

近年では，対人場面における**社会的認知**の研究が盛んに行われている。たとえば，テイラーは討議場面を観察するという実験（図13）において，観察者は，自分の位置からよく見える討論者を，その討論の場で主導的立場をとっていると認識しやすいという実験結果を得ている。つまり，知覚者の注意の焦点，あるいはその場の情報の**顕著性**（目立ちやすさ）が，事態の認知に大きな影響を与えるというのである。

第2章　欲求と感情

《欲望と喜怒哀楽の心理》

「人間は欲望の塊である」などという言い回しがあるが，私たちは日々の生活のなかで，「美味しいものが食べたい」「恋人が欲しい」「車を買いたい」「外国旅行をしたい」「金持ちになりたい」など，さまざまなことを欲している。このような欲求が日々の行動への意欲，原動力になっている。しかしながら，こうした欲求のすべてが満たされるわけではないから，その実現をめぐり一喜一憂することになる。

本章では，行動の理解に関わる二つの側面を考察していく。

その一つは，「行動の原因」に関する側面である。私たちが行動を理解しようとするときに問題になるのは，「なぜ，彼がそのような行動をしたのか？」ということであろう。同じ環境条件にある物体はみな等しい運動をするから，その物体の運動の原因は，環境側にある外的力に帰着して説明できる。しかし，同一の環境条件にあっても人間の行動は人によって必ずしも同じとは限らないので，行動の原因として，環境側の外的力だけでなく，行為者側の何らかの内的力を仮定しなければならない。人間を特定の行動に駆り立てる内的条件として想定されている「欲求」の概念が，まず考察される。

いま一つの側面は，欲求の充足や阻止に随伴する，内的主観的状態としての「感情」の概念である。感情体験は，欲求の実現に絡む生活の彩りであり，ひるがえって行動の原動力にもなっている。長い間願望してきた夢が実現されたときの喜びや感動，強い願いがどうしてもかなえられないときの苛立ちや悲しみは，「欲求」と「感情」の不即不離の関係を如実に物語っている。

両者は行動を駆り立てる内的過程である点で類似しているけれども，「欲求」

はしばしば内的な事象によって喚起され，環境内の特定の対象に向けられるのに対して，「感情」は外部の事象によって誘発され，これらの対象に向けられる点で区別することもできる。

§1　欲求と動機づけ

　心理学では，個体の行動を始動させ，方向づけ，推進し，維持させる一連のプロセスを，「**動機づけ**」(motivation) と呼んでいる。行動の原因に関わる条件のすべてを含むこのメカニズムは，個体の内部要因と外部要因の結合によって機能していると考えられている（トピックス 2-1 参照）。
　動機づけの内部要因は，行動発現への可能性をもつ内部状態を意味している。この内部状態は，脳内や身体の生理的活動から，文化や周囲の人びととの社会的な相互作用の内面化までも含む多様なものであるが，これらが，「喉が渇いたので水が欲しい」「一生懸命勉強して弁護士になりたい」というような意識体験として認知されている場合に，「**欲求**」(need) と呼んでいる。この欲求が，個体の生命維持や種の保存に関わる生得的行動の推進力の場合には，**動因** (drive) と呼ぶのに対して，社会や文化の価値を介して個体が獲得していく社会的行動の推進力の場合には，**動機** (motive) と呼んでいる。動因が，生理的基盤を原因として行動に駆り立てる機械的な力であるのに対して，動機は，認知過程を通して行動を従わせるような目標志向的な力であると考えられている。
　しかしながら，「お腹がすいた」という内部状態があっても，仮に「食物」が存在しない状況のなかでは摂食行動は生じないはずであるから，実際に行動が発現するためには，行動に駆り立てる内部要因のほかに，これに対応した外部要因の存在を考えなければならない。動機づけの外部要因は，個体の外にあって行動を方向づけ，惹きつける力であり，**誘因** (incentive) あるいは**目標** (goal) と呼んでいる。この場合にも，誘因が動因に，目標が動機に対応して用いられることが多いようである。「欲しい」という意識が存在するとき，わ

れわれは「何かが欲しい」のである。この「何か」が誘因であり，われわれを外から引っ張っている力なのだと考えられている。誘因は個体にとって報酬という価値をもち，これを獲得することで快が体験されるので，後に向けて同一な行動が強化されることになる。

§2　欲求の種類

　欲求にはさまざまな種類があるが，大きくは二つのカテゴリーに分類されている。その一つは，個体生命の維持と種の保持に関わる**生理的欲求**であり，生得的に備わっている**基礎的欲求**であるということから，**一次的欲求**と呼んでいる。飢餓，渇き，呼吸，排泄，睡眠，休息，苦痛回避などの個体保存欲求と生殖，母性などの種の保存欲求がこれに含まれる。

　一次的欲求を作り出すシステムとして，人間にも動物にも，個体の内的環境を比較的一定の状態に保とうとする自動調節機構（**ホメオスタシス**）が備わっている。われわれの生命維持のためには，生体内部の環境を狭い範囲内に維持しておかなければならない。体内の温度が一定の基準を超え上昇しすぎると，発汗作用によって体を冷やすし，下降しすぎると震えなどの筋肉活動によって燃焼を喚起し，体を温める。このような均衡を保つ自前の制御機構は，自動的な生理的反応を生み出すだけでなく，個体内部の緊張を作り出し，欲求と呼ばれる心理的な反応を喚起する。その結果として均衡を取り戻す行動に個体を駆り立てる。われわれは，暑いときには汗をかくだけでなく，服を脱いだりクーラーのスイッチを入れるし，寒いときには体を震わせるだけでなく，厚着をしたり暖をとることをする。

　基礎的・生理的欲求のなかで最も研究の進んでいる飢餓欲求を例として，恒常性の維持のメカニズムを眺めてみる。

　「腹いっぱい食べた」という言い方は，胃の部位の膨満感を表現しており，「お腹がすいた」という意識体験や「お腹が鳴る」という現象は，胃の収縮と関連している。このことから，飢餓欲求は胃から来る信号に統制されていると

トピックス2-1

突き動かす力と惹きつける力

≪トーテスの基本的な動機のモデル≫

　飢餓，渇き，性などの基本的動機づけの研究者は，行動の発現と方向づけを規定する力として，生体の内部から突き動かす力を強調する立場と，外部にあって生体を惹きつける力の役割に重きをおく立場に分かれていた。前者の「動因理論」は，動機づけの内的要因である生得的・生理的欲求を行動の原因であるとするのに対して，後者の「誘因理論」は，経験を介して学習された外的事物や，事象のもつ価値を行動の理由としている。

　二つの理論は，行動の説明に関する重点をどこにおくかの違いであって，相互に矛盾するものではない。トーテスは，すべての行動には突き動かす力と惹きつける力の作用する2種類のプロセスが介入しているとの立場から，包括的な基本的動機モデルを提案している。

　空腹時に，バナナを目の前にした人物を想定してみよう。外的刺激（バナナ）は，過去に受けた報酬としての価値の記憶と比較される（「バナナはこれまでいつも空腹を満たしてくれた」）。同時に，空腹や渇きといった生理的な信号（「お腹がすいた」）が，一瞬にしてその食物がもっている価値を調整する。このような二つの情報は，外的刺激に対する最終的な誘因動機づけを生み出すために統合され，その結果，行動と意識の経験（「あのバナナが欲しい」「バナナに手を差し出し，食べる」「このバナナはおいしい」）として現れる。このように生活場面においては，誘因と動因が相互作用しながら，行動の発現と方向づけを規定しているのである。

基本的動因に関するモデル

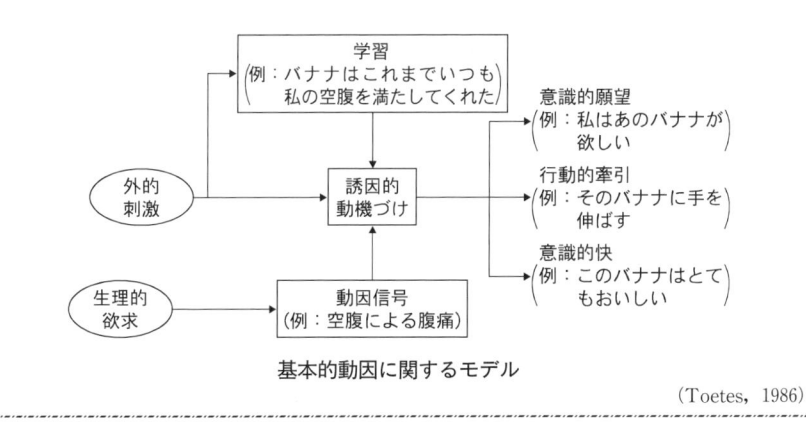

(Toetes, 1986)

考えられた。キャノンは，胃の壁の圧力変動と満腹感・空腹感の関係を報告している。しかし，胃を全部摘出したり，胃から中枢に向かう神経路を外科的に切断したりした動物でも，摂食行動に異常が認められないことから，この関係は単なる一致でしかないということになった。

真の生理的空腹信号は，血液中に含まれるブドウ糖値であり，脳幹や視床下部などの部位でブドウ糖が極端に減少すると神経活動が阻害され，その結果として空腹が引き起こされる。食欲は視床下部の二つの部位，視床下部の両側部と腹内側核部によってコントロールされている。両側部を損傷されたネズミは，食物に対する関心を失い，この部位を電気刺激すると摂食行動を開始する。逆に，腹内側核部を傷つけられたネズミはがつがつ食べ続けるし，この部位を電気的に刺激すると摂食行動を止めてしまう。前者が空腹中枢，後者が満腹中枢であるということになる。

このような物理的刺激や破壊だけでなく，視床下部に対する神経化学的な刺激によっても飢餓欲求が統制できることが知られている。モルヒネ（麻薬）が腹内側核部に注入されると摂食行動が促進されるし，アンフェタミン（覚醒剤）が両側部に注入されると食欲が低減する。

その後の研究で，これら二つの部位だけでなく多くの神経組織，神経伝達組織が飢餓欲求に関与していることが明らかにされ，視床下部の損傷が直接的に空腹感を壊すわけではなく，体重のホメオスタシス基準を再設定するよう機能していることが実証されている。実験室で人為的に操作されたネズミは体重が2倍になるほど肥満するが，自然界のネズミはホメオスタシスの機構によって肥満することはない。しかし，人間の摂食行動は，社会的要因に支配されており，必ずしもホメオスタシスによる規制だけを受けているわけではない。

一般に標準体重より30％以上の体重のある人を肥満者としているが，われわれの身の周りには肥満者が少なからずいる。肥満はさまざまな成人病を誘発することで問題であるし，肥満者は自制心のなさの結果であるとされて必ずしも評判がよくない。肥満の原因には，遺伝的要因と過食による要因がある。100日間，毎日1,000カロリーの過食と運動制限を課する一卵性双生児の体重

トピックス2-2

体重のセルフ・コントロール

≪クレイグヘッドらの減量プログラム≫

　食べ物が豊かな現代社会では，肥満に悩み，ダイエットを繰り返している人びとが，数多くいるようである。肥満の人は，平均体重の人に比べ不安が高い状況で大食する傾向にあり，たとえお腹がすいていなくても，食べ物の味や外観に敏感に反応し，摂食行動にいそしむことが明らかにされている。

　肥満は健康にとっても社会的評価にとっても望ましいものではない。平均的体重を大きく上回るとさまざまな成人病を誘発することは広く知られている。米国では，太った人はセルフ・コントロールのできない意志薄弱な人物とみなされ，職につき難いし仮に就職できたとしても出世はおぼつかないということである。

　一時的なダイエットで体重が落ちたからと安心して元の食習慣に戻ると，リバウンド現象が生じ，ダイエット以前の体重を大幅に上回ることは，ダイエット経験者の誰もが一度は体験している。体重を落とし，それを維持するためには，新しい食習慣を形成し，日々の生活に運動を取り入れなければならない。

　この研究では，3種類の治療法が6カ月間にわたって実施された。実験グループの第1グループは，食事と運動習慣を変容させる行動変容プログラムが与えられ，過食を自覚し，過食と結びつく状況を変えコントロールができたときに，自己評価することと望ましい運動習慣を作ることが奨励された。第2グループには，フェンフルラミンと呼ばれる食欲低下薬物が与えられることで，過食が抑制された。第3グループは，行動変容プログラムと薬物療法の両方が併用された。いずれのグループも，栄養についてのカウンセリングが実施され，一日1,200カロリーの摂取の指示と，運動に関する講義も行われた。

　6カ月後にいずれのグループも体重減少が認められた。二つの方法を併用した第3グループが15.3 kgと最も多く，行動変容プログラムだけの第1グループの減量が10.9 kgと，3グループのなかでは一番少なかった。しかしながら1年後の体重測定で，この3グループの順序が逆転して，第1グループが9 kg，第2グループが6.3 kg，第3グループ4.6 kgの減量維持の結果となった。

　行動変容プログラムだけのグループは，減量結果の原因を自分の努力として帰属できたおかげで，自己効力感を実感し，治療後もセルフ（内的）・コントロールできたのに対して，薬物だけ使用と併用のグループは，減量が薬物による外的コントロールの効果であると認知することで，自己制御感が形成されなかったと考えられる。

	治療後の減量	1年後の減量
《治療グループ》		
行動変容のみ	24.0	19.8
薬物治療のみ	31.9	13.8
合併治療	33.7	10.1
《統制グループ》		
実験参加待ち	(2.9増量)	—
内科医来院	13.2	—

(単位：パウンド＝454 g)

異なった治療後の減量 (Craighead, 1981)

増加の研究によれば，双子の二人の間では増加量の違いがなく，双子の各組の間では異なっていた。肥満が，過食そのものだけでなく，代謝の仕方に関わる遺伝要因によって規定されていることの証左である。人間の食欲は心理的要因によっても左右され，神経症性の過食による肥満や拒食による痩せ症などの摂食障害もある（トピックス 2-2 参照）。

　もう一つのカテゴリーは，個体や種の保存欲求とは直接的には関係のない欲求であることから，**二次的欲求**と呼ばれている。この欲求は，一次的欲求との連合を通じて学習されるものと考えられており，とりわけ社会生活，他者との関わりを通して経験的に獲得されるものであるということから，**社会的欲求**あるいは**獲得的欲求**と呼ばれる。具体的には，達成欲求，親和欲求，依存欲求，承認欲求，攻撃欲求，支配欲求などがこれに含まれる。

　社会的欲求は，それが形成されるプロセスで生理的欲求との連合が関与するが，いったん形成されると生理的欲求とのつながりから分離し，自律性を備えるものと考えられている（機能的自律性）。したがって，生理的欲求を犠牲にしても，社会的欲求を満たそうとする行動も少なからず認められる。人間の場合には名誉を守るために命を捨てることすらある。人間の行動の多くは，文化や社会の価値を取り入れ，その実現を願望することによって動機づけられているといえよう。

　生理的基盤に基づかない点で一次的欲求に，生得的である点で二次的欲求にも属さない一群の欲求（好奇欲求，感性欲求，操作欲求，探索欲求）を，**内発的欲求**と呼んでいる。行動それ自体が目標であり，何らの報酬を必要としていないように思われるこれらの欲求は，基本的には外界を知りたいという「認知の欲求」に還元できるもののようである（トピックス 2-3 参照）。

　マズローは，上記の一次的欲求，二次的欲求，内的欲求を階層的構造によって統合している。一次的欲求は，最下層の生理的欲求と第二層の安全欲求に，二次的欲求は第三層の所属・愛情欲求と第四層の承認・自尊欲求に，内発的欲求は最高層の**自己実現欲求**に対応させることができよう。最下層から第四層までが欠乏欲求であり，各層の欲求が充足されなければ上位の欲求が生じないと

トピックス2-3

「ごほうび」は学習意欲を高めるはずなのに？

≪レッパーらのアンダーマイニング効果実験≫

ある行動に対して金銭や品物などの物質的な報酬を与えられることによって、人は快を体験し、結果として、報酬を与えられた行動は強化されると考えられてきた。「成績が上がったら小遣いを増額するから」と約束する親心や、「売上成績が2倍伸びたらボーナスを倍増するから」と社員を励ます社長の思惑は、この経緯を前提として成り立っている。しかたなくてイヤイヤやっている行動については、少なからずこうした外的報酬が意欲を高める効果をもつことが明らかにされている。

しかし、行動それ自体が面白くてやっているような場合には、「ごほうび」がかえって意欲を低下させてしまうとするいくつかの研究報告がある。

ハーローは、知恵の輪を与えられただけで興味深げにそれを解くサルに、解けたらエサを与えるという条件を入れた後にエサを与えない最初の条件に戻すと、あれだけ夢中になっていたサルが、知恵の輪にまったく無関心になることを報告している。

デシは、「ソマ」と呼ばれる面白いブロックパズルを大学生に3日間解かせ、2日目から、1題解けたら1ドルの報酬を与えるグループと、何も報酬を与えないグループとに分けて、3日間の休憩時間にそれぞれがどの程度自発的にパズルを解こうとするかを観察した。

その結果、「報酬なしグループ」が、3日間通して休憩時間にもパズルに関心を示し解き続けたのに対して、「報酬ありグループ」は、3日目には興味をなくし、やる人がほとんどいなくなってしまった。サルだけでなく人間もまた「ごほうび」に操られ、目的そのものであったはずの行動を、功利的手段としてしまうようである。

レッパーらは、絵を描くことにもともと強い興味をもっていた幼児たちを、「よく描けたら、きれいな賞状をごほうびにあげるから」とあらかじめ告げた第1グループと、知らされずにごほうびの賞状をもらった第2グループと、何らごほうびのもらえない第3グループに分け、2週間お絵かき活動をさせた後の自由時間に、自発的なお絵かきがどの程度認められるかを観察した。第1グループの幼児は、第2、第3のグループの幼児に比べて、2週間の活動期間では粗雑な絵をより多く描いたが、2週間後には自発的に絵を描くことをあまりしなくなったという。面白がってやっていた活動、すなわち、内発的に動機づけられた行動に対して外から誘因となる報酬を与えて動機づけを高めてしまうと、もとになっている興味が掘り崩されてしまうという意味から、この現象をアンダーマイニング効果と呼んでいる。

(Lepperら, 1973)

されている。欠乏欲求がすべて充足されると，成長欲求である自己実現欲求が生じる。自己実現欲求は，最も自分らしい行動様式を探求しようとする欲求であり，個性実現の欲求である。自己実現を達成した人は，より自然で，現実を直視し，自由で，ユーモアがあり，創造的であるばかりでなく，精神的に健康でゆとりある生き方をしている。人間は潜在的に自己実現を果たしたいという欲求をもっているものの，この段階に至るのは困難であるとも述べている。

§3　動機づけと認知の関連

　動機づけは，行動の始動と方向づけ，その推進と維持を含む一連のプロセスであるが，これを規定するのは行為者の信念であるとする認知論的アプローチが，動機づけ研究の主流をなしてきた。

　代表的な理論に「期待×価値理論」がある。人間を当該の行動に駆り立てているのは，行為の成功に関する主観的な見込み（期待）と，行為がもたらす快（価値）の相乗であるとの主張である。アトキンソンは，達成欲求（欲求変数）×成功確率（認知変数）×成功の誘因価（情動変数）によって達成傾向を表し，同様の三変数の相乗で導出した失敗回避傾向を差し引くことで達成行動が生起するという，包括的なモデルを論じている。

　ワイナーは，アトキンソンのモデルをベースに帰属理論を導入することで，達成行動のモデルを再構成し，より精緻化している。達成結果（失敗・成功）の原因として，「能力」「努力」「課題困難度」「運」を取り上げ，それぞれを統制の所在（自己・環境）と安定性（変動・不変）の2次元上に分類している。安定性の次元は，成功確率と統制の所在は，成功の誘因価と関わっている。能力や課題困難度のような不変要因に結果が原因づけられれば，期待が維持され，努力や運の変動要因に帰属されれば，同じような結果を期待しないですむことになる。能力や努力のような自己の側に原因があれば，成功では誇りを失敗では恥を感じることになるが，原因が自分以外のところにあればこのような情動の喚起は生じない。このように，達成結果（失敗・成功）そのものより

トピック2-4

無気力な子どもに意欲をもたせる法

≪ドウェックの再帰属法≫

　失敗の連続が無気力を生み，成功の連続が意欲を作り出しているとの考えは，きわめて常識的である。しかし，動機づけの分野に社会心理学における帰属理論を導入したワイナーは，成功・失敗の結果そのものよりも，結果の原因あるいは理由に関する認知が，その後の意欲を決定するのだと主張している。成績が下がってしまったという結果（失敗体験）を「自分は頭が悪いから仕方がないと」諦めるか，「自分の努力が足りなかったからだ」と再起を誓うかによって，その後の勉強に対する取り組みはかなり違うはずだというのが，彼の立場である。

　ドウェックは，学習意欲が著しく乏しい8〜13歳の生徒12人を集め，25日間にわたる治療教育を行っている。算数の問題を使って，時間内に何題解けるかが成功と失敗の基準とされていた。生徒は，「成功体験グループ」と「努力帰属グループ」の2群に分けられる。前者には，「成功体験の連続が自信を作り，失敗に遭遇してもくじけないですむようになる」との立場から，いつも成功体験を味わえるような，本人にとってやさしい到達目標がたくさん与えられ，自信をつけさせる手続きがとられた。一方の後者には，8割は本人の能力範囲内で成功できる基準の問題を与えたが，残り2割は意図的に高い目標を混ぜて失敗を体験させたうえで，失敗の原因が努力不足にあることを告げ，もっと一生懸命やればできるはずだと励ました。治療期間の前，中間，後の3回，教育効果を計るテストを実施したが，「成功体験グループ」の生徒は，中間，事後テストのいずれでも改善が見られず，失敗の原因を本人の能力のなさに帰属する傾向がみられたのに対して，「努力帰属グループ」では，失敗体験後でも根気強く学習を続けるようになり，成績の急激に下がる生徒はいないばかりか，むしろ成績が上昇していたというのである。

　学習意欲の高い生徒と低い生徒の原因の認知には，対照的な特徴が認められる。高い生徒は，成績が上がろうと下がろうと，結果に対する自己責任が強く，成功を自分の能力と努力によるものだとすることで満足感を得ることができ，失敗を自分の努力不足によるとすることで自信を維持する。逆に，学習意欲の低い生徒は，成功を自分以外のおかげでと思うことで，自己満足が味わえないし，失敗を自分の能力のせいにすることで努力を怠り，期待がもてないままに無気力になっていく。

(Dweck, 1975)

も，達成結果の原因の認知が，その後の達成意欲に決定的な意味をもつことを明らかにしたことで評価される。

奈須は，原因帰属が情動を媒介として，学習行動，期末試験の成績に及ぼす影響を，中学校の数学の定期試験結果を指標として検討している。ここでの仮説は，①テストの結果が悪かった原因を「能力」（頭が悪いからこんなテスト結果になった）に帰属した場合，「能力」は統制の所在次元の自己要因に該当するわけであるから，自分が失敗の原因ということで「恥じ」を感じることになるし，安定次元でいえば不変要因ということになり，次回での成功は見込めない。逆に，②テスト結果が悪かった原因を「努力」（努力が足りなかったからこんなテスト結果になった）に帰属した場合には，「努力」が自己要因であるから「恥」を感じることになるのだが，同時に「努力」は変動要因でもあるので，次回での結果も失敗であるという予測は必ずしも生じないことになる。

結果は，中間試験の失敗を能力に帰属した生徒は，無能感やあきらめが強く，学習活動が乏しく，成績の改善も認められなかった。逆に，失敗の結果を努力に帰属した生徒は，後悔の気持ちが強く，学習活動が促進されただけでなく定期試験での成績に改善が認められた（トピックス 2-4 参照）。

近年の達成行動に関する，期待×価値モデルは，期待と価値の構成要素をより精緻化し，複雑なものとなっている。ウィグフィールドとエックルスは，価値については下位カテゴリーとして達成価値，内発的価値（興味），実用価値，コストを挙げ，これらの主観的価値と成功に関する期待（主観的確率）が課題の遂行，持続，課題の選択に影響を及ぼすというモデルを提示している。価値と期待の二要因に対しては，能力に関する自己概念，課題の要求に関する認知，自己スキーマ，長期的な目標などが影響を与えており，これらの諸要因も行為者に対する他者の態度や期待，行為者の過去経験の原因帰属によって限定されている。さらにこれらの要因の前提として文化的環境や社会化の促進者の信念や行為なども想定されており，社会的・文化的な要因の影響までも配慮した包括的なモデルとして構築されている。

§4　フラストレーションとコンフリクト

1　フラストレーション

　欲求に基づく行動が，物理的，社会的，想像的な障害によって阻まれている状態を「フラストレーション」という。フラストレーションは，欲求の阻害された状況とその結果として生じる心的反応を含んでいる。前者は「欲求阻止」，後者は「欲求不満」と訳されることが多い。欲求不満に陥ってもそれに耐えて上手に処理できる能力，すなわち抵抗力を「フラストレーション・トレランス」と呼んでいるが，これは円滑な社会生活を営むうえで重要な能力の一つである。もしも，欲求不満を上手く処理できずに緊張が持続することになると，強い情動反応を引き起こし，以下のような病的行動によって不満を解消することになる。

(1) フラストレーション-攻撃行動：欲求を阻止している障害に直接的・攻撃的な行動をとる。障害を直接攻撃できないときには，間接的な対象に攻撃が向けられたり，自己に向けられたりすることもある。いずれにせよ，欲求不満が怒りの情動を伴った攻撃行動を作り出すことは，日常生活でしばしば観察される。

(2) フラストレーション-退行行動：欲求不満が，年齢に比してより未分化な発達段階への逆行を思わせるような行動をとらせる。幼児が「赤ちゃんがえり」，成人が「子どもがえり」して欲求を満たそうとする行動に代表されるものである。

(3) フラストレーション-固着行動：欲求不満の持続が，自閉的で，無意味な行動パターンの繰り返しを生じさせる。

　上記のような病的行動に陥る前に，自己を守るために無意識下で機能する仕

組みをアンナ・フロイトは,「自我防衛機制」という用語によって記述し,当該の欲求を無意識下へと押しやる「抑圧」を基本とした10種類の機制を取り上げた（トピックス2-5参照）。

2　コンフリクト

　コンフリクト（葛藤）という用語は,もともと精神分析で無意識の本能的な欲望とそれを抑圧しようとする道徳的要求の間にみられる拮抗を意味しており,神経症の原因になるものとされていた。今日では,目前に複数の誘因が存在し,行動に踏み出すことのできない状況をコンフリクトと呼んでいる。一般には,特定の対象に対して正の誘引があれば接近し,負の要因があれば回避するというパターンをとることになるが,この接近と回避を組み合わせることで,以下の三つの基本タイプが考えられている。

(1) 接近-接近型のコンフリクト：魅力の度合いがほぼ等しいと思われる二つの誘因に挟まれ,どちらへもいきたいが一方を得れば他方が得られない事態である。たとえば,ステーキも食べたいがすき焼きも食べたいのに,二つの料理代金を支払うだけの持ち合わせがない状況を想像してみればよい。二つの料理がまったく同じ誘因価であれば,理論上はどちらの料理も注文できず指をくわえることになるが,現実場面ではどちらかを注文し葛藤が解消することになる。

(2) 回避-回避型のコンフリクト：どちらもできることなら避けたいと願っている二つの負の誘因に挟まれた状態で,必ずどちらかを選ばなければならない事態である。受験勉強はくだらないからやりたくないが,試験に落ちて浪人するのも嫌だという状況がこれにあたる。どちらかを選んでも,もともと回避したい選択であるから後戻りなどもあり,葛藤の解消が難しい事態といえよう。

(3) 接近-回避型のコンフリクト：一つの対象に正・負の等しい誘引価がある事態である。優しい人だから結婚したいと思うのだが,給与が少な

トピックス 2-5

欲求不満を無意識的に解消する

≪精神分析の自我防衛機構≫

　誰でも自由に自分の欲求や衝動を実現できたらと考えるが，現実にはさまざまな社会的制約があって我慢を強いられる。

　このような状況では欲求が阻害されているわけであるから，できるだけ不快な情動体験を緩和し，自尊心を傷つけないような措置が必要となるが，現実が変わらない以上，それを否定するか，歪曲(わいきょく)するか，欺瞞(ぎまん)するしかない。しかも，それは本人に気づかれないように，無意識のレベルでなされなければならない。意識下で作用するこのような自我の自動安全装置を「**自我防衛機構**」と呼んでいる。しかし，このような問題解決の仕方では，不安を一時的に解消することができたとしても，その原因を除去したことにはならないので，しばしば適応上の障害を生むことになる。

　防衛機制には，多くのものがあり，それらが互いに複雑に絡み合っているが，次のような幾種類かのパターンに分けることができる。

　最も基本的な手段は，自我を防御する方法である。防御の基礎になる無意識化の機制として**抑圧**がある。自我に脅威となるような欲求や観念を意識界から追い出し，あたかもそうしたものを持ち合わせていないようにするメカニズムである。無意識のなかに閉じ込められないときには，もっともらしい口実を用意する。イソップの物語のなかの狐になぞらえて，"すっぱいぶどうの機制"と呼ばれる**正当化**がこれにあたる。継母が子どもに対する憎しみの感情をカモフラージュすべく過度に可愛がるように，真の欲求と正反対の行動をとる機制が**反動形成**である。**投射**は，自分がもっている忌まわしい欲求を，その対象である相手がもっているのだとして責任転嫁する方法である。

　代理で満足しておくという手段もある。欲求の対象を変更するのが**置き換え**である。夫婦喧嘩のあげく，夫への攻撃がままならぬ妻が，子どもを叱りつけうっぷんを晴らすのは，この例にあたる。抑圧された欲求を社会的に望ましいとされている行動に移し代えて満足を得るのが**昇華**である。もてない人が，勉学に意欲的に励むとか攻撃的な子どもが運動クラブに入って烈しい練習に耐えるなどというのがこれにあたる。特定の身体的，精神的劣等をカバーすべく，他の方面での優越を勝ち取ろうとするのが**補償**である。色盲であった人が音楽家として大成する，虚弱体質の人が学業で一番になるなどがこれにあたる。

いので結婚しても家計が成り立たないかもしれないという心境である。

いずれの場合も，相互に両立し得ない行動の要請であるので悩まないわけにはいかない。葛藤の持続はフラストレーション事態を招くことになるので，通例は妥協を見出し，この事態からの抜け出す努力がなされることになる。

§5 感情とは何か

「人生，泣き笑い」という言葉があるが，人の一生は感情に色濃く塗り込められている。遠い昔の思い出も，未来への希望も，そして，今そのものも，日々の意識体験はさまざまな感情とつながれている。喜怒哀楽に代表される感情体験は，日常生活における意識内容に多様な彩りを添えている。もしも意識体験のなかから感情体験を消し去ってしまったら，彩りが消えるだけでなく，価値判断を欠き，合目的的行動選択ができなくなるとともに，社会的な振る舞いや倫理感がおかしくなることが知られている（トピック2-6参照）。

感情の存在は，われわれにとって主観的にはきわめて明瞭な直接的事実である。しかし，これを客観的に表現するとなると，そこには多くの困難が伴う。われわれは，自己の感情体験については十分に承知しているが，他者の感情体験については直接的に知る術をもっていない。一般的には，快あるいは不快を基調とする意識体験そのものが「感情」であるということができよう。

広義には，気分，情緒，情動，情操，情熱などの言葉で表現される内容を含むものであるが，これらの間に明確な区別があるわけではない。語義のうえから以下の違いが指摘できる。「気分」は比較的長時間持続する穏やかな感情状態であり，憂鬱や爽快などの心的体験がこれにあたる。「情緒」と「情動」は，心理学では同義に使われており，急激で短時間に終わる一過性の強い生理的興奮を伴う感情体験を意味している。「情操」は，文化的・社会的価値と関連して生じる複雑で高次な感情体験であるし，「情熱」は，強い欲求を伴った激しい感情を意味する。

トピックス 2-6

情動的知能って知能とどこが違うの？

≪ゴールマンのEQ≫

　1995年にアメリカで発売されたEmotional Intelligence（情動的知能）は，52週連続でベストセラー・ランキングにリストアップされ，22ヵ国語に翻訳された。わが国でも『EQ：心の知能指数』のタイトルで，77万部を売るベストセラーとなった。ニューヨーク・タイムズの記者であり心理学者でもある，ダニエル・ゴールマンが書いた一般向けの本である。EQなる用語は原著では一切用いられていないのだが，出版後にマスメディアが造語し，一人歩きしたことになる。

　ゴールマンが論じているのは，現代社会が，知的能力を重んじるあまりに，とても重要なひとかたまりの技能と能力を，ほとんど無視し続けてきたということである。それは，人と感情を扱う技能と能力である。EQの基本は，「自分の感情生活に気づくこと」，すなわち「情動の自己認識」である。自分の情動をコントロールすること，他人の感情を理解すること，他者と協調しつつ自分の気持ちも大切にできることなどが強調されている。

　こうした能力を，とりわけ子どもたちに高める方法についても述べている。アメリカ国立臨床幼児センターの報告書は，「学校の成績が伸びるかどうかは，知識の蓄積や早熟な読解能力よりもむしろ情緒的・社会的能力による」と指摘している。ここで指摘されている能力は，①自信（自己効力感），②好奇心，③計画性，④自制心，⑤仲間意識，⑥意思疎通能力，⑦協調性の諸能力であり，どれもがEQに関連する能力である。

　知能指数（IQ）の高い者や学校での成績優秀者が，社会に出て必ずしも成功するわけではない。人の人生での成功を決めるのは，社会のなかで示される自己制御，熱意，欲求不満耐性，意欲などの，情動的安定性を意味する情動的知能指数（EQ）なのである。

これらのなかで「情動」は，強い感情体験であるとともに，脅威か有益かなどの感情に関連する状況についての認知的指標，血圧や心拍変化などの生理的指標，微笑みやしかめ面などの表出的指標，闘争や逃走などの行動的指標を含むものであるので，比較的数多くの研究がなされている。

本章では，「情動」を中心にして感情研究の流れをたどっていくことにする。

§6 情動の表出と伝達

ダーウィン派の研究者は，情動とそれに伴う表情が進化の産物であるとの立場をとっている。情動表出は，感情を相手に伝えるために進化したのではないかと推論されている。情動表出が自然淘汰による進化現象であるとの仮説から，顔面の情動表出が人類に普遍的なものであるとの結論が導き出され，一連の実証研究が開始された。

エクマンとフリーセンは表情の普遍性を確認するために，西欧文化と隔離されたニューギニアの高地に住むフォア族の調査を実施した。幸福，悲しみ，怒り，驚き，嫌悪，恐れの西欧人の表情写真が示され，それぞれの情動に関係した物語を読んで聞かせ，3枚の写真のなかから正解の1枚を選ばせるという手続きで実施した結果，恐れを除いたすべての写真で高い正答率を得た。その後，上記と同じ六つの顔面表情が，10の異なる文化出身の被験者において正しく識別されていることが実証されている。顔面表出の普遍性から情動の普遍性を推論し，これら六つの情動がすべての情動の中核をなすという意味で，**「基本的情動」**であるとされた。基本的情動が生存に必須であったために進化によって残されてきたことと，他のすべての情動は，これらの基本的情動を複合したものであるとの主張がなされた。イザードは，上記の六つの基本情動に，「興味・興奮」「苦悩・不安」「軽蔑」「恥」「罪」を加え，「悲しみ」を外して，10の基本情動を識別している。情動の心理進化説に立つプラチックは，情動の原型行動として機能を，「取り込み」「拒絶」「保護」「破壊」「繁殖」「再統合」「順応」「探索」のそれぞれを八つの基本的情動（受容・嫌悪・恐れ・怒

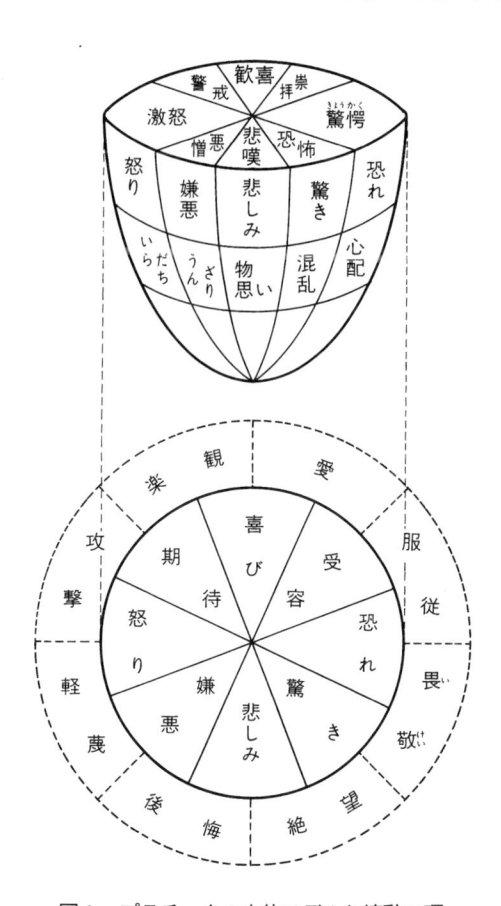

図1 プラチックの立体モデルと情動の環

り・喜び・悲しみ・驚き・期待）と対応させて，情動が合目的的な行動に果たす機能を論じている。

　しかしながら，異文化間での高い一致率が，表情刺激の順番提示や限られた選択肢のなかから感情判定をする回答様式によって，人為的に導かれた結果であるとの批判や，自然に作られた表情の認知率は，ポーズされた表情の認知率よりも低くなるという，批判的な研究報告もあることをつけ加えておかなければならない。

§7 生理的反応（身体的変化）としての情動

　感情は，主に身体変化の体験である。「われわれは，失恋すると悲しがって泣き，山道で熊に出くわせば恐れて逃げ出し，公衆の面前で侮辱されれば怒って相手に殴りかかる」と常識的に考えているが，ジェームズによればこの順序は逆で，「泣くから悲しい，逃げるから怖い，殴りかかるから怒っている」ということになる。感情を経験するには，感情誘発刺激の知覚によって身体変化を経験しなければならない。まず身体変化が最初に生じ，次いで感情経験が生じるとの主張である。この立場は，同時期に血圧変動が情動体験を生むとしたランゲの説と合わせて**ジェームズ-ランゲ説**と呼ばれている。

　ハーバード大学でのジェームズの教え子であったキャノンは，恩師の理論に批判的であった。それは，恐怖，激怒，苦痛を伴う身体的変化が相互に驚くほど似ており，喜び，悲しみ，嫌悪の感情が強い場合の身体的変化とも似ているというものであった。「内臓反応は画一的すぎ，客観的性質において異なる感情を区別する方法とはなり得ない」というのがキャノンの主張である。その後，感情特有の身体的変化を，アドレナリン注射によって人為的に生じさせても感情を作り出すことはできないことが確認され，内臓の身体的変化は，感情経験を生じさせる脳内作用の原因ではなく，結果であり，具体的には脳の視床と呼ばれる領域がそれぞれの感情に固有の経験を与えるという主張が正しいのではなかろうかとされた。この**キャノン-バード説**と呼ばれる中枢起源説は，後に隆盛をきわめる情動の神経学的研究へと受け継がれていく（トピックス 2-7 参照）。

　一方，ジェームズ-ランゲ説を支持する証拠も積み上げられていく。14 の生理学的指標を用い，怒りと恐れの違いを七つの指標で見出したアックスの研究報告はその一つである。怒りについては同様の結果がファンケンシュタインらによっても報告されているし，悲しみと幸福感の間にも自律神経レベルに差異があることも実証されている。また，さまざまな情動について，人が単にその

トピック 2-7

固有の生理学的パターンが情動を作る

≪エクマンらの情動の生理学的測定≫

1950年代前半に，怒りと恐れの情動状態に，意図的に誘導された被験者に装着された14の生理学的指標の比較から，怒りと恐れの情動には異なる生理的覚醒様式が存在するとの報告がなされた。その概要は，皮膚電位のレヴェルと呼吸数では，恐怖が怒りよりも増大しており，皮膚電位の反射数と心臓弛緩血圧は，怒りが恐怖よりも増大していたというパターンが確認され。これらのパターンが，恐れの場合にはアドレナリンを，恐怖の場合にはアドレナリンとノルアドレナリンの混合液を注射したときのそれと酷似していることを明らかにしたことで，注目をあびた。残念ながら，その後の追試では，特定の情動と自律反応の一義的関係は，必ずしも認められないとする研究の方が多いとされてきた。

しかしながら，近年になって，ある情動反応で一定の生理学的パターンが生じたとする報告例が示された。エクマンらの研究は，異なる感情に独自の自律神経のパターンが存在するという証拠を提示している。被験者は，FACSと呼ばれる顔面の表情符号化システムに従って，特定の表情を表出させる訓練を受け，六つの情動（驚き，嫌悪，悲しみ，怒り，恐れ，幸福）のそれぞれについて表情を作り出した。この表情を作っている10秒間の間に，心拍数，指尖皮膚温，皮膚電位，前腕筋緊張などの，自律神経系の生理学的指標が測定された。その結果，心拍数については，怒り，恐れ，悲しみに伴う変化が，幸せ，驚き，嫌悪に比べてすべて有意に大きかった。指尖皮膚温については，怒りに伴う変化が，他のすべての情動に比して有意に大きいことが明らかにされた。

このことから，自律神経系の覚醒パターンが，情動の種を確定しているとのジェームズ-ランゲの説が裏づけられたとするわけにはいかないが，われわれの体験する情動内容の違いには，いくぶんかの生理学的な差異が認められたということはいえよう。この報告が，表情を人為的に表出させるという手続きによる生理的覚醒の誘導である点も，問題として指摘されている。

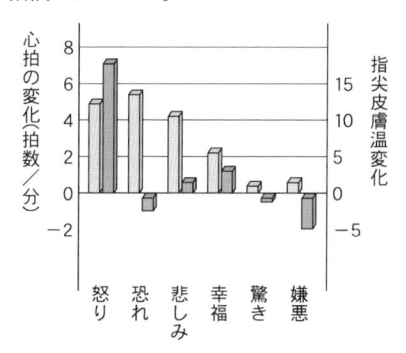

情動の種別における生理的覚醒の相違
(Ekmanら，1983)

ふり（ポーズ）をすることや，表情筋を人為的に刺激することで，実際の感情経験につなげることができるとの実験結果も，この理論を支持するものである（トピックス2-8参照）。

§8　情動の認知学説

　情動の発生における思考の役割を強調し，環境事象に対する個人の評価が情動を生み出すというのが，認知論の要点である。情動の差を生み出すのは，内臓その他の身体的変化からのフィードバックの特定のパターンではなく，一様な身体からのフィードバックを異なる情動として経験させる，認知プロセスであるとの立場である。

　アーノルドは，情動のダーウィン説とジェームズ説を，ともに情動がいかに引き起こされるかを説明できないとして痛烈な批判を行っている。彼女によれば，情動体験に至る出来事の正しい順番は，

> 知覚→評価→情動→表出→行動

の連鎖であり，戦闘機のパイロットを例に挙げて認知モデルを説明している。「知覚」は刺激の中性的確認（近づく戦闘機の確認），「評価」は刺激の自動的な価値判断（味方機か敵機か），「情動」は接近-回避を感じる傾向，「表出」は情動に随伴する生理的・身体的変化パターン，「行動」は接近-回避することを意味する。このモデルは，知覚の役割を強調しているだけでなく，情動体験を行動の動機づけとしてとらえ，その表出を行動への準備状態としていることで，広く受け入れられている。

　シャクターは，自律神経系による特定化の証拠がないことのジェームズ-ランゲ説の欠点を解決するために，感情の二要因説を提案する。ある感情の状態は，生理的覚醒とその覚醒状態に適合した状況認知の総和であるとする立場である。

　覚醒＋認知＝感情という単純な図式によって，ジェームズとキャノンの研究

トピックス2-8

今，ここに没頭する心

≪チクセントミハイのフロー理論≫

　我を忘れて夢中になる。子どもの遊びの場面でしばしば観察されるこの心的状態は，チクセントミハイによって「フロー体験」と名づけられた。このフローは一時的な感情状態にすぎないが，人の能力や技能を高める力になるとされているだけでなく，創造的な活動に必須のものと考えられている。

　フロー体験の特徴は，①課題に無関連な刺激が意識から消えて，課題への強い集中が起きる，②行為と行為者の意識が融合し，行為のための意識的努力が必要とされない，③自分が行為の統制をなしうるという実感，④時間の経過が実際より速く感じられる時間感覚のゆがみ，⑤内省的自己意識の喪失，⑥行為自体の目的化，⑦明瞭な目標と進行中の行為の適切性に関する即時のフィードバック，などを含むものである。

　チクセントミハイによれば，機会が提示する挑戦のレベルと自己の技能レベルをどのように知覚しているかによって，「フロー」「統制」「覚醒」「弛緩」「不安」「退屈」「心配」「無関心」の，8種の感情状態を体験するというものである。挑戦と技能が高いレベルで均衡を保ったとき「フロー」の状態を体験するが，挑戦のレベルに対して技能のレベルが下回った不均衡な状況では，「覚醒」「不安」「心配」の順で感情状態の変化が起き，逆に，技術のレベルが高まると均衡が破れ挑戦レベルが下がることで，「統制」「弛緩」「退屈」へと主観的体験が変化していく。人は「フロー」体験を願っているので，「不安」や「覚醒」を覚悟のうえで挑戦のレベルを高め，再挑戦することで「フロー」状態を手にする。この過程が，技能を高め，質の高い創造的な行為へと人を導くとされている。

　「今，ここに没頭する」，まさに進行形のやる気は，計算づくのやる気や仕方がないからという手段としてのやる気と違って，充実感や喜びを伴うきわめてユニークな情動状態の発見である点は，評価しなければならない。

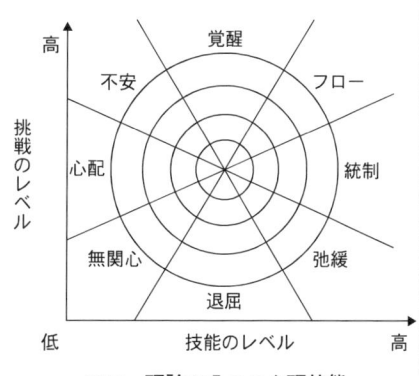

フロー理論の八つの心理状態
(Csikszentmihalyi & Rathunde, 1992)

を統合し，1960～80年代間での数多くの情動研究に影響を与えることになる。シャクターは巧妙な実験計画のなかで，生理学的覚醒の要因とその原因となる手がかりを独立して操作し，情動体験における要因の相互作用を実証している。スプクロシンという実験用のビタミン補強剤を注射したと偽って，興奮剤であるエピネフリンを注射された被験者たちは，説明のできない生理的覚醒を待合室で同室となるサクラの情動的振る舞いに錯誤帰属することで，情動体験と情動行動を表出したというのが実験の概要であるが，この研究の事後分析や追試研究は，必ずしもシャクターの結果を支持するものではなかった。「生理的覚醒の説明不能な被験者にとって，自分のおかれている情動上の区別がないどころか，はっきりと否定的情動が経験される」という結果や，「偽りの説明を受けて興奮剤を注射された被験者と食塩を注射された対照群の被験者との間に，サクラの誘導で情動を表出した割合に有意差は認められない」との報告が相次ぎ，シャクター自身も自説から離れ，生理学的還元説の方に向かったのが真相である。

　ラザルスらは，問題の出来事に対して，ストレスを感じない方法（認知的対処法）でとらえるようにさせることができれば，ストレス反応を最低限に抑えることができることを実証している。ラザルスにとって，情動は知覚する環境に対し，人が有害または有益と評価したことを適切に処理するための覚悟と準備をさせる反応であった。この説は，人が自分の知識や願望に関係した状況に対してもつ個人的な意味評価から，特定の情動が生まれるとするものである。

　ザイアンスは，認知と情動は独立した体系であり，いかなる認知過程の関与がなくても情動を生み出すことができると主張し，認知説を批判した。ある刺激に対する情動判断を下すまでの反応時間は，刺激の認知のための反応時間よりも短いことを示した研究報告が，この立場を支持している。情動の認知をめぐるラザルスとザイアンスの論争は，トピックス2-9を参照のこと。

トピックス2-9

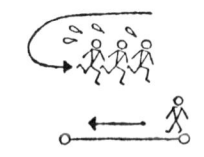

とっさの判断と冷静な判断

≪ルドゥの情動の二経路説≫

　森の中でヘビに遭遇したとき，ドキッとした恐れの感情とともに，逃走行動を起こすのが普通の対処行動であろう。しかし，逃げ出す前にもっとよく見直してみたら，ひもの端であることに気づけば，恐れの感情が消え安堵の気持ちが取り戻される。

　ルドゥは，視床からの感覚神経インパルスが，①海馬を含む扁桃体を中心とした大脳辺縁系に直接伝達されるもの，②大脳新皮質を経由して扁桃体に収斂するもの，の二経路があることを見出している。

　外的刺激は，感覚器官を介し視床を経て，未調整のまま，扁桃体で迅速かつ大づかみな自動的評価を受ける。個体の危機に関わるような重要な情報を検出する無意識下のシステムは，感情的計算処理回路と命名された。認知的計算処理回路と呼ばれるもう一つのシステムは，感覚情報を視床から大脳新皮質を経由して扁桃体へ送出する回路で，意識下において，記憶や思考を介して対処行動を決定する機能である。

　進化と発達のレベルにおいて，「とっさの判断」である感情的計算回路が，「冷静な判断」を司る認知的計算回路に先行していることから，前者が脳の最高次の目標設定メカニズムであろうことが推論される。通常は，前者に後者の認知的評価が加わり，情動の表出が調整されるのであるが，前者が強烈で急激な引き金を引けば，その情動によって思考や行動と呼ばれる下位目標に縛りがかかり，後者の調節が不可能となることで情動の暴発が起こることになる。

　1980年代前半に情動と認知をめぐって戦われたラザルスとザイアンスの大論争は，「情動の発現は認知的分析に先行する」という主張と，「すべての情動反応は認知的評価に基づいている」とする主張の対立であったが，ルドゥの確認した二重の伝導路は，双方の立場を裏づけることになったのである。

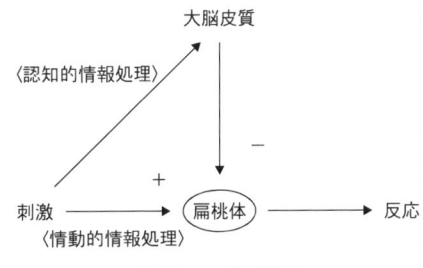

情動の二重回路説
(LeDoux, 1989)

§9　社会的構築主義説

　情動の生起に社会的要因が寄与しているとの主張は，近年になって目覚ましい。社会的相互作用は情動の発生因であるとの提言や，情動が対人現象であることを強調した立場など，情動の状況的制約性の検討が叫ばれている（トピックス 2-10 参照）。

　こうした動向のなかで，1970年代の認知学派から発展した社会構築主義は，情動が生物学的な現象であることを認めず，社会的・個人的目的に役に立つ文化の産物であり，社会的レベルの分析に着目して，はじめて情動理解が可能となるとの立場をとる点で際立っている。

　エイヴェリルは，情動はある特殊で一時的な社会的役割であると考えている。ここでの役割は，ある状況において人がとるとされる社会的に定められた一連の反応であり，診断医学における症状群（シンドローム）にたとえられている。情動は人が環境を評価する方法そのものであり，信念，判断，欲求といった態度に裏づけられ，文化によって決められる。もし人が，自分の関わる状況を自分に対する不当な逸脱だと評価しなければ，その人は怒りという一時的な社会的役割を演じることはない。したがって，情動の数には限りがない。社会は，その社会体系に応じた数の情動を作ったり，構築したりすることができるとするのが，社会的構築主義の立場である。

　情動と情動表出などの要素間に必然性は存在せず，同じ情動が生起しても同じ情動反応が生じるわけではないとして，情動の異文化研究が得た普遍性へ批判的立場を表明する，社会的構築主義の視点がある。

　彼らは，少数の情動群と顔面表情の関連性の普遍性を立証しようとする研究を，情動そのものの普遍性の証拠として採用することを否定しているのである。情動は，一次的評価に基づいてリストのなかから選び抜かれるようなものではなく，そのつど，状況に応じて可変的で柔軟なパターンを構成し，すぐに元へ戻ってしまうものだと考えられている。

トピックス 2-10

感情は判断を歪めるのか？

≪フォーガスの感情混入モデル≫

気分の良いときと悪いときでは，同じ対象に対する評価や判断が異なり，評価がそのときの気分に一致する方向へ偏ることが広く知られている。一見不合理とも思えるこのような判断の偏りは，感情のもたらすマイナス効果なのであろうか。

フォーガスは，さまざまな社会事象の判断において，対象の要因，判断者の要因，状況要因の違いにより，「実質的処理タイプ」「ヒューリスティックスタイプ」「動機充足タイプ」「直接アクセスタイプ」の四つの判断ストラテジーを提示し，判断に感情がどのような影響を与えているかを論じている。

上記の四つのストラテジーのうち，前者二つは，感情の影響を強く受けるものである。対象の要因が複雑であり，判断者の要因が十分な認知処理容量を有しており，状況要因として正確さが求められているような事態では，情報を十分に吟味する「実質的処理」のストラテジーが使われる。この場合には，当該の感情がそれにマッチした特定の情報に対する処理を促進するプライミング機能を果たすこ とで，処理の精緻化を促すことになる。同様に，「ヒューリスティクス」のストラテジーにおいても，感情が処理に強く関わる。対象要因が典型的であり，判断者の要因のうち認知処理容量が限られている場合には，感情状態を判断の手がかりとして，利用可能な情報のなかから一部を利用して，簡便に判断処理を行う手法である。

一方，後者の二つのストラテジーは，感情の影響が相対的に弱くなる。判断者要因の一つである動機が，特別な意図を有している場合には，「動機充足」のストラテジーが優先するので，感情の影響は少ないことになる。同様に，対象要因の熟知性が明確な場合にも，固定した評価情報を記憶のなかから取り出す「直接アクセス」を，ストラテジーとして使用することになるから，感情の影響が入る余地は少ない。

このように，感情が判断に効率性や精緻性をもたらす場合には，気分一致判断がプラス効果をもち，適応上，合理的に機能しているとみなければならない。

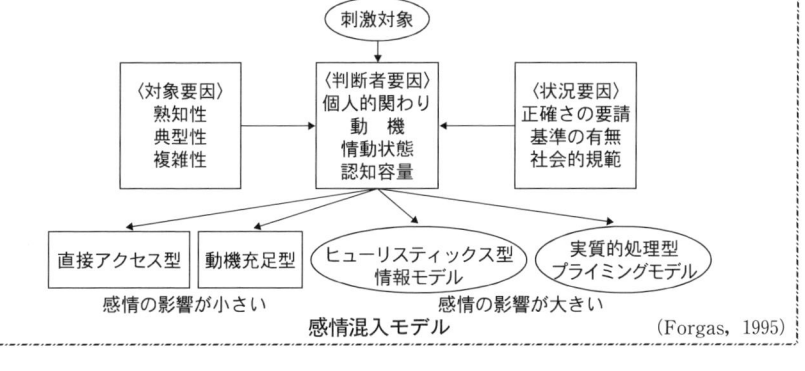

感情混入モデル　　　　　　　　(Forgas, 1995)

第3章 学習・思考・記憶

《学ぶこと，考えること，記憶と忘却の心理》

　さまざまな経験を通して，人はそれまでしなかったことをするようになり，できなかったことができるようになり，分からないことが分かるようになる。その場に適した振る舞いができるようになり，技能を発揮することができるようになり，知識を獲得し拡大していく。これが学習であり，学習とは経験を通して起こる行動の変化である。行動には，きわめて単純な行動もあり，高度に複雑な行動もあり，言語的なものから非言語的なものまで，広い範囲のものが含まれる。ただし，たとえば疲労や空腹，薬物の服用が原因で起こる一時的な行動の変化は，学習とはいわない。学習による行動の変化は，経験によってもたらされる比較的永続性のある変化をいう。

　ここでは，生活体が経験を通してどのようにその行動の仕方を変えていくのか，どのようにして新しい行動や新しい考えを獲得していくのかを，条件づけ，課題解決学習，概念学習，社会的学習の順にみていき，最後に学習を支えている記憶の問題を取り上げる。経験を通して起こる行動変化には，上記のような学習のほかに，生後の短い期間に経験したことが，その後の行動に決定的な影響を与える初期経験による学習や，単一の刺激を繰り返し経験することから起こる，反応の鋭敏化とその反対の順化がある。これらの学習はここでは取り上げないが，初期経験による学習は，第4章で取り上げられている。

§1　条件づけ

　人はどのようにして行動のレパートリーを拡大し，その場に適した行動をするようになるのか。この問題における基本的な事実，法則を明らかにしようとするのが条件づけの研究である。条件づけは，動物実験によって始められ，そこで見出された知見が人間の行動の理解にも適用できると考えられている。条件づけについての多くの実験は，動物を対象として行われてきた。したがって，条件づけによる学習理論では，行動の主体を生活体とか有機体という。

　条件づけは，主観的な解釈や推測が入り込むことを避け，行動を科学的にとらえるために，外部的，客観的に特定することのできる**刺激**と**反応**によって理解し，説明しようとする。このような理論的立場を行動主義という。条件づけにおける「刺激」は，外界，すなわち環境の要因を表し，「反応」はそこにおいて行われる行動を表す。生活体は経験を通して，環境に対する対応の仕方，すなわち行動を変化させていく。

1　古典的条件づけ

　食物を口の中に入れると，食物が口の中の感覚器官を刺激し唾液が出てくる。口の中の食物に対する唾液反射は，生活体が生得的にもっている反応である。では食物が口に入らないと唾液は出ないのか。多くの人は梅干しを見ただけで唾液が出てくる。しかし唾液の出ない人がいる。梅干しを食べたことのない人である。ここに，梅干しという刺激に対する経験の有る無しによって起こる反応の違いが認められる。

　パブロフは，1904 年に消化器官の研究によってノーベル賞を受けたロシアの生理学者である。彼は消化器の研究に使われている犬が，食物を見たり，実験者を見たりするだけで唾液を分泌する，いわゆるよだれの現象に注目した。なぜなら，食物や実験者から受ける視覚刺激は，本来唾液反射とは無関係なものである。したがってこの現象は犬にとって生得的なものではなく，繰り返し

実験台に使われた経験から生じるようになったものだと考えられる。

　パブロフは犬を用いた実験によって，本来無関係であった刺激と反応の間に，新しい結合を形成する手続きを定式化した。これが，今日**古典的条件づけ**と呼ばれている方法である（トピックス 3-1 参照）。条件づけによって学習された反応は，特定の刺激によって生得的に無条件に引き起こされる反応である**無条件反応〈UR〉**に対して，一定の経験のもとに生じるという条件つきの反応という意味で，**条件反応〈CR〉**という。

　パブロフの実験手続きの中核は，**条件刺激〈CS〉**（音）と**無条件刺激〈US〉**（肉粉）を時間的に接近して提示することである。これを**強化**という。強化によって，本来唾液反射に対しては中性刺激であった条件刺激（音）は，無条件刺激（肉粉）が誘発した反応（唾液）を次第に喚起するようになっていく。このようにして，音を聞くと唾液が出るという，これまでになかった新しい行動が学習されるのである。強化の回数が多くなるに伴い，条件反応は大きくなっていく。また，条件刺激と無条件刺激がどのような時間間隔で起こるか，二つの刺激のどちらが先行するか，二つの刺激の開始は時間的にどのくらいずれているか，時間的に重なっているか，というような二つの刺激の生起条件によって条件づけの成立の速度が異なる。実験結果によると，条件刺激から無条件刺激の開始までの時間的遅れが 0.5 秒くらいが，最も条件づけに適している。遅延時間が長かったり，無条件刺激が条件刺激よりも先に生じる事態では，条件づけは困難である。

　古典的条件づけの例として，条件性情動反応，いわゆる不安とか恐怖の条件づけがある。人が怖がるものはさまざまである。イヌが好きな人がいる一方で嫌いな人がいる。この違いはイヌについてどのような経験をしてきたかによって生まれる。怖がるというような行動は，条件づけられた情動的反応として，古典的条件づけによってその反応の学習を説明することができる。ワトソンらは 2 歳の子どもを実験の対象として，恐怖が学習されることを示した（トピックス 3-2 参照）。

トピックス3-1

新しい刺激と反応の結合

≪パブロフの古典的条件づけの実験≫

パブロフは，イヌの頬(ほほ)に外科的な手術を施して，口の中に管を入れ，イヌに刺激（肉粉とか酸）が与えられると，分泌した唾液が管を伝わって外部の容器に集められ，そのときの唾液の滴数が測定できるようにした。

先にメトロノームの音が提示され，続いて肉粉がイヌの口の中に吹き付けられた。イヌは肉粉が吹き付けられたことによって唾液分泌を生じる。メトロノームと肉粉とを続けて提示する手続きが何度か繰り返されると，イヌはメトロノームの音が提示されると，肉粉が吹き付けられる前に唾液を分泌し始め，やがてメトロノームの音だけでも唾液を出すようになることが観察された。また，メトロノームの音によって分泌される唾液の量は，メトロノームと肉粉とが対にして提示される回数が増すにつれて多くなり，メトロノームが提示されてから唾液分泌が始まるまでの時間（潜時）も次第に短かくなっていった。

パブロフは，この実験のなかで重要な働きをしている刺激と反応を，次のように呼んで区別している。生得的に，無条件に反応を引き起こす刺激を無条件刺激（US）といい，無条件刺激によって喚起される反応を無条件反応（UR）という。また，無条件刺激とともに提示されることによって反応を喚起するようになる刺激を条件刺激（CS），条件刺激によって喚起される反応を条件反応（CR）と呼んだ。

実験の刺激と反応の関係は，次のように図式化することができる。

メトロノーム ──→ 耳をそばだてる
肉　　　粉 ──→ 唾　液　分　秘

実線は，生得的な刺激と反応の結合を示し，破線は，学習された刺激と反応の結合を示している。

(Pavlov, 1927)

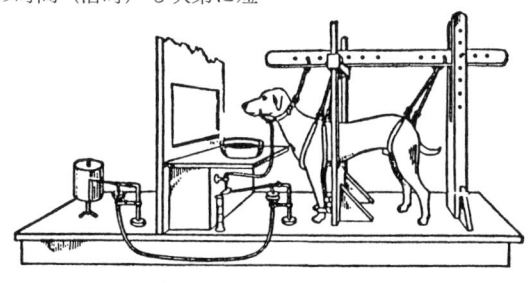

パブロフの実験に使われた装置

2 オペラント条件づけ

ある事態で行動を起こした場合，その行動はその事態に何らかの変化をもたらす。そして，その変化がどのようなものであるかが，その後の行動に何らかの影響を与える。ある事態で起こした行動は，結果が良ければそれ以後もその行動は繰り返されるであろうし，結果が悪ければ別の行動が行われるようになるであろう。ここには刺激と反応の結びつきが，その反応（行動）の後に起こったことによって強められたり弱められたりするという一つの図式が存在する。これは古典的条件づけとは異なる型の条件づけであり，**オペラント条件づけ**といわれる（操作する＝オペレイトに関連する用語である）。

ソーンダイクの研究は，この型の条件づけの研究として最も古いものである。ソーンダイクは，問題場面で動物の示すさまざまな行動が，その動物に満足をもたらすか否かによって淘汰され，満足をもたらす行動が最終的に他の行動を凌駕して頻繁に行われるようになることを実験的に示した（トピックス3-3参照）。

オペラント条件づけとして最もよく知られているのは，1938年にスキナーによって発表された，白ネズミのレバー押し行動の条件づけである。今日，一般的に行われているこの実験の手続きは次のようなものである。

ここでは図1に示すようなスキナー・ボックスという装置が用いられる。ス

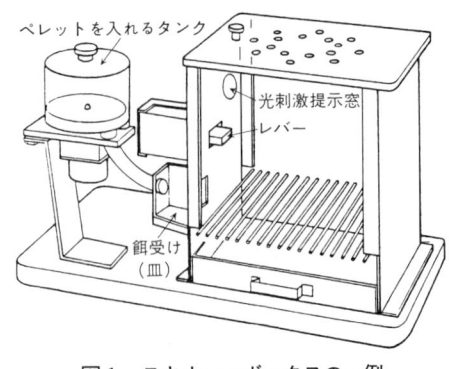

図1　スキナー・ボックスの一例

> トピックス 3-2

学習される不安・恐れ

≪ワトソンとレイナーの条件性情動反応の条件づけの実験≫

　この実験的研究は，アルバートという生後9カ月で，発育も良く，誕生以来健康な子どもについて行われた。アルバートは情動的に安定しており，実験によって傷つくところが少ないであろうという見通しによって，彼は実験の対象に選ばれた。

　約9カ月のときに，シロネズミ，ウサギ，イヌ，サル，毛のついていないお面や毛のついたお面，火のついた新聞紙を見せられたが，それらを手にして遊ぶというような普通の反応が見られ，恐怖は示されなかった。アルバートはほとんど泣かない子どもであった。大きな音（US）に対する予備的なテストが行われた。吊り下げた鋼鉄の棒を槌で叩いて音を出す。一人の実験者がアルバートを振り向かせて，手を動かしてそれを見させておく。他の実験者が子どもの背後で鋼鉄の棒を叩いて音を出した。1回目は，アルバートは驚いて息を詰め，両腕を挙げた（UR）。2回目はさらに唇をすぼめて震わせ始め，3回目には泣き出した。実験は，アルバートの月齢が11カ月になってから，次のように行われた。

　第1日：1回目，箱からシロネズミ（CS）を出し，アルバートが手を伸ばしてネズミに触れた瞬間に背後で鋼鉄棒を叩いた。アルバートは強く跳び上がり，前向きに倒れて，マットレスに顔を埋めた。しかし泣かなかった。2回目，同様の反応を示したあと，すすり泣きし始める。（1週間休止）

　第2日：1回目，ネズミだけを見せる。じっと見てはいるが，手を出そうとしない。ためしに触れようとするが，指が届く前に引っ込める。2・3回目，ネズミと音を対提示する。4回目，ネズミだけを見せる。アルバートは当惑し，泣き，身体を激しく引く。6・7回目，対提示。8回目，ネズミだけを見せる。見た瞬間に泣き出し，身体をねじり，倒れ，四つん這いになってできるだけ早く逃げようとする（CR）。（4日間休止）

　第3日：途中に1回の対提示をはさんで，ネズミを含むさまざまなもの（積み木，イヌ，ウサギ，毛皮のコート，実験者の頭髪，サンタクロースの面）を見せて反応をみた。積み木は喜んで遊ぶが，他のものについては強弱の差はあるが，ネガティブな反応を示し刺激汎化が見られた。実験はさらに1日行われた。

(Watson & Rayner, 1920)

幼児における恐怖条件づけ

キナー・ボックスは箱の内部にレバーの先端が挿入されていて，これを動物が押すと，ペレットといわれる錠剤状の餌が1粒，"カチッ"というクリック音（装置の作動する音）とともに餌皿の中に放出される仕組みになっている。

　この実験の目的は，シロネズミにレバーを押してペレットを食べる行動を学習させることである。実験者は，レバーを押す行動をシロネズミが確実に学習するようにさせるために，**シェイピング**という手法を使う。はじめに実験者は，24時間絶食状態にある白ネズミをボックスに入れ，餌皿で餌を与え，動物が自由に動き回っては餌皿で餌を食べるようになるまで放置する。次に実験者は，動物が餌皿に近づくと装置を作動させ，クリック音と一緒に1粒のペレットを放出する。この手続きを何度か繰り返すと，動物は音がすると餌皿のそばに来るようになる。次に実験者は，動物がレバーを押したときにのみペレット（餌）を出すようにする。動物は餌皿に近づくが，餌がないのですぐにボックスの中を探索し始める。そうこうするうちに，たまたまレバーを押すとクリック音がしてペレットが出てくる。ネズミは，はじめのうちはペレットを食べた後もすぐには次のレバー押し反応を示さないが，やがて頻繁にレバーを押すようになる。こうしてネズミは，レバーを押すことにより餌を得るという，今までになかった新しい行動様式を学習するのである。ここに述べた方法は，動物の行動を段階的にレバー押し反応へ移行させる方法で，シェイピングといわれる。シェイピングはスモールステップを刻むことで，難しい課題を徐々に目的の行動に近づけていくことによって，確実に新しい行動を獲得させる手法である。

　ソーンダイクの実験でもスキナーの実験でも，重要な点は特定の行動に対して報酬が与えられることである。オペラント条件づけではこれを**強化**という。ただし，オペラント条件づけで強化刺激として用いられるのは，必ずしも生活体にとって好ましいものばかりではない。苦痛を与えるような刺激もまた強化刺激として使われる。この場合は，不快な強化刺激から逃げたり（逃避反応），避けたり（回避反応）する行動を学習する。オペラント条件づけでは，行動の後に出現することによって，その行動がより頻繁に行われるようになるような

トピックス 3-3

オペラント条件づけ

≪ソーンダイクのネコの問題箱の実験≫

　1898年にソーンダイクによって,「動物の知能：動物の連合過程に関する実験的研究」が発表された。ここでは，パブロフの研究とはまったく独立に，動物の行動を連合（刺激と反応の結合）によって解明しようとする試みが行われていた。

　彼はネコを被験体として，下図のような問題箱を用いて実験をした。この問題箱は，ネコが中に垂れ下がっているロープを引くとか，ロープの先端の棒を押し下げるとかすると扉が開く仕組みになっている。実験は，餌を箱の外に置き，ネコを箱に入れる。ネコはロープを引いて扉を開け，外に出て餌を食べると再び箱に入れられる。ネコが箱に入れられてから外に出るまでの時間が測定された。

　このような事態でネコが示した行動は次のようなものであった。ネコは箱に入れられると，はじめのうちは，格子の間から手を出して床を引っかいたり，隙間を見つけては押し広げようとしたり，箱の中をうろつき回ったり，さまざまな行動を繰り返した。しかしそうこうするうちに偶然ロープを引く。すると扉が開き，ネコは外に出て餌を食べることができた。このようなことを繰り返すうちに，ネコは次第に無益な行動を示さなくなり，ロープや棒に働きかける行動が多くなっていった。箱から脱出するまでに要する時間は下図に見られるように次第に短くなっていくのが観察された。

　彼は，ネコの示した問題解決行動を，刺激事態（ロープとか棒）と特定の反応（ロープを引くとか棒を押す）との間に連合が形成されたのだと考えた。またこの連合形成は彼の提唱した"効果の法則"によって次のように説明された。箱から出て餌を食べることでもたらされた快体験は，これをもたらした反応と刺激事態との結合を強める。したがって，同じ事態に再びおかれたとき，この反応は生じやすくなる。これに対して，その他の不快をもたらす反応は刺激事態との結合を弱められ，同じ事態に再びおかれたときその反応は生じにくくなる。この法則はそのままの形では受け入れられなかったが，後の研究や理論に大きな影響を与えている。

（Thorndike, 1911）

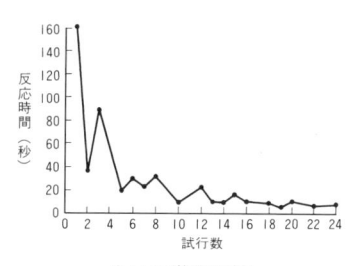

ネコの学習曲線

刺激を，**正の強化子**という。報酬は正の強化子である。それに対して，行動の後にその刺激が出現することが，その刺激を排除するような行動を増加させる場合，この刺激を**負の強化子**という。

特定の行動の後に常に嫌悪刺激が与えられると，その行動は次第に生じなくなる。これは**罰**といわれる。罰にも正と負の2種類があり，行動の後にそれが与えられると行動が次第に起こらなくなるとき，この罰刺激は**正の罰**という。それに対して，取り上げられることが罰となるような刺激を，**負の罰**という。子どもが，悪戯により叱られる場合とおやつを取り上げられる場合の違いである。どちらの場合も，罰によって子どもの悪戯が減ることが予想される。

電気刺激という嫌悪刺激が負の強化子として使われるオペラント条件づけに，**逃避・回避条件づけ**がある。この条件づけは，電気刺激が与えられたときに，被験体は隣室に移動するとか，台の上に移動することによって電気刺激から逃げることができる。また，電気刺激が来る前に移動すれば，電気刺激を受けずにすむ。このような事態では，被験体ははじめのうちはこの嫌悪刺激を受けるが，何度か経験すると電気刺激が来るとそれから逃げる行動（逃避反応）を学習する。さらに続けると，電気刺激が来る前にそれを回避する行動（回避反応）を学習する。しかし，避けられない電気刺激を何度も経験すると，逃げたり避けたりすることが可能な事態でも逃避反応や回避反応を学習できなくなることが，セリグマンらの実験によって示された。彼らはこれを**学習性無力**と呼んでいる（トピックス3-4参照）。

ところで，古典的条件づけによる学習とオペラント条件づけによる学習には，いくつかの相違点がある。古典的条件づけでは，条件反応（音を聞き唾液を出す）の形成は，無条件刺激（肉粉）による反応の誘発に依存している。したがって，反応は刺激によって自動的に喚起される，つまり応答的であるところから，自律神経系の反応（たとえば眼瞼反射，皮膚抵抗の変化）を条件づけるのに適している。オペラント条件づけでは，まず生活体が反応すること（レバーを押す）によって強化（餌）がもたらされる。したがって反応が自発することに依存しており，反応が自発しない限り，強化は成立しない。このような

トピックス3-4

不快な事態は自分の力では避けられない

≪セリグマンとメイヤーの学習性無力の実験≫

この実験は，被験体（イヌ）が下図に似た装置で逃避反応（電気刺激が来たら，隣の部屋に移動して電撃から逃げる）や，回避反応（電気刺激が来る以前に隣室に移動して電撃を回避する）を学習できる状況と，台に固定されて，逃避も回避も不能な電気刺激を受けなければならない状況から成り立っている。逃避・回避学習の可能な訓練状況では，被験体は，室内の照明が暗転（弁別刺激）すると10秒後に電気刺激（4.5 ma.）が開始され，反応が起こらないときはそれから50秒後に照明が戻り，電気刺激が止む。被験体が隔室の間仕切りを飛び越えて隣室に移動すると，電気刺激は切れ，弁別刺激である照明も元に戻る。台に固定された逃避不能状況では，何の予告もなく，5秒間続く電撃（6.0 ma.）が，平均90秒間隔（レンジ60〜120秒）で64回与えられる。

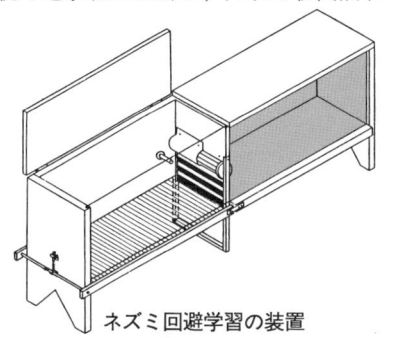

被験体として各群9匹からなる3群のイヌが使われた。実験群1は予備訓練群で，第1日に装置で10試行の逃避・回避訓練を受けた。第2日には台に固定されて64回の電撃が与えられた。第3日は第1日と同じ状況で30試行の逃避・回避訓練を受けた。実験群2は予備訓練なし群で，第1日に台に固定されて64回からなる電撃刺激のセッションを受け，第2日に装置で40試行の逃避・回避訓練を受けた。実験群3は訓練群で，第1日に10試行の逃避・回避訓練を受け，第2日は台に90分間つながれていたが，電撃は与えられていない。第3日に30試行の逃避・回避訓練を受けた。

実験の結果，台に固定されて逃避不能の電撃刺激を受けたイヌは，その後の逃避・回避学習の成績が低く，そのような電撃刺激を受けなかった訓練群と，予備的に訓練学習を受けてから逃避不能な電撃刺激を受けた予備訓練群の成績が良かった。セリグマンらはこの結果を，被験体が自らの反応で電撃ショックを終わらせることができないことを学習したことが，その後の，電撃から逃れたり回避したりする行動の学習を困難にしたと説明している。

(Seligman & Maier, 1967)

ネズミ回避学習の装置

嫌悪刺激（電気刺激）を強化刺激として行われる逃避・回避訓練の装置。一方は黒い部屋，他方は白い部屋であり，部屋の間はドアで仕切られている。ネズミが，レバーを押すか車輪を回すと，ドアが開いて隣室に移行することができる。一方の部屋で床から電気刺激を受けたネズミはドアを開けて隣室へ行くことによって，電気刺激を逃れたり（逃避反応），避けたり（回避反応）することを学習する。

(Miller, 1948)

オペラント条件づけは，中枢神経系の反応（たとえば，鳩がキーをつつく，人がボタンを押す）の条件づけに適している。古典的条件づけが，個体のなかにそれまでになかった新しい刺激と反応の組み合わせを作り出すのに対して，オペラント条件づけは，ある刺激と結合したいくつもの反応のなかから特定の反応を起こりやすくする方法である。古典的条件づけでは，反応を誘発する刺激が特定できるが，オペラント条件づけでは，何が反応を引き起こす手がかり刺激かを特定することが困難な場合が多い。古典的条件づけでは，学習された反応を引き起こす刺激を条件刺激といい，オペラント条件づけではそれを弁別刺激といっている。

　古典的条件づけは，条件刺激が条件反応を誘発するようになる学習であり，条件反応は自律神経系の不随意反応が多い。それに対して，オペラント条件づけで学習される多くの反応は，中枢神経系の随意反応である。しかし，心拍数，血圧，皮膚温，筋緊張などの身体の生理的変化をフィードバックする装置を使うと，オペラント条件づけの手法を用いて，自律神経系の反応をコントロールすることもできる。

3　消去と自発的回復

　古典的条件づけによって形成された条件反応（唾液反射）は，無条件刺激（肉紛）を与えず，条件刺激（音）のみを単独に提示することを繰り返すことによって，次第に小さくなり，やがて現れなくなる。オペラント条件づけでは，条件反応（レバー押し）に対して報酬を与えないとか，あるいは不快刺激を除いてやらないことによって次第に反応頻度が減少し，やがてほとんど反応が生じなくなる。このような条件づけの手続きを**消去**という。強化によってある刺激にある反応が条件づけられ，その反応が起こりやすくなるのが学習であるのと同様に，消去によってその反応が起こらなくなるのもまた学習である。

　消去が進むと条件反応は生じなくなるが，休憩を入れると反応が回復するのがみられる。この現象は**自発的回復**と呼ばれる。自発的回復は，休憩を入れる前の反応の最大値を越えることはなく，消去が多く行われているほどその回復

は小さい。なぜこのような回復が起こるのかについて，次のような見解がある。休憩に入る直前の反応水準は，条件づけによって形成された反応の生起傾向に完全に対応しているのではなく，これに加えて別の付加的要因が働くという見方である。この付加的要因は，たとえば疲労のように，反応すること自体によって作り出されて，反応を抑制するような働きをし，休憩によって消失する性質のものであると考えられる。消去が進むと，消去によって形成される反応の制止傾向と，付加的要因のもたらす制止傾向が加わって反応は一層小さくなる。ところが休憩が入ると，この付加的要因が消失するために，付加的要因のもたらしていた制止傾向が除かれ，その分だけ反応が回復すると考えられるのである。

4　汎化と弁別

　ある刺激に対して一定の反応をすることを学習した生活体は，似たような刺激に対しても同じ反応をするようになる。これを**刺激汎化**，多くの場合単に汎化，という。たとえば，パブロフの実験では，肩の部分に対する触覚的な刺激を条件刺激として唾液反射を条件づけられた犬は，前肢や脇腹を刺激されても唾液分泌を示した。ワトソンらの実験では，白ネズミを見せるとそれに興味を示して手を伸ばす幼児が，白ネズミに触れそうになると背後でものすごい音がするという経験を何度かした結果，白ネズミだけでなく白いもの，たとえばウサギやサンタクロースの髭のようなものにもおびえるようになった（トピックス 3-2 参照）。これらは古典的条件づけにおける汎化の例であるが，オペラント条件づけにおいても同様の現象が起こる。

　汎化によって生ずる反応の強さは，その刺激が元の刺激にどれほど近いか，どれほど似ているかによって異なる。元の刺激と異なるほど刺激汎化による反応は小さくなる。これを**汎化勾配**という。

　トピックス 3-5 にオペラント条件づけの汎化の実験例を示した。汎化は強化によって形成された反応傾向にのみ生ずる現象ではなく，消去によって形成された無反応傾向にも生じるのはいうまでもない。

汎化と表裏の関係にあるのが**分化（弁別）**である。汎化の機制は生活体にとって重要なものであるが、生活体を取り巻く環境には似て非なるものがある。そのような刺激に対して同じ行動をとると、致命的な結果を招くことがある。ある刺激には反応するが、他の刺激には反応しないことも学習されなければならない。刺激によっては反応するが刺激によっては反応しないようになるこの学習の手続きを、**分化条件づけ**とか**弁別学習**という。

最も簡単な弁別学習の実験は、次のように行われる。2種類の弁別刺激を用意し、一方の刺激を**正刺激**、もう一方の刺激を**負刺激**とする。正刺激は、古典的条件づけでは必ず無条件刺激が伴う刺激であり、オペラント条件づけであれば、この刺激に対して行われた反応には必ず強化子が与えられる。これに対して負刺激は、無条件刺激を伴わない刺激、あるいは強化子を伴わない刺激である。古典的条件づけでは、この2種類の刺激、正刺激と負刺激を繰り返し経験することによって、正刺激には反応が起こり、負刺激には反応が起こらなくなる。オペラント条件づけでも同様に、正刺激が提示されているときは反応が現れ、負刺激が提示されると反応が生じなくなる。

一つの条件づけが行われると、生活体は汎化によって、条件刺激や弁別刺激だけでなく似たような刺激にも反応するようになるが、弁別学習によって、似た刺激の間に、反応するかしないかの区別が学習されるのである。

5　部分強化

古典的条件づけにおいてパブロフは、条件刺激を2回に1回強化するという方法でも、十分唾液反射が形成されることを見出している。強化を続けて行う方法を**連続強化**といい、2回に1回というように強化と消去をおり混ぜて行う強化の仕方を、**部分強化**という。

オペラント条件づけでは、部分強化はスケジュールの組み方によって、以下に示すような主な四つの型に分けられる。

トピックス 3-5

鳩の優れた色彩感覚

≪ガットマンとカリッシュの刺激汎化の実験≫

　ガットマンとカリッシュは，鳩を被験体とし，オペラント条件づけによって形成された反応が，光の次元に沿ってどのように汎化するかを実験によって示した。鳩は色彩に対して優れた視覚をもっている。

　一定の絶食時間を与えられて飢えている鳩を，スキナー・ボックスに似た箱に入れる。この箱は正面に半透明の光の窓があり，この窓を鳩がつつくと，下方に餌が放出され，強化が行われる仕組みになっている。ガットマンらは，はじめに特定の波長の光（CS）を窓に提示して，ペッキング（つつき）反応を条件づけた。次に回析格子を傾けることによって窓の色を変化させ，訓練のときと異なる波長の光に対して，どの程度の反応が生じるかを測定した。実験の結果は，下図のように，訓練に使われた条件刺激を中心に左右対称の規則的な汎化勾配が示された。ガットマンらは，たとえば緑を条件刺激として訓練した場合に，黄色に対しても汎化を生ずるというように，波長の次元に沿ってみごとな汎化勾配を描いていることに驚いている。

(Guttman & Kalish, 1956)

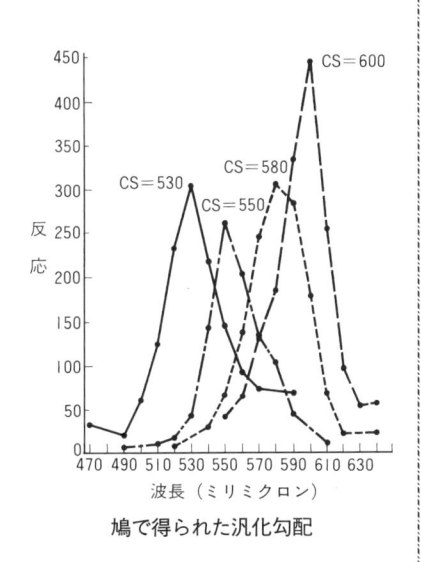

鳩で得られた汎化勾配

(1) 定率強化：3回に1回というように，一定数の割合で定期的に強化が与えられる。
(2) 変率強化：平均強化率が決められ，強化は不定期に与えられる。
(3) 定時隔強化：強化間のインターバルをたとえば30秒と決め，最初の強化が与えられた後は，規定時間である30秒を経過した後の最初の反応にのみ強化が与えられる。
(4) 変時隔強化：平均時間間隔が決められ，強化間のインターバルは変化する。強化は変化する時間間隔後の最初の反応が強化される。

(1)と(2)は，給与でいうとさしずめ能率給のようなものであり，(3)と(4)は時給のようなものに相当する。どのようなスケジュールで強化されるかによって，反応のパターンに違いが生じてくる。スキナー・ボックスにおける白ネズミのレバー押し行動には，強化スケジュールの違いによってそれぞれのスケジュールに特徴的な反応パターンが現れる。たとえば定率強化では，強化率が小さいほど反応頻度は高くなる。それだけではなく，強化の直後に小休止がみられ，休止後反応頻度は次第に上がっていき，強化の前で最も高くなる。しかし，強化率があまりに小さくなるとこの小休止はなくなり，反応頻度は一層高くなる。変時隔強化の場合にはこのような周期的なパターンはみられず，一定の高い頻度で反応する安定したパターンがみられる。

部分強化は，強化試行の間に消去試行が入るにもかかわらず，連続強化によって形成された反応よりも，**消去抵抗**（反応を一定水準まで落とすのに必要な消去試行数あるいは反応数）が高いことが知られている。これは**部分強化効果**とか**ハンフレイズ効果**といわれる。この傾向は，部分強化の全試行数が連続強化の試行数に等しいような場合でも認められる。たまにうまくいくのでなかなか止められない賭け事は，部分強化のよい例である。

6 二次的強化

人にとって，報酬としての働きをするものは数多くある。たとえば，多くの

人にとってお金，賞，承認，昇格などはこのうえない報酬であろう。言葉もまた報酬になる。「素晴らしい」「偉い」といった褒め言葉は正の強化子として作用し，「だめ」「汚い」といった言葉は負の強化子として，または罰として働く。しかし言葉それ自体は，本来は報酬や嫌悪刺激としての機能をもたないが，学習の結果として，強化刺激としての特性をもつようになったものである。このような刺激によって行われる強化を**二次的強化**という。

　パブロフは，条件刺激としてメトロノームの音，無条件刺激として肉粉を使って犬に唾液反射を条件づけした後，次の段階では，黒い四角形を条件刺激とし，メトロノームを無条件刺激の代わりに使って，四角形に対する唾液反射を条件づけることができた。これは**第一次条件づけ**の条件刺激として用いられた刺激（メトロノーム）が，**第二次条件づけ**の強化刺激として使われたもので，二次的強化の例である。幼児が危険なもの，たとえばコンセントの穴に指を入れようとするとき，母親は「危ない！」と大きな声を発する。時には声とともに幼児の手を叩くこともあるであろう。このような事態は，幼児に「危ない」という言葉に対する怖れや不快感を条件づけ，危ないという言葉はこれによって反応を制止する性質を獲得する。この図式は先のパブロフの実験と同じものである。

　この二次的強化の過程は，古典的条件づけよりもオペラント条件づけにおいて一層興味深い問題である。オペラント条件づけ事態で行われる二次的強化の研究としては，ウォルフの実験が有名である（トピックス3-6参照）。ここには，人間社会において貨幣が報酬としての特性を獲得する過程と同じような過程を，チンパンジーにみることができる。二次的強化刺激はその強化としての働きを学習によって獲得したのである。それゆえ，一次的強化によって時々補強されないと，次第に強化力を失っていく。この点が一次的強化刺激と基本的に異なるところである。二次的に強化子として機能する刺激を，**条件性強化子**ともいう。

§2 概念と問題解決

1 動物の問題解決行動

　トピックス3-7は，ゲシュタルト心理学派のケーラーによって行われた実験である。この実験にみられるチンパンジーの行動を，ソーンダイクの問題箱の猫の行動（トピックス3-3参照）と比較してみよう。猫は箱から出るためにいろいろの行動を示し，あれこれするうちにやがて解決行動が生じ，外に出て餌を食べることができた。しかし猫が再度問題箱に入れられたときに，直ちにこの行動が生じる可能性はかなり小さい。箱に連れ戻された猫は再び無駄な行動をして解決行動に至り，外に出て餌を食べる。このような段階を経て，次第に解決行動までの時間が短くなっていく。ソーンダイクはこうした猫の行動を試行錯誤的であるといい，**試行錯誤学習**と呼んだ。今は，これはオペラント条件づけによる連続的行動変化として説明される。

　これに対してケーラーのチンパンジーの示した行動は，あれこれでたらめに試みるのではなく，1回で問題解決に至っている。この両者の違いはどこからくるのであろうか。ケーラーはチンパンジーの行動を**洞察学習**であるといい，場の再体制化が起こったのだと説明した。これは洞察が起こる以前はばらばらに無関係に存在していた刺激対象が，目的と手段として互いに意味をもち，関係をもってみえてくることをいっている。しかし，チンパンジーは過去に棒を使ったことがなくても，このように洞察的解決を示すことができるのか。この点に疑問をもった他の研究者は，棒を使った経験のあるサルとないサルを比較する実験を行った。それらの研究では，棒を使った経験のないサルでは，やはりこのような洞察的解決行動はみられなかったことを示した。

　それまでに経験したことのない新しい問題解決場面におかれたとき，過去に学習した行動をいろいろと試みるなかで，首尾よくいく行動の頻度が高くなる形で問題が解決するという**行動主義**的考え方に対して，内的に進行する過程を

トピックス 3-6

白いチップより青いチップが欲しい

≪ウォルフの二次的強化の実験≫

　チンパンジーを被験体にして，ウォルフは次のような実験を行っている。はじめに予備訓練として，自動販売機のような器械を用意し，チンパンジーがこれにポーカー・チップを入れて，ブドウの粒を得るように訓練した。ここでは，ブドウが報酬となって，ポーカー・チップを自動販売機に入れる行動が学習されている。これは単純なオペラント条件づけの事態である。次にもう1台の別の器械を用意し，自動販売機の隣に置いた。この器械にはハンドルがついていて，ハンドルを引くとブドウあるいはポーカー・チップが出てくる。この器械で得られたポーカー・チップはすぐに，隣の自動販売機でブドウに換えることができた。

　この実験では，ハンドルを引くときに，次第に強い力が必要になるという事態を設けて，ハンドルを引くとブドウが出てくるようにした場合と，ポーカー・チップが出てくるようにした場合との比較を行っているが，どちらの場合も同じぐらいの重さまでハンドル引きが行われていた。また，自動販売機を別室に移し，チップを得てからそれをブドウに換えるまでの時間を引き延ばしてみた実験では，4匹のうちの3匹までが，1時間遅らせてもハンドル引きを行うことが確かめられた。ポーカー・チップを得るためにハンドルを引くチンパンジーの行動には，明らかに，ポーカー・チップが報酬としての特性を獲得したことをみることができる。

　さらにチンパンジーは，青いチップは2粒のブドウと，白いチップは1粒のブドウと換えることができるが，真ちゅうのチップでは換えることができないようにすると，交換価値の最も高い青いチップを選ぶようになることも確かめられた。

(Wolfe，1936)

経て**場の再体制化**が起こり，解決行動が現れるという考え方は**認知心理学**的である。ケーラーのチンパンジーの例にみられるように，人間以外にも，高等な動物では内的な思考過程が存在すると考えることができる。しかし動物と人間の思考との決定的な違いは，人間には，思考の最大の担い手としての言語が存在することである。言語によって人の思考は，時間的にも空間的にも限りなく広がることが可能となるのである。

2 概念の獲得

さまざまなもの，さまざまな事象には，それを表す言葉があり，人は経験を通して，具体的なものから抽象的なものまで多種多様な事象について，それを表す言葉とその意味を学習する。ときには，それを表す言葉を知らずに意味だけは知っているというものもある。その場合は，**言語的表象**以外の表象，たとえば**映像的表象**が言葉の代わりをしている。

概念についての初期の研究は，内包と外延という概念の二つの側面に焦点をおいていた。概念というのは，一つひとつの事象のもっている特殊な部分を無視し（捨象する），共通する部分を抜き出して（抽象する）作られる。「リンゴ」には，赤いもの，青いもの，大きいもの，小さいもの，甘いもの，すっぱいもの，紅玉，インドリンゴ，姫リンゴなど，さまざまなリンゴがある。しかし「リンゴ」の概念をもっている人は，リンゴとはどんなものかと質問されたときに，個々のリンゴがもっている特殊な部分のことは考慮せずに，たとえば，「リンゴは赤くてよい匂いのする栄養のある果物」というように，その特性を挙げて答えることができる。またリンゴの概念をもつ人は，リンゴとリンゴではないものを区別することができる。

個々の事象がその概念に属するか属さないかを規定している特性のことを，その概念の内包という。また，その概念に属するすべての事象の集合がその概念の外延といわれる。概念は経験を通して作られるものであるから，同じ言葉でも人によって概念の内包や外延は異なってくる。ラクダは優しい動物だと考えている人もあれば，かなりどう猛な動物だと考えている人もある。スイカを

トピックス3－7

チンパンジーの知恵

≪ケーラーの洞察学習の実験≫

　ケーラーはチンパンジーを使って，いろいろな課題場面における動物の行動を観察し，動物がいかにして解決を見出すに至るかを，ゲシュタルト心理学派の立場から説明している。彼の実験の一つに，次のようなものがある。

　チンパンジーが檻の中に入れられている。檻の外には，手の届かないところに，好物のバナナが一房置かれている。バナナの手前の檻の中には，短い棒（A）が置かれているが，この棒Aではバナナまでは届かない。檻のもう一方の端の外には長い棒（B）が置かれている。この棒Bは檻から手を伸ばしたのでは届かないが，棒Aを用いれば引き寄せることができる。チンパンジーは，棒Aを使って棒Bを取り，棒Bを使ってバナナを引き寄せることができれば課題は解決する。

　この事態で，何匹かのチンパンジーが示した行動は，ケーラーによるとだいたい次のようなものである。まず短い棒Aを使ってバナナを引き寄せようとする。失敗すると格子を壊そうとするような乱暴な行動を示す。しかし檻の中を歩き回ったり，周囲を見回したりしているうちに，急に短い棒Aをつかみ，考えるような様子をしながら長い棒Bの方へ行く。そして棒Aを使って棒Bを引き寄せると，意気揚々とバナナの方へ取って返し，長い棒Bを使ってバナナを引き寄せた。

　ケーラーはここにみられる動物の行動は，動物に"考える"能力が存在する証拠であると主張した。さらにこの種の行動を説明するために洞察という概念を導入している。洞察的行動の特徴は，正反応すなわち解決行動が突然現れること，この正反応はその後も同じような事態において繰り返されやすく，忘れられたり消えたりしにくい点にある。徐々に誤反応が減少し正反応が生じやすくなっていく試行錯誤学習とは対照的である。ケーラーは洞察的課題解決行動は知覚の場の再構成によって生ずるとしている。分かりやすく言うならば，それまで動物にとってばらばらに関連もなく存在していたものが，意味をもち関連をもって存在するようになるとき，課題解決に至るということであろう。

(Köhler, 1917)

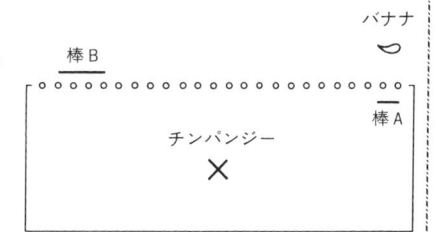

果物の範ちゅうに入れる人もあれば，野菜の範ちゅうに入れる人もあり，時や場合によって使い分けることもある。

　言葉を獲得し始める頃の子どもは，周囲の者が特定のものを指して「ワンワン」，とか「エホン」というのを繰り返し聞くなかで，「ワンワン」とは，「エホン」とはどのようなものかを学習していくと考えることができる。心理学ではその概念のカテゴリーに入るものを**正事例**といい，入らないものを**負事例**という。したがって，子どもは周囲から示された正事例や負事例からその概念を形成していくことになる。また，自ら何かを指して「ワンワン」と言ったときに，それが大人たちの概念と一致しないとき，たとえば牛を指して「ワンワン」と言った場合は，周りはそれが「ワンワンじゃないよ」とか，「モーモーだよ」と言って，牛は「ワンワン」の負事例であることを教えようとする。そうした経験のなかで，子どものもつ概念の内包と外延は，次第に大人と同じものになっていく。

　しかしいうまでもなく，事例を通しての概念学習は子どもだけのものではない。日常生活のなかでは大人もよく知らない言葉にぶつかる。人との会話のなかで，本のなかで，テレビで，ラジオで，新聞で繰り返しその言葉を見聞きし，その言葉の意味を学習していく。その結果，ときにはとんでもない間違った概念が形成されたりもする。また，「それはどういうものか」と聞いたり，辞書で調べたりする。これは多数の事例の経験をへずに，直接その概念の特性（内包）を学ぶという形で学習が行われる。

　概念に関する初期の研究は，概念的行動とは「異なった刺激に対して共通の反応をすること」であると考え，そのような反応が獲得される課程をみるところから出発した。これは，種々の異なる刺激（事象）のなかに共通点をもっている刺激があるときに，それら共通の特性をもつ刺激に対して一定の反応を示すようになったとき，概念が学習されたとみなそうというものである。したがって，実験では，個々の事例刺激が学習者に示され，それらの事例の一つひとつが，ある概念に属するか属さないかを示す情報が与えられる。学習者はそれらの情報を通して，実験者の考えた概念に到達することを求められる。これ

は，学習者が共通性や法則性を見出すために，仮説を立て，検証していく過程を含んでいる。実験の方法としては，学習者が自ら一つの事象を選んで，これがその概念の事例ではないかと実験者に問い，自らの立てた仮説を検証しながら正しい概念を獲得していくという手法も用いられる。

　この種の研究は**概念達成**の研究といわれる。代表的なものとしてトピックス3-8のブルーナーらの実験を挙げることができる。

　しかしこの手法は，日常において実際に使われる概念が，どのようなものとして形成され変化していくのか，概念間にはどのような関係ができるのか，問題解決行動や創造的行動にどのように利用されるのかを扱うことは難しい。第4章に紹介されている，数，量，重さ，体積というような抽象的な概念について，その発達的変化を追跡したピアジェの「**保存**」の実験は，幼児や児童が日常使われる基本的な概念の学習について研究した代表的なものである。

3　概念の特徴と代表化

(1)　概念の階層性

　諸々の概念は，私たちの思考過程のなかでばらばらに存在するものではない。たとえば，概念の間の上位・同位・下位の関係がある。簡単な例を挙げると，文房具のなかには筆記用具があり，計算用具があり，測定用具がある。筆記用具には鉛筆があり，万年筆があり，ボールペンがある。ここでは，筆記用具は文房具の下位概念を構成し，同時に鉛筆や万年筆の上位概念を構成する。また計算用具は筆記用具の同位概念になる。

　概念にはこのように階層的関係が存在している。しかしこのような関係は固定したものではない。なぜなら，一つの概念の内包はいくつもの特性から成り立っているからである。したがって「ある事象についての概念をもっている」ということは，その事象をいろいろな形で表現することができるということである。トピックス3-8のブルーナーらの実験を成立させているのもこれであることが分かる。一つの刺激図形は，「丸いもの」「三つのもの」「白いもの」，あるいは「四角くて枠が二重のもの」というように，いくつもの代表の仕方があ

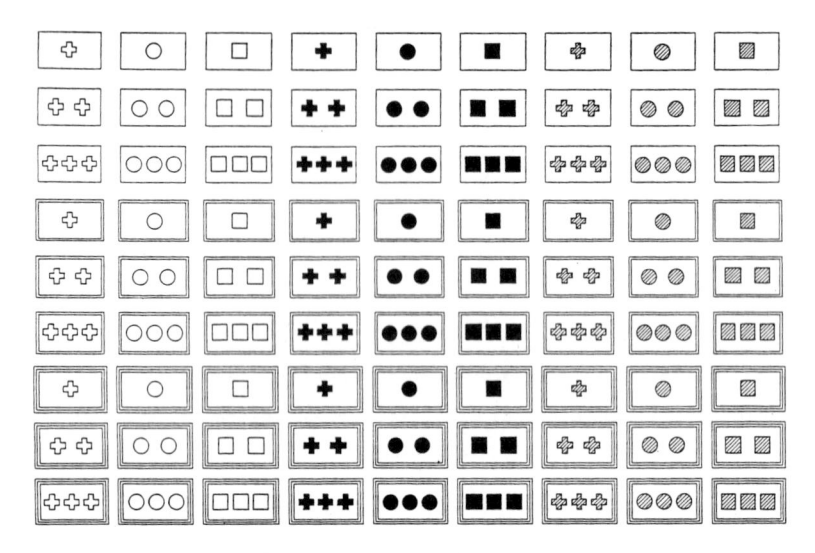

図2 概念達成の実験に用いられた刺激カードの例
白い図は緑，黒い図は黒，斜線の図は赤。（Brunerら，1956）

る。概念も同様である。鉛筆を例にとると，その形状，材質，機能，個人が抱く感情などがその内包を形成する。したがって鉛筆は書くものとして考えられるだけでなく，箸のようにものをはさんでつかむもの，ときには薪のように燃やすことのできるものとしても考えることができる。個々の事象をその事象のもつ属性の一部によって表すことを，**代表化**という。はさんでつかむものと考えるとき，鉛筆は箸の同位概念なり，燃やすことのできるものと考えたとき，薪の同位概念となる。

　マイアーの2本のひもの問題は，思考における代表化の側面をよくとらえている。この問題は次のようなものである。図3のように天井から下がる2本のひもがある。課題はこの2本のひもの先を結ぶことであるが，2本はかなり離れていて，1本の端を持ったままもう1本のひもをとらえることはできない。この問題は，一方のひもを振り子のように振り，他方のひもの端を握った状態で振れているひもの端が近づいたところをとらえることによって解決する。言い換えれば，ひもを振り子で代表化することができれば解決するのである。必

トピックス3-8

事例を通して概念を獲得する

≪ブルーナーらの概念達成の実験≫

　ブルーナーらは，本文図2のような81枚の刺激カードを用い，被験者が事例を通して，どのようにして概念に到達するかについて実験を行った。刺激カードは一つひとつが個々の事象に相当し，実験者の想定する概念によって正事例（概念に属する事例）または負事例（概念に属さない事例）になる。カードは4次元3価の属性（形〈四角・円・十字形〉，色〈赤・緑・黒〉，数〈1・2・3〉，枠〈1重，2重，3重〉）から構成されている。たとえば実験者が，形が円で色の赤いものを概念として想定した場合には，右から2列目にあるすべての刺激が正事例になる。実験者が，形が十字形かあるいは数が3個のものと概念を想定すれば，左から1，4，7列目の刺激と上から3，6，9行目の刺激がすべて正事例となる。前者のような概念を合接概念，後者のような概念を離接概念という。

　実験は，あらかじめ事例を構成している属性をすべて説明し，実験者が想定している合接（離接）概念を当てるよう教示して始められる。実験方法は2種類ある。81枚の刺激カードから学習者が1枚ずつカードを選んでいき，実験者がその都度，カードが正事例であるか負事例であるかフィードバックする方法（選択方略）と，実験者が81枚のカードの中から1枚ずつカードを被験者に提示し，そのカードが正事例であるか負事例であるかを告げる方法（受容方略）である。いずれの場合も学習者は，カードを選択したりあるいはカードを示されたりするたびに，概念がどのようなものであると考えるか，その仮説を述べるように求められた。

　ブルーナーらは，学習者がこのような課題解決事態において情報を獲得し，把握し，利用していくために示す一連の行動には，ある種のパターンがあると考えた。彼らは，このような事態で目的に向かって移行していくためにとられる反応の型を"ストラテジー（方略）"と呼び，選択方略と受容方略の各々についていくつかのストラテジーを見出しこれを示している。

(Brunerら，1956)

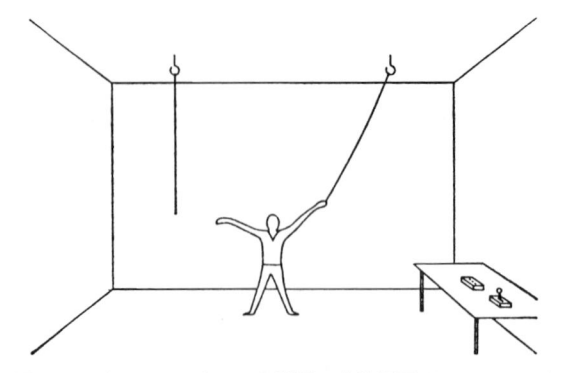

図3　マイアーの2本のひも問題の実験場面（Mayer, 1977）

要なものがないときに代用できるものを考えたり，あるものの思いがけない利用法を思いつくには，固定した思考の枠（構え）を壊すことが必要である。

(2) 概念の典型性

また，一つの言葉が表す概念の事例（正事例）は，さまざまなものを包含している。その概念に包含されるもののもつ特性がきわめて明確なものもあれば，曖昧なものもある。「鳥」は空中を飛ぶ，鳴く，といった特性が概念の中核をなしている。しかし，飛ばない鳥もある。「鳥」と言われてまず考えるのは，たとえばスズメやウグイスのように，典型的な事例，プロトタイプであり，ニワトリやダチョウはそれよりも後れて思いつく事例である。ドライバーは，交通信号の「アオ」は所によっては「ミドリ色」をしているし，「キイロ」は「ダイダイ色」であったりするが，青と判断し，黄色と判断して運転する。しかし，信号機を離れて「青」を考えるときは，プロトタイプの「青」を思い浮かべるのであり，「緑」を思い浮かべることはないであろう。概念にはこのように典型性の違いが認められる。この典型性の違いは，判断や推理の過程に影響を与える。マイアーらの振り子の実験では，ひもが「振り子」として使われなければならない。しかし「振り子」のプロトタイプから遠い「ひも」を，「振り子」として代表化し，「振り子」の一事例として考えるには時間を要することになる。

4 機能的固定

誰でも，懸命に考えている間は何度考えてみても解答を見出すことができなかったのに，時間をおいて考えてみたら簡単に解決したというような体験をしたことがあるだろう。これは思考が一定の枠にとらわれたため，別の角度からの思考ができなくなり，時間をおくことでこの枠が外れて新しい思考が可能になって，問題が解決されたと考えられる。ルーチンスの水がめの問題を使った実験（トピックス3-9参照）や，2本のひも問題を使ったバーチらの実験は，先行経験によっていかに容易に思考が柔軟性を失うかを巧みに実証している。

バーチらの実験は，前述のマイアーの問題を改良したものである。一方のひもを振り子にする際に，手近のものを重りにしなければならない。実験者はこの課題を与える前に，一方のグループの学習者にはスイッチを使って電気回路を完成する作業をさせ，他のグループの学習者にはリレーを使って回路を完成させる作業をさせた。そして次のひも問題では，図3のように，重りに役立つようにスイッチとリレーとを目につくところに置いておいた。結果は，事前にリレーを使った学習者の全員がスイッチを重りとして用い，スイッチを使った被験者9人のうちの7人までが，リレーを重りに使ったのである。以前，別の目的で使用したものは使用目的が固定化されたために振り子の重りとして使われず，使われなかった道具の方が重りに使われたと考えられる。

5 創造的思考

創造的思考の研究の一つに，大学生を対象に放射線による腫瘍の治療法を考えさせる実験を行った，ドゥンカーの有名な研究がある。この実験の課題は次のようなものである。

胃に手術のできない腫瘍のある患者がいる。放射線が何本かあるが，腫瘍を破壊する強度では健康な組織も破壊される。どのようにすれば，周囲の健康な組織を壊さずに腫瘍を破壊することができるか。解決は，腫瘍の所で焦点を結ぶように放射線を当てるというものである。それには健康な組織を通る間は弱

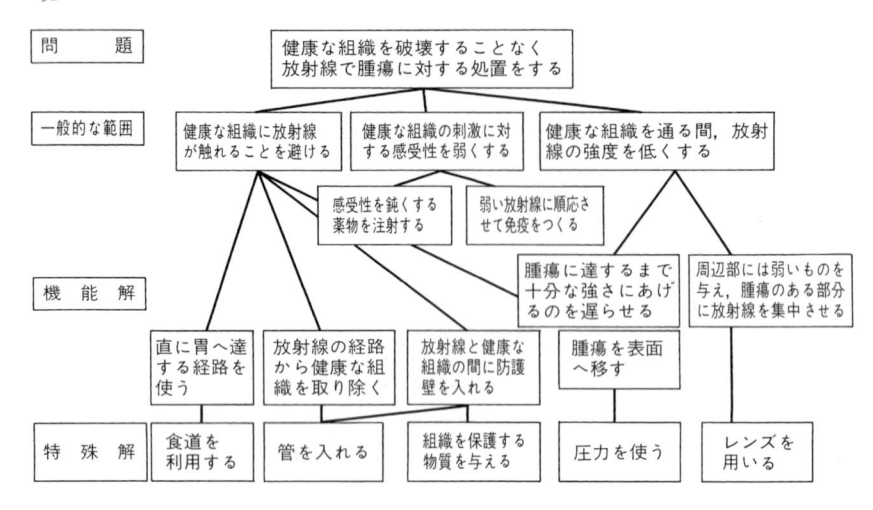

```
問    題         健康な組織を破壊することなく
                 放射線で腫瘍に対する処置をする

一般的な範囲    健康な組織に放射線    健康な組織の刺激に対    健康な組織を通る間，放射
                が触れることを避ける   する感受性を弱くする    線の強度を低くする

                              感受性を鈍くする    弱い放射線に順応さ
                              薬物を注射する      せて免疫をつくる

機 能 解                                          腫瘍に達するまで     周辺部には弱いものを
                                                  十分な強さにあげ     与え，腫瘍のある部分
                                                  るのを遅らせる       に放射線を集中させる

              直に胃へ達    放射線の経路    放射線と健康な    腫瘍を表面
              する経路を    から健康な組    組織の間に防護    へ移す
              使う          織を取り除く    壁を入れる

特 殊 解      食道を        管を入れる      組織を保護する    圧力を使う    レンズを
              利用する                      物質を与える                    用いる
```

図4　ドゥンカーが階層構造化した一学生の思考内容 (Duncker, 1945)

く，腫瘍には強く放射線が加えられるようにすること，すなわち，腫瘍の周囲には弱く，腫瘍に対して集中的に放射線を当てればよい。ドゥンカーは，この問題を解く思考の過程を知るために，声に出しながら考えるように解答者に求めた。図4は，一人の典型的な学生の思考の内容を，ドゥンカーが枝分かれする樹の構造（階層構造）を用いて示したものである。ドゥンカーは，その結果，問題の解決が，より一般的なものからより特殊なものへと行きつ戻りつしながら段階的に進むと結論している。ある一般解から出発して特殊解に達したときに，その解答が不適当であることが判明すれば，思考者は改めて別の一般解あるいは機能解を考えるという形で問題を再定式化（再構造化）し，まったく新しい，あるいは部分的に新しい解が作り出されていく。

　ウオラスは，問題を解決しようとするときの思考の過程は，以下の4段階からなると考えた。

(1) 第1段階は，課題についての情報を集め，簡単な解決を試みる予備的な段階である。
(2) 第2段階は問題を暖める時期で，問題から離れて過ごす。この時期に

トピックス 3-9

経験が頭を固くする

≪ルーチンスの機能的固定の実験≫

　ルーチンスは，先行経験がその後の課題解決行動に負の影響を及ぼすことを，次のような問題を使って実験的に示した。

　これは，容量の異なる3種類の水がめを用いて，決められた量の水を作るという問題である。問題は下表に示すように11題からなっている。問題の構成は次の通りである。問題1は練習問題であり全解答者に共通に用いられる。問題2から問題11までは，問題9を除き，どれも（B－A－2C）によって解くことができる。ただし，問題7，8，10，11は（A－C）または（A＋C）でも解くことができる。前者よりも後者の方が簡明な方法である。

　ルーチンスは，問題2から問題6までを問題解決の構えを作り出す問題，アインステルンク問題（E）と呼び，2通りの解法をもつ問題7，8，10，11を臨界問題（C）と呼んだ。解答者は，アインステルンク問題によって特定の解決の構えを形成すると，その構えをより簡単な解法をもつ別の問題にも適用しようとするであろうと予想される。ただし問題9はアインステルンク問題の解法が通用しない。この問題は，解答者を特定の構えから解放することを目的として挿入された問題である。

　解答者は実験群と対照群とに分けられ，実験群は練習に続いて，問題2から問題11までを順次行っていった。時間は1問につき約2分である。対照群は練習に続いて問題7から始め問題11まで行った。

　ルーチンスは小学生から大学生まで900人にのぼる生徒や学生に実験を行い，対照群が，簡単で直接的な解法を見出すのに対して，実験群は，ときには問題10，11においてさえアインステルンク問題と同じ解法を用いるのを見出している。また，問題9の後では，実験群にも簡明な解法をとる者が増大した。

（Luchins, 1942）

ルーチンスの水がめ問題

問　　題	水がめの大きさ			必要な量
	A	B	C	
1.	29	3		20
2. (E 1)	21	127	3	100
3. (E 2)	14	163	25	99
4. (E 3)	18	43	10	5
5. (E 4)	9	42	6	21
6. (E 5)	20	59	4	31
7. (C 1)	23	49	3	20
8. (C 2)	15	39	3	18
9.	28	76	3	25
10. (C 3)	18	48	4	22
11. (C 4)	14	36	8	6

生じる思考は断片的なものである。
(3) 第3段階では解決の糸口が現れ，それに向かって思考活動が活発になる。
(4) 第4段階では結果が示され，それが首尾よく機能するかどうかの確認が行われる。

　ウオラスによれば，**創造的思考**とか**生産的思考**といわれるものは，単に論理的，現実的思考だけでは生まれず，第2段階での，思考の枠が緩められ，考えが発散し拡大していくのを助長することによって行われる**拡散的思考**と，第3，第4段階の，課題を分析し，解決の適合性を検討することのできる現実的，論理的思考の過程があいまって実現する。拡散的思考の段階で，個々の概念や概念間の関係に何が起こるかについては，これからの研究課題である。

§3　社会的学習

　直接的に体験しなければ，さまざまな事態における行動の仕方を習得することができないということはない。多くの学習は，学習者が間接的に体験する，つまり他者がするのを見たり聞いたりすることでなされている。
　ここでは，学習者が他者（モデル）の行動を模倣あるいは観察することによって，モデルと同じ行動の仕方を獲得する，いわゆる社会的学習を取り上げる。

1　模倣学習

　自らは行動せずに，他者の行動を観察することによって学習することを，観察学習という。これは他者の行動を模倣するという側面を含んでいる。この観察学習の研究に先行して，他者に追随し，他者と同じように行動する模倣に関する研究が行われた。
　模倣を**行動主義心理学**の立場から実験的に取り上げた最初の研究者は，ミ

ラーとドラードである。彼らは，模倣行動は生得的なものではなく学習されるものであることを，条件づけによって説明している。

　ミラーらは，次のような幼い二人の子どもの例によって，模倣行動が学習される様子を分かりやすく示している。二人の幼児が裏口の階段に近い寝室で遊んでいる。父親は，子どもたちのためにキャンディーを持って帰ってくるのが常である。兄は父親が階段を登る足音を素早く聞きつけると，戸口に駆け寄った。弟はその足音が何かは分からなかったが，兄の後についてやはり戸口へと走っていった。二人はそこで，父親からそれぞれキャンディーをもらうことができた。弟のこの行動は以前からみられていたものではなく，この日初めてみられたものであったが，次の夜からは，兄が駆け出すのを見るとそれについて走っていくことが多くなった。またそうした後では，兄とともにキャンディーをもらうことができた。その結果弟は，別のとき，他の場所でも兄について行動することが多くなったのである。

　この幼い二人の行動を，ミラーらがネズミを使って行った実験（トピックス3-10参照）と比較してみると，双方が同じものであることが分かる。兄はモデル（リーダー）であり，キャンディーを食べたいという欲求をもっている。父親の足音という手がかり刺激に対して入り口に走るという反応を起こし，その反応にはキャンディーという報酬が与えられた。弟もやはりキャンディーに対する食欲をもっている。弟は兄が素早く走り出すのを眼にして，同じように入り口へ走るという行動を起こし，その行動はキャンディーという報酬をもたらした。この場面で兄と弟が学習したものは同じものではない。兄は足音という手がかり刺激に対して走るという行動を起こすことを学習し，弟は兄の行動を手がかり刺激とし，兄と同じ行動をすることを学習したのである。ミラーらは，弟にみられるこのような行動を**一致・依存的行動**として，同一行動（二人がそれぞれ無関係に，同じ手がかりによって同じ反応を示す）や，模写（他人の行動を手本として，自分の行動をそれに近づけるように学習する）と区別している。模倣行動について知るうえで重要なのは，この一致・依存的行動である。一致・依存的行動では，模倣者は，リーダーが手がかりとしている刺激が

何であるかを知らず，リーダーを手がかりとして行動する模倣者の行動は，リーダーの行動に依存しており，模倣者とリーダーの行動は一致する。

模倣行動はこのようにして学習されるのであるが，模倣者はいずれ，リーダーが手がかりとしていたところの適切な外的刺激が何であるかを知り，それに対して反応することを学習するであろう。この段階に至ると，模倣者の行動は単なる模倣ではなく，ミラーのいうところの独立学習となる。

2 観察学習

模倣学習では，「模倣者が，リーダーと同じ行動をすることによって報酬（強化）を受ける」ことが，学習成立の重要な要件である。これに対して，他者（モデル）の行動を観察するだけで自分は行動せず，したがって直接的な強化を受けない場合でも学習は成立する。新しいゲームを，他人がするのを見ているだけでやり方をマスターしてしまう場合などがそうである。このように，学習者自らは経験せずに，他者の行動を観察することによって成立する学習を，**観察学習**という。

観察学習においては，学習者は直接強化を受けることはない。しかし他者が強化されるのを観察することによって，間接的に強化の効果を受けると考えられる。このような強化を**代理性強化**という。

バンデュラらは直接経験を必要としない観察学習が，いかに多くの学習過程を安全で容易なものにしているかを強調するとともに，子どもの発達過程における観察学習の重要性を指摘している。言語，ライフ・スタイル，学校における種々の教育内容は，ただ偶発的に生じた行動を選択的に強化するという方法では習得できるものではない。モデルを観察することによって，モデルのもつ特性を自分のものとして獲得する。この過程をバンデュラは**モデリング**といっている。

バンデュラらの研究に，幼児が大人の示す攻撃行動を観察することによって，幼児のその後の攻撃行動が増加するということを示す実験がある（トピックス 3-11 参照）。この実験では，幼児が実際にモデルの行動を目撃するのであるが，バンデュラは，現代のマス・メディアが言語や映像を通じて提供するさ

トピックス3-10

他者と同じ行動をする

≪ミラーとドラードの模倣学習の実験≫

　ミラーらは，白ネズミを被験体として，模倣行動が学習されることを示す実験を行った。装置は，弁別学習に使われる高架式のT型迷路である。弁別刺激には白と黒のカードが用いられた。空腹にされた動物は出発点から進んで，選択点で左右いずれかに進む。ゴールには白か黒のカードがあり，動物の進んだ方向に正刺激（たとえば白いカード）があればゴールで報酬として餌が与えられる。餌皿は二つあり，刺激カードのある末端近くにリーダー用の餌皿，それよりも選択点寄りに追従者用の餌皿が置かれた。後者は走路にはめ込まれており，リーダーがこの上を通過した後に，実験者が糸を引いて蓋を開け，追従者のための餌皿を露出させる。

　実験は三段階からなっている。第一段階では，リーダーとなるネズミが，背後に他のネズミがいても，20回連続して正刺激の方向に進むようになるまで訓練された。第二段階では，リーダーのすぐ後ろに追従者を置いて迷路での訓練が行われた。追従者のネズミは模倣群（リーダーと同方向に行くと報酬が与えられる）と非模倣群（リーダーと反対方向に行くと報酬が与えられる）とに分けられた。追従者のネズミはリーダーのネズミと一匹ずつ対にして，1日7試行，12日間に渡って訓練された。最後に2日間，追従者が実際にリーダーの反応を手掛かりにしていたかどうかをテストするために，弁別刺激である白と黒のカードを取り除いて実験が行われた。

　結果は，実験第1日は追従者のネズミに，特定の傾向は認められない。しかし日を追って2群の反応は異なっていき，リーダーと同方向に行って報酬を得た群では模倣反応が増加し，反対方向に行くことによって強化された群では模倣反応は減少した。

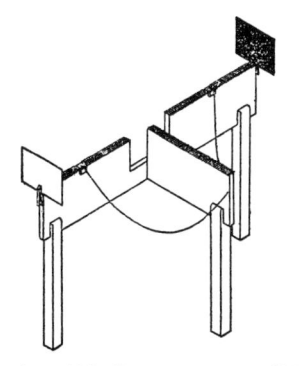

ネズミの模倣学習に用いられた装置

(Miller & Dollard, 1941)

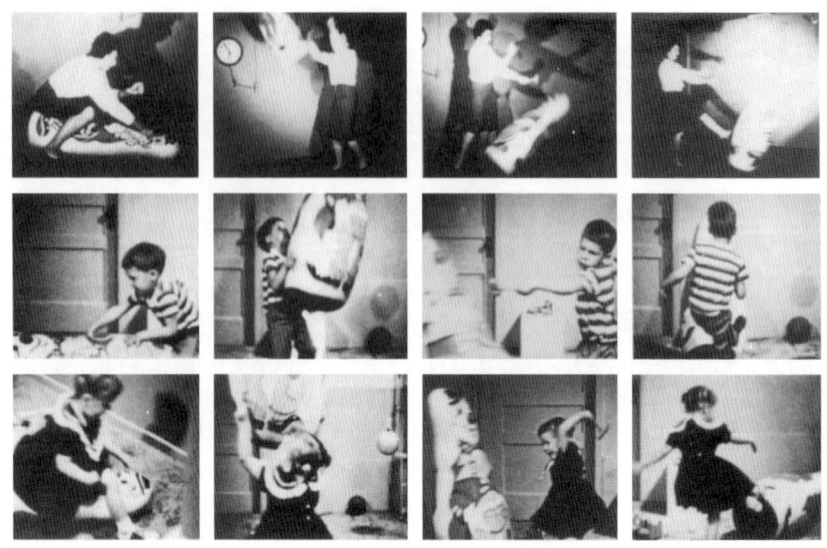

図5　攻撃行動の観察学習の実験

まざまなモデルは，見る人をして，いながらにして，特に学ぼうと意図しなくても，モデリングによる学習を可能にすると指摘している。図5の写真は，子どもたちが，フイルムに収められた大人のモデルの攻撃行動を観察することによって，攻撃行動を学習したことを示す実験からとったものである。

§4　記　　憶

　学習するということは，経験によって，それまでとは質的にあるいは量的に異なった行動の基礎が獲得されることである。これを，学習されたものが習慣として残っているとか**記憶痕跡**として残っているということもできる。学習されたものは経験と経験の間で持続し，次の経験によって更新され，またその次の経験に向かって持続する。学習はまさに記憶によって支えられている。

　記憶は三つの段階に分けて考えられてきた。**記銘（獲得）**の段階，次いで記銘したものを維持する**保持**の段階，最後にそれを思い出すという**想起（再生）**の段階である。今はこれらの段階を次のように言い換えている。まず記銘す

トピックス 3-11

攻撃行動を示す子どもたち

≪バンデュラらの観察学習の実験≫

　実験は，学齢期に達していない幼児が，モデルである大人の示す攻撃行動を観察することによって，どのような影響を受けるかを明らかにすることを目的に行われた。対象は3歳1カ月から5歳9カ月の保育園児である。子どもたちは，観察を行う実験群と，観察を行わない対照群に分けられ，実験群はさらに，モデルの示す攻撃的行動を観察するか非攻撃的行動を観察するか，モデルは男か女かによって4実験群に分けられた。

　園児は一人ずつ実験室に連れて行かれた。実験者はそこで部屋の外にいるモデルを「一緒にゲームをしよう」と言って誘う。そして園児を，子どもたちの好きなステッカーなどの置いてあるコーナーに導いて小さなテーブルに座らせ，それらの遊具で遊んでみせた。次にモデルを組み立てブロック，木槌，大人と等身大のビニールの人形が置かれている別のコーナーに連れて行き，これらがモデルのために用意されたものであると告げてから部屋を去った。

　非攻撃群の園児の場合，園児とともに部屋に残されたモデルはビニール人形には目もくれず，ブロックだけでおとなしく遊んだ。しかし攻撃群の場合には，モデルは1分間ほどブロックで遊ぶが，すぐにビニール人形の方に目を転じて，もっぱらこの人形に対して殴る，蹴る，木槌で叩くなどの攻撃を加え，ときどき「鼻にいっぱつ！」「ぶちのめせ！」というような攻撃的な言葉を口にした。実験者は10分後に戻り，園児に「別のゲームのある部屋に行こう」と言って子どもを実験室から連れ出した。

　観察学習がなされたかどうかの測定は，別の建物にある部屋で行われた。始めに園児は子どもの好きな楽しいおもちゃのある部屋へ連れて行かれた。しかし子どもがそれらに夢中になり始めると，実験者は遊びを中断させて，園児を隣室へ連れて行った。この手続きは攻撃行動を多少起こりやすくするために取られたものである。隣室には，たとえば子どもと等身大のビニールの人形，木槌，銃，ままごとのセット，ぬいぐるみ，クレヨンなどいろいろなおもちゃがあった。実験者はこの部屋に残ってテーブルで書き物をし，園児は20分間ここで過ごした。子どもの行動の測定はマジック・ミラーを通して，他の実験者によって行われた。

　モデルの攻撃的行動を観察した子どもに，モデルの示した行動とよく似た攻撃行動が多くみられ，対照群の子どもたちとの間に著しい差が認められた。また，観察学習によって生じる効果は，モデルの性別によって異なり，モデルが男性の場合に，男児は女児よりも高い攻撃性を示した。

(Banduraら，1961)

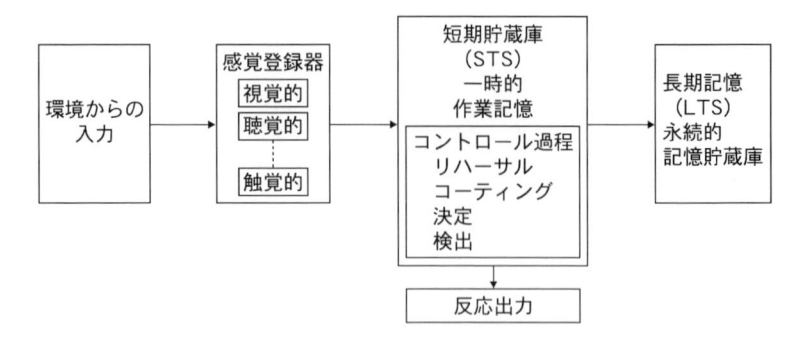

```
環境からの入力 → 感覚登録器[視覚的/聴覚的/触覚的] → 短期貯蔵庫(STS) 一時的作業記憶 / コントロール過程 リハーサル コーティング 決定 検出 → 長期記憶(LTS) 永続的記憶貯蔵庫
                                                      ↓
                                                    反応出力
```

図6　アトキンソンとシフリンの記憶モデル（Atkinson & Shiffrin, 1971）

る，刺激情報を取り入れる段階，これを**符号化**という。概念のところで触れたように，人は外部情報をそのままの形ではなく，取り込みやすい形に変えて符号として取り込むからである。次は，取り入れたものを保持する段階であり，**貯蔵**という。第三の段階は，想起する，貯蔵されているものを取り出す段階であり，**検索**という。符号化，貯蔵，検索という表現は，コンピュータの発達から生まれた情報処理理論によるものである。

電話をかけるためにアドレス帳を開き，かけ終わってしばらくするとその電話番号はもう思い出すことができない。しかし何度もかけている電話番号は間違わずに思い出すことができる。この違いは，記憶を短い時間内の記憶（**短期記憶**）と，長い期間にわたる記憶（**長期記憶**）に分けて考えると理解しやすい。記憶の研究は，記憶をこのように大きく二つの過程に分け，前者を**作業記憶**とか**作動記憶**といい，後者を長期記憶という。二つの過程ではそれぞれ符号化，貯蔵，検索の課程を含んでいるが，それぞれ異なった特徴をもっている。また，二つの記憶は互いに関係し合っている。図6のアトキンソンとシフリンの記憶モデルがこれらの過程を分かりやすく示している。

1　作業記憶

外部からの刺激情報は，感覚器官を通して入ってくる。見たり聞いたり触れたり嗅いだり味わったりしたとき，その記憶は感覚記憶の貯蔵庫（図6の〈感

覚登録器〉）にかなりそのままの形で蓄えられると考えられる。しかしその保持時間は，感覚系によって異なるが，非常に短かく，視覚刺激ではせいぜい1秒以下，聴覚刺激で4〜5秒である。この情報はここから作業記憶に送られ，その貯蔵庫に蓄えられる。しかしすべての情報が送られるのではなく，選択的な注意を向けられたものが符号化されて送られる。この貯蔵庫の特徴は，感覚貯蔵庫に比べて容量が小さいことである。したがって，ここでは感覚貯蔵庫におけるような精密で詳細な部分の情報は失われる。しかも次々と情報が送り込まれると，先に入った情報は失われていく。

(1) 直接記憶範囲とリハーサルの効果

人が1回で記憶できる量には限界がある。ミラーは「不思議な数7プラス・マイナス2」という論文のなかで，5〜9個という数値が人間が情報を扱う能力のほぼ限界値であると述べている。この数は人間が1回で記憶できる量，すなわち記憶範囲に関する多くの実験から導き出された値である。1秒間隔で次々と提示される一連の材料を記銘させた場合，保持されるのは5〜9個の間であることをそれらの実験は示している。しかも，このとき記銘材料として用いられる素材が，数字であっても，単語であっても，何かの記号であってもこの数値は変わらない。そこでミラーは，5個とか9個を構成している一つひとつのまとまりを，人間が情報を処理する過程における心理的な単位とみなして，**チャンク**と名づけた。各地の電話番号は9〜10桁である（たとえば0414627356）が，これは1回で覚えるにはかなり多い桁数である。しかしこれを0414と62と7356の三つに区切り，「0414の62の7356」とすると，チャンク数が小さくなり記憶が容易になる。

(2) リハーサルの機能

作業記憶は，感覚貯蔵庫のようには短くないが，やはり数秒間以上放置するとその情報は失われる。電話をかけ終わった後では思い出せない電話番号がよい例である。しかしその電話番号を繰り返している間は，情報を作業記憶に残すことができる。この繰り返しを**リハーサル**といい，リハーサルは二つの重要な機能をもっている。一つは，作業記憶に情報を留めておく**維持**機能であり，

もう一つは次の貯蔵庫である長期記憶へと情報を**転送**する機能である。何度もかけた電話番号はいつでも思い出すことができるのは，それが短期記憶の貯蔵庫から長期記憶の貯蔵庫へ送り込まれ，そこから取り出されるからである。長期記憶の貯蔵庫の大きさは無限であるといってよく，ここに送り込まれた情報は，長期間蓄えることができる。リハーサルを多く受けることによって，情報が長期記憶となる可能性が高くなることを，ランダスらは系列学習の実験で示している（トピックス 3-12 参照）。

(3) 維持的リハーサルと精緻化リハーサル

リハーサルの効果は反復回数にもよるが，情報をどの程度有意味なものとしてとらえるか，処理するかによっても変わってくる。単に情報を留めておくために単純に繰り返すようなリハーサルは，**維持的リハーサル**という。それに対し，情報の意味やイメージを考えるというように，情報をより深いレベルまで処理することによって，長期記憶への転送を効果的にすることができるリハーサルを，**精緻化リハーサル**という。

記銘から再生までの間，リハーサルなしでどのくらい情報が保持されるか。この実験は，いかにして被験者にリハーサルをさせないようにするかという点に，実験手続き上の困難さがある。ピーターソンらはディストラクタ法といわれる方法を用いた実験によって，記銘後 3～18 秒にかけて保持量がどのように変化するかを示した（トピックス 3-13 参照）。

作業記憶に送り込まれる情報は感覚記憶からだけではない。暗算をしたり，何かをそらで照合をするとき，あるいは問題の解決に必要な条件をリストアップするときなど，長期記憶から検索され，引き出された情報が作業記憶に送り込まれ，一時的に作業記憶に蓄えられる。

作業記憶における忘却は，時間の経過とともに起こる**減衰**と，新しく送り込まれる情報による**置換**によって生じると考えられる。

2 長期記憶

作業記憶よりも時間的に長いスパンの長期記憶の貯蔵庫に蓄えられた記憶

トピックス3-12

系列位置曲線とリハーサル

≪ランダスとアトキンソンの系列学習の実験≫

　この実験は，20語の単語を，1語につき5秒間ずつ，順次被験者に提示し記憶させた。被験者は次々と示される単語について，自由にリハーサルすることが許された。ただし，必ず声に出して行わせ，それを録音した。20語の提示が終わると，提示順序に関係なく，覚えているものをすべて再生させた。

　下図は，録音をもとに数えられた各語のリハーサル回数の平均値と，各語の再生率を示している。横軸の系列位置は，20語の提示の順番である。

　結果は，系列位置の始めの方と最後に近い部分の再生率が高いことを示した。始めの方の再生の良さは，系列学習における**初頭性効果**といい，終わりの方の再生の良さは**新近性効果**という。リハーサルの平均値は最初の方が高く，終わりにいくにつれて減少している。

　このように，初頭性効果のみられるところはリハーサル数が多く，再成率とリハーサル数にはよく対応した関係がみられるところから，初頭性効果は長期記憶に，新近性効果は短期記憶（作業記憶）によるものであると考えられる。

（Rundus & Atkinson, 1970）

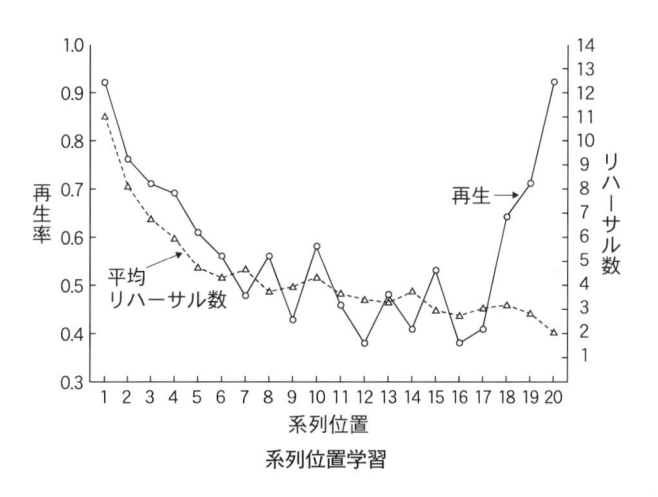

系列位置学習

は，必要なときに取り出され，利用される。

(1) 符号化，再符号化，符号解読

作業記憶から長期記憶へ情報を送り込むリハーサルとして，精緻化リハーサルが有効であり，積極的に行われる。記憶すべき材料をまったく機械的に覚えようとすると相当回数の反復が必要なものでも，覚えやすくしかも忘れにくくするための工夫をすることによって，長期記憶に蓄えることが可能になる。たとえば電話番号，よく使う数字の平方根，歴史の年代，イオン化傾向の順に並んだ元素記号など，無意味な数字の列や記号の列を，有意味な文章に変えて記憶したりする。またときには，覚えにくい事物の名を，よく似た別の名をもってきて覚え，それを媒介として本当の名を思い出したり，なじみのない図形は，よく似たなじみのあるものになぞらえて記憶したりする。これらは一種の記憶術である。長い数列の記憶に驚くような記憶力を発揮する人がいるが，その人は独自の記憶術をもっている。その記憶術は，無意味な材料を有意味化する方法を工夫したものが多い。情報を取り込む段階ですでに符号化が行われているので，それを再度符号化することを**再符号化**という。さらなる符号化をすることによって情報を扱いやすくしたり，忘れにくくしたりしている。たくさんの項目を記銘する場合に，似たもの同士をまとめていくつかのグループにするのも，再符号化の一つである。これは**群化**と呼ばれる。しかしこの符号化は，本来のものの形を変えたり，余計なものを付け加えたりすることによって，別のものに置き換えることであるから，再生する場合には逆の操作をして元の形に戻さなくてはならない。これを，符号化に対して**符号解読**という。

会話や文章の記憶では，正確な文は思い出せなくともその内容，意味を思い出すことができる。これは意味的な符号化が行われたと考えられる。よく引用されるブランスフォードの実験の一つに，「3匹の亀が流木の上に休んでおり，その流木の下を1匹の魚が泳いでいる」という文章が，「流木の上に休んでいる3匹の亀の下を，1匹の魚が泳いでいる」と思い出されることが報告されている。文章は異なるが，意味は同じである。

トピックス 3-13

繰り返さないと忘れる

≪ピーターソンとピーターソンの短期記憶の実験≫

　この実験は，記銘後ほとんど数秒という短い時間経過によって，どの程度忘却が起こるかをみるために，心理学を専攻する大学生24人を対象として行われた。実験のために，子音だけからなる3文字の綴りと3桁の数の対48組が用意された。3文字綴りは，所定の時間が経過した後に再生される記銘材料として用いられ，3桁の数は，簡単な連続的引き算の最初の数として用いられた。この引き算は，記銘から再生までの時間の間に，被験者が記銘した綴りを忘れないようにリハーサルするのを防ぐために与える課題である。

　実験の手順は次のようなものである。実験者は子音の綴りと数とを，口頭で提示する。学生は直ちにその数から実験者の指示した数（3または4）の引き算を始める。所定の時間が経過すると，前に置かれた小さなライトが光る。学生はこれを合図に引き算を中止し，数の前に提示された綴りを想い出して答える。15秒おいて次の綴りと数の提示に移る。

　学生たちは，3，6，9，12，15，18秒の六つの時間条件についてテストされた。時間条件の順序は，綴りと数の対48組を8ブロックに分け，各ブロックに六つの時間条件をランダムな順序で入れるという方法で定められた。

　結果は左図に示すように，再生量は3秒から8秒にかけて，初期において急速に減少し，次第に緩やかになる負の加速曲線を描いた。

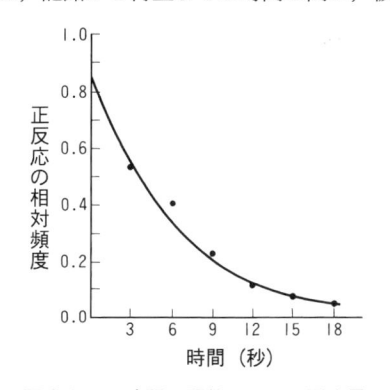

再生までの時間の関数としての再生量

(Peterson & Peterson, 1959)

(2) 忘却曲線

記銘されたものは，時が経つにつれて思い出すことが困難になる。思い出すことができないときに「忘れた」という。しかし，どんな状態を忘却というかを定義することは難しい。はっきりとは思い出せないが，見れば分かる（再認）場合もある。まったく思い出せないと思っている場合でも，再度記憶させてみると，最初の記憶の効果が残っていて，初めのときよりも簡単に覚えられることがある。忘却は，どのような方法で測定するかによっても変わってくるのである。

時間の経過に伴う保持の量の変化を扱ったものに，エビングハウスの研究がある（トピックス3-14参照）。エビングハウスの保持曲線で明らかなように，保持の量は記銘後短期間に急激に減少し，次第にその速度を落としていって漸近線に近づく。

(3) 忘却の要因

忘却の要因として，時間の経過に伴う記憶痕跡の消失が考えられる。これは**記憶崩壊説**とか**減衰説**といわれる。しかし単なる時間経過に伴う崩壊というのは，実証することもまた否定することも難しい。

これに対して，人は絶えず新しい経験，新しい学習を重ねていく，そのことが忘却を起こす要因となるという説がある。ある記銘がなされた後で新しい記銘がなされることによって，先に覚えたものが思い出しにくくなる場合と，逆に新しく記銘したものが，それ以前に覚えていたものによって思い出しにくくなる場合とがある。記憶の間に干渉が起こることで忘却が生じるという説で，**干渉説**という。干渉の起こる時間的方向によって，2種類の干渉が区別される。前者を**逆向干渉**，後者を**順向干渉**という。これは図7のような実験によって，容易に検証することができる。

干渉の起こる程度は，最初に記憶された程度や後の記憶の程度など種々の条件によって変わってくる。そうした条件のなかでも注目されるのは，最初に行われる記憶と後から行われる記憶の内容である。記憶間の類似度が増すと干渉効果が増大し再生が悪くなる。この傾向は逆向干渉において特に顕著である。

トピックス 3-14

忘却は始めは急速に，次第に緩やかに進む

≪エビングハウスの記憶の実験≫

　エビングハウスは，今日の研究者のように実験者が他者に実験を行うのではなく，自分自身が実験者であり同時に被験者でもあるという方法で実験を行っている。彼は記銘材料として，たとえばZAT，SIKというような無意味綴りを用いることを考えた。無意味綴りの記憶は，有意味な単語と異なり，言葉に対する被験者の経験からくる影響が少なく，記銘や保持の点で均質な材料を揃えやすい利点がある。そのため，後の記憶の研究にしばしば用いられるようになった。

　エビングハウスの実験のもう一つの特徴は，節約法と呼ばれる方法にある。エビングハウスは，一定の速度(約0.5秒)で，用意した無意味綴りのリストを暗唱していき，1系列終わったところで休憩(15秒)を入れ，これを全部暗唱できるようになるまで繰り返し，それまでに要した時間と反復回数を記録した。どの程度記憶が残っているかという保持の測定をするために，一定時間が経過した後に，同一材料，同一方法を使って再度同じ記銘学習を行った。そしてこの再学習に要した時間と反復回数を記録し，最初の学習（原学習）と比較してどの程度節約されたかという節約率を用いて保持の量を表した。節約率は，原学習に要した回数あるいは時間をA，再学習に要した回数あるいは時間をBとすると，次の式によって表される。

$$節約率 = \frac{100(A-B)}{A}$$

　下図は，エビングハウスがこのような方法で実験を行い，時間の関数として変化する節約率を表したもので，保持曲線とか忘却曲線と呼ばれている。

(Ebbinghaus, 1885)

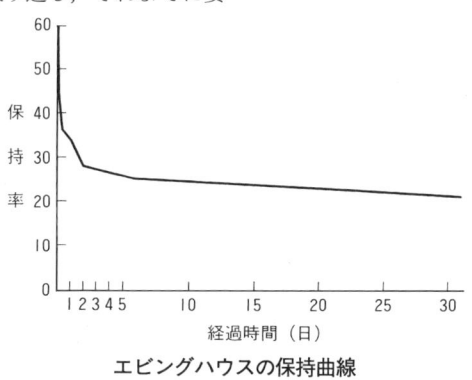

エビングハウスの保持曲線

逆向干渉	（実験群）		原学習→挿入学習→原学習の再生
	（対照群）		原学習→休　　憩→原学習の再生
順向干渉	（実験群）	先行学習→原学習→休	憩→原学習の再生
	（対照群）	原学習→休	憩→原学習の再生

図7　逆向干渉と順向干渉の実験

　思い出そうとして思い出せないことが，後になって思い出されることはよくあることである。喉まで出かかっているのに出てこないという感覚を伴うこともあるが，こうした忘却はちょっとしたヒントによって思い出せることが多い。こうした事実は，忘却が検索の失敗によるものであることを示唆している。

　タルヴィングらの実験は，イヌ，ネコのような動物，リンゴ，ミカンのような果物，ほかに家具，武器，布，色など，12カテゴリーについて各4種の名前を用意した長い単語リストを記憶させ，再生するときは，実験群には手がかり刺激としてカテゴリーの名前を与え，統制群には手がかり刺激を与えなかったところ，実験群は統制群よりも多くの項目を再生できた。その後に，両群に手がかり刺激を与えずに再生させたときには，差がなかった。実験群と統制群の1回目の再生数の違いは，検索の失敗によるものであることが示された。忘却をこのような要因によるとする説を，**検索失敗説**という。

　さらに忘却を説明する説として**抑圧説**がある。これは精神分析理論を提唱したフロイトによる考えであり，彼によると，人は不快な考えや感情を意識の外に閉め出し，無意識のなかに閉じ込める，このことによって思い出すことができなくなると説明される。これが抑圧説であり，抑圧は自我のとる防衛機制の一つとして考えられている。精神分析理論は第5章に詳しく説明されている。

　時間の経過に伴う記憶痕跡の崩壊と抑圧による忘却は，実験的に検証することが困難であるが，四つの説は互いに排他的なものではなく，これらが同時に忘却の要因として働いていると考えることができる。

　(4)　記憶の変容

　ところで，記憶は単に想起できなくなるだけではなく，記銘から再生までの

過程で変化する。これを記憶の変容とか歪曲という。記憶の変容がどの段階で起こるのかはを特定することが難しいが，始めの符号化の段階，貯蔵の段階，最後の検索のどの段階でも起こりうることが実験によって示唆される。

トピックス 3-15 に示したカーマイケルらの実験は，始めに符号化の段階で生じる変容を示唆している。

バートレットは，文章の記憶について，変容の様相を追跡的に研究している。彼は，文章の記憶の変容の特徴として，不自然な部分を修復するような新しい情報が加わる，有力なテーマを中心とする関係づけが起こる，なじみのない言葉がよく知っている言葉に置き換わる，出来事の順序が前後する，などの特徴を挙げている。バートレットは，文章を読む者は，読む以前に作られたある種の枠組みをもっていて，新しく入ってきた情報はこの枠組みの影響を受けて再体制化される，その結果として変容が起こると説明する。そしてこの枠組みを，**スキーマ**と呼んだ。この考え方は，シャンクとアベルソンの**スクリプト**という考え（日常行為の構造，どの場面ではどのような行動をどのような順序で行うか，についての知識）に引き継がれている。

ロフタスらは，目撃された出来事の想起（再生）についての研究によって，思い出すときに加えられる情報によっても記憶が変容することを示した。トピックス 3-15 はその実験を示している。

3 顕在記憶と潜在記憶

ここまで，経験したことを意識的に思い出す記憶の側面を問題としてきた。しかし，自転車乗り，水泳，タイピングなど，主として運動学習によって獲得される技能の記憶に代表される，意識されない記憶がある。近年，前者のような記憶は「**顕在記憶**」といい，後者のような記憶を「**潜在記憶**」といって区別するようなった。

図 8 は，スクワイアーらの提示した記憶の機構の図である。潜在記憶は，技能，条件づけ，プライミング，非連合的現象に，顕在記憶はエピソード記憶と意味記憶に分類されている。潜在記憶のプライミングとは，たまたまあること

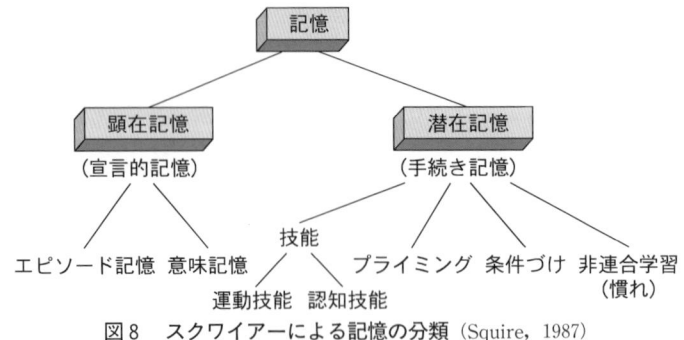

```
                        ┌─────────┐
                        │  記憶   │
                        └─────────┘
                       /           \
              ┌─────────┐       ┌─────────┐
              │ 顕在記憶 │       │ 潜在記憶 │
              └─────────┘       └─────────┘
              (宣言的記憶)         (手続き記憶)
```

　　エピソード記憶　意味記憶　　技能　　プライミング　条件づけ　非連合学習
　　　　　　　　　　　　運動技能　認知技能　　　　　　　　　　　　　　（慣れ）

図8　スクワイアーによる記憶の分類（Squire, 1987）

を事前に耳にしたりしたことが，その後の課題場面に有効に作用することをいう。たとえば，クイズの場面で誰かがそれとは知らずにまったく別の脈絡のなかで，たまたま次の問題の答えになることを口にしていた場合，解答者はその答えを見出しやすくなる。これを**プライミング効果**という。非連合的現象とは，同一刺激を繰り返し経験することから起こる鋭敏化などがこれにあたる。顕在記憶のエピソード記憶と意味記憶はタルヴィングの分類による。いつ，どこでそれが起こったかを特定できる，生活史とか社会的出来事に関する記憶，たとえば「今朝8時に地震があった」のような記憶が，**エピソード記憶**といわれる。これに対して，知識といえる記憶を**意味記憶**という。

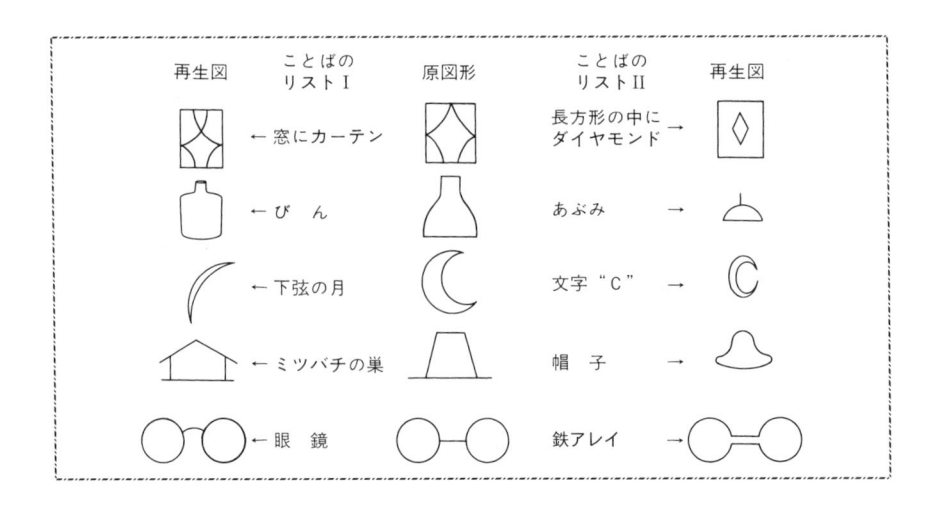

再生図	ことばの リストⅠ	原図形	ことばの リストⅡ	再生図
	← 窓にカーテン		長方形の中に ダイヤモンド →	
	← びん		あぶみ →	
	← 下弦の月		文字"C" →	
	← ミツバチの巣		帽子 →	
	← 眼鏡		鉄アレイ →	

トピックス 3-15

記憶は言葉に誘導される

≪記憶変容の二つの実験≫

【ラベルの効果】

　カーマイケルらは記銘するときに，あいまいな図形（110頁下図の中央の原図形）に左右に書かれているような各々異なった言語的ラベルをつけることによって，再生される図形がどのように変わってくるかを実験した。実験では，たとえば一番上の図形は，一方では原図形を，「窓にかかったカーテンのようだ」と言って示し，他方では，「長方形の中のダイヤモンドのようだ」と言って示している。こうした言語ラベルを与えると，被験者は左右に書かれているように言語ラベルに合うような図を再生した。

（Carmichel ら，1932）

【付加的情報の効果】

　ロフタスらは，想起（再生）するときに与えられた言語的手がかり（情報）によって，目撃者の記憶がどのように変化するかを実験した。実験は左下図のような場面を見せて，この目撃者に車のスピードなどについて2種類の異なる質問の仕方をし，その答えを比較している。ある目撃者には「2台の車が激突したとき」と言い，他の目撃者には「2台の車がぶつかったとき」と言って質問したところ，前者の聞き方をされた場合の方が，目撃者は，右下図のように，より深刻な事故として思い出すようになり，ガラスの破片を見たと思うようになった。

（Loftus & Palmer, 1974；Loftus & Loftus, 1976）

もとの情報　　　　　　　　想起された内容

第4章 発達と教育

《育つ心と育てる心》

§1 発達とは何か

1 発達の概念

　人間でも他の動物でも赤ん坊はみな、見るからに可愛く、人を惹きつける。ローレンツは動物の赤ん坊は共通して丸顔で額が広く、眼は丸く頬がふっくらした「赤ん坊らしさ」を備えていて、大人の愛育行動を引き起こすのだと述べている。赤ん坊だけではなく幼い子どもも、注意深く眺めていると、大人では思いもよらない行動を示したり言葉を発したりして私たちを楽しませてくれる。ルソーの「子どもは小さな大人ではない」との言葉通り、子どもは明らかに大人とは異なる存在である。では子どもはどのように大人と異なり、どのような過程を経て大人となっていくのであろうか。発達心理学とは、この素朴な疑問に答えようとしている心理学の一分野であるといえる。

　「発達」とは、日常生活のなかでさまざまに用いられる語であるが、心理学では主に、受精による個体の発生から死に至るまでの時間の経過とともに現れる心身の構造や機能の変化の過程を指す。したがって発達心理学は、人間の行動や心的機能の発達的変化を研究するのであるが、同時に他の動物を対象とした系統発生的研究や、未開社会の人びとや異文化間の比較研究も、発達を理解するうえで貴重な示唆を与えてくれる。

トピックス 4-1

子どもは小さな大人？

≪西洋における「子どもの発見」≫

　子どもは身体的にも精神的にも大人と異なる独自の存在であり，特別な養護と教育が必要であると考えている。しかし，この認識が一般に広く認められたのは，そう古いことではない。

　17世紀末，顕微鏡が発明される前，生物学者ハルトゼーカーは精子の中に完全な形をした微小人を描いている。当時の人びとが，人間はあらかじめできあがっていて，母胎の中で大きくなるだけだと考えていたことがよく分かる（前成説）。18世紀後半になって，胚は一連の段階をたどり常に同じ順序で発達していくことが，顕微鏡による発生学の研究からようやく明らかにされたのである（後成説）。

　一方，フランスの歴史学者アリエスは，種々の資料を検討し，一般人が抱く子ども観の変遷を探っている。彼は，中世ヨーロッパの絵画や彫刻では，子どもの身体のつりあいや顔つきは大人と同じで，大きさだけが大人の半分ほどであったことを指摘し，これは当時の人びとの子ども観を表していると述べている。子どもは歩き話すようになると，小さな大人として扱われていたのである。その後，徐々に子ども特有の性質が認められ，19世紀の後半，「児童期」という観念が確立された。

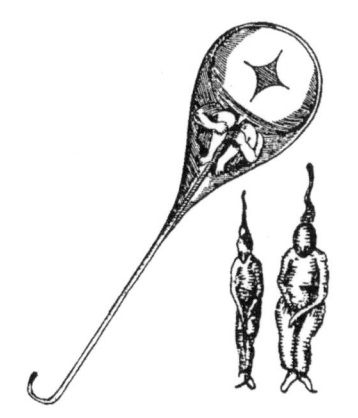

精子の中のミニチュア人間　左：ハルトゼーカー，右：ダーテンパティウス。17世紀ヨーロッパの生物学者が描いた図である。（長野，1989）

フラ・アンジェリコの「リナイウォーリ祭壇画」（一部分）　マリアに抱かれたキリストは，大きさが大人の3分1程度だが，大人と同じように描かれている。

2 発達の規定因

発達を規定しているのは何であろうか。これには古くから「遺伝 vs. 環境」の論争が行われてきたし，現在でもさまざまなニュアンスでその論争が繰り返されている。

まず古い時代には，発達は生まれつきの素質によって決まっているという**遺伝論**が優勢であった。家系研究法が好んで用いられ，優れた才能をもつ人物が輩出された家系や，精神障害者や犯罪者が多くを占める家系の例が挙げられた。しかしここで見落としてはならないのは，傑出者の子どもは豊かな環境や優れたモデル，恵まれた教育のなかで育っていくのに対し，精神障害者や犯罪者の子どもは劣悪な環境のなかで育たねばならなかったという点である。決して遺伝要因のみの結果ではない。

他方，時代がやや進むと，発達は生後の環境や経験によって規定されると考える**環境論**が出てくる。行動主義者のワトソンはその典型例であろう。彼は生まれたばかりの赤ん坊なら，その生まれはどうあれ，どんな人物にでも仕立て上げることができると述べている。彼の考えは極端にすぎたが，発達を学習理論的にとらえようとする立場の基底には，環境論の精神が流れているといえよう。

また，精神分析学の創始者フロイトによるパーソナリティの発達説は，発達における環境の重要性を示したといえる。彼は精神科医としての治療体験から，神経症の原因は乳幼児期にリビドー（性的エネルギーとして彼が想定した）が十分満たされなかったことにあると考えた。したがって，乳幼児期に授乳や排泄訓練がいかに行われたかといった親子関係が，パーソナリティの発達を左右するというのである（第5章参照）。

その後，シュテルンが遺伝と環境の双方の影響を認める**輻輳説**（ふくそうせつ）を提出し，広く受け入れられたが，両者の関係を加算的に考える点に限界があった。現在の発達研究は，遺伝と環境のどちらがどのくらいといった議論ではなく，両者のダイナミックな相互作用の検討に目を向けている。たとえば，サメロフとチャンドラーは，子ども側の要因（生得的要因）と親側の要因（環境的要因）が，

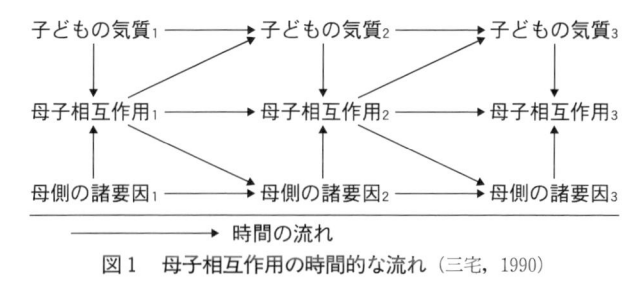

図1 母子相互作用の時間的な流れ (三宅, 1990)

図2 情緒障害発現に至る母・子のかかわり (Sameroff, 1975；三宅, 1990)

　この母親は，妊娠中から出産や育児について強い不安を抱いていた。子どもは出生後早くからぐずりなどが目立ち，母親の方にも産後の心身の状態に問題があり，母子双方にあるネガティブな条件が初めから互いに影響を与え合った。母親の不安は増大し，それとともに子どものむずかしさもさらに顕著になり，やがて母親は子どもに対して罪障感や敵意を抱くようになり，ついに子どもに情緒障害がみられるに至ったという。

時間の経過のなかで互いに作用し合っていく相乗的な相互作用を強調している。図1は彼らの「相乗的相互作用モデル」を三宅が図にしたものである。

　ここでたとえば，子どもの生得的要因としては，トマスらの挙げた大まかな3分類，すなわち機嫌が良くて育てやすい「楽な子」，不機嫌で予想がつきにくく母親泣かせの「むずかしい子」，機嫌は悪くないし予想もつくが慣れるのに時間のかかる「出だしの遅い子」（恥ずかしがり）が考えられる。環境的要因としては，母親の不安などのパーソナリティー，育児観，健康状態などが考えられる。そして，両者の相互作用の結果として，「むずかしい子」であっても，安定したパーソナリティーの母親の上手な対処によって問題が生じなくなったり，「楽な子」であったために，不安で対処のまずい母親であっても無難に育っていく場合が考えられる。他方，出産や育児に不安の高い母親に「む

ずかしい子」が生まれ，さらに母親の不安が高まって子どもへの対処がうまくいかず，ますます子どもは不機嫌な状態になり，ついに母親が子どもを手に負えないと感じ，嫌悪感や罪障感を抱いてしまうといった「発達の悪循環」も起こりうる（図2）。このように，同じような子どもであっても，環境との相互作用のあり方によって，問題が生じることもあれば生じないこともある。

3　発達と育児

　まずフェニールケトン尿症について述べよう。これは遺伝性の代謝異常で，食物中のフェニールアラニンをチロジンに変える酵素を欠いている。このためフェニールアラニンが体内に蓄積して神経系の代謝を阻害し，脳発育障害を引き起こす。これを放置すれば知的障害となってしまう。しかし生後2〜3週からフェニールアラニンを少なくした特別食で育てればこれを防げる。遺伝的に決定された発達の表現型を，環境を変えることにより変化させうるということを端的に示している。

　この例からも分かるように，発達と育児の問題を考える場合，遺伝による規定性を認めながらも，望ましい発達を実現させていくことのできる環境とは何か，有効な子どもへの働きかけは何かという視点が最も重要であろう。§2では発達の様相を胎生期から順に述べつつ，各発達段階で大切な働きかけは何かをみていく。§3では発達と教育に関わる問題としてレディネスと初期経験について述べる。

§2　発達の様相

1　胎生期

　人間の一生は受精の瞬間に始まる。受精から約280日，誕生を迎えるまでの時期を胎生期という。胎生期はさらに3期に区分できる。
　第一の卵体期は，卵管の途中で受精した卵子が子宮にたどり着くまでの時期

トピックス 4-2

子宮内の胎児の様子

≪レナート・ニルソンの胎児の写真≫

　世界的に著名な科学写真家であるレナート・ニルソンは，1960年代に，人間の胎児の撮影に成功した。子宮内の胎児の驚異的な写真は，最初アメリカの雑誌 *LIFE* に紹介された (1965)。彼の写真を見るとき，生命の神秘と尊さを痛感する。

(ニルソンら，1981)

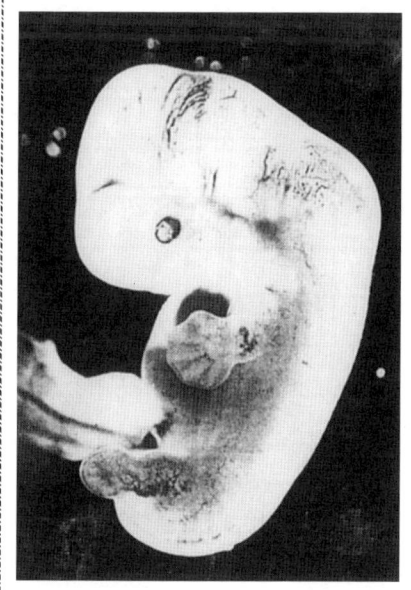

受精後5週目の終わり：11〜12 mm大
受精後5週目には，顔，胴，手足が成長する。まだ短い丸まった棒のようではあるが，腕や足，特に手には5本の指がかすかに認められる。頭蓋骨はまだないが，神経管の端に脳になる膨らみができている。頭部は最も大きな部分を占めており，腕は足よりも発育が早い。発達はこのように頭から徐々に下の方へ進んでいく。歩ける前に手で物を握ることができるのも同様の発達の方向性を示している。

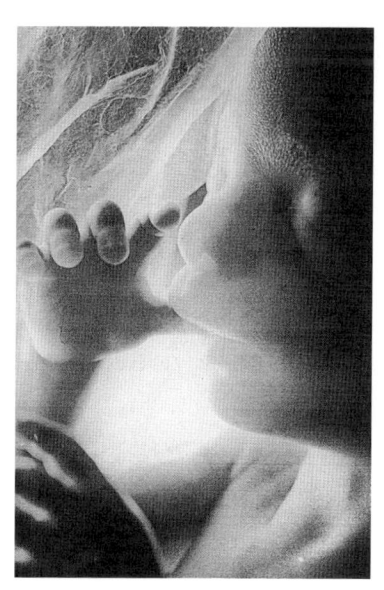

受精後4カ月半：18 cm大
親指が口のそばに近づくと，頭が回転して口と舌が吸う動きを始める。生存のための反射である。

で，受精卵は細胞分裂を繰り返しているが，まだ浮遊しており，それ自身の栄養で生存している。

第二の胎芽期は，細胞の塊となった受精卵が子宮内膜に着床してからの約6週間である。栄養は母体から摂取され，本格的な成長が始まり，胎芽期を通して人間としての形態ができあがる。胎芽の発達の順序は厳密に決定されており，それぞれの器官には急激に発達の進行する特有な時期がある。各器官の発達が最も敏感なその時期に，胎内環境に何らかの異常があると，胎芽は重大な影響を受けることになる。たとえば，妊娠初期に妊婦が風疹(ふうしん)にかかった場合，出生児の約12％に障害が出るといわれるが，罹患(りかん)の時期によりその障害は，目・耳・脳の障害，心臓の奇形とさまざまである。胎内環境の異常としては，ある種の病原菌や薬物（アルコールやタバコも含む），X線，血中酸素の欠乏，栄養の不足や偏り，ストレスなどがある。ここで注意が必要なのは，母親が通常の検査で妊娠が確認できるのは，すでに胎芽期半ばになっている点である。無自覚のうちに子どもの発達に重大な障害をもたらすことになりかねない。

第三の胎児期は，ようやく人間と認めうるようになった4 mm，12 gほどの胎児が，約50 cm，3,000 gで出生を迎えるまでの急激な肥大の時期である。心臓の拍動は顕著になり，呼吸器も発達し，胎齢30週を過ぎれば胎外での生存も可能となる。現在では，超音波による診断装置が普及し，胎児の様子が容易に観察できるようになった。胎児はすでに羊水を飲んで排泄し，手足を活発に動かし，目をキョロキョロさせている。母親の喜びやショックなどの強い情動には，それに応じた動きを示しさえする。

以上のような胎生期を経て，胎児は出生を迎える。最近では出産時の母親と乳児の死亡率は大変低くなったとはいえ，危険はまだ多く存在する。たとえば出産の経過中何らかのトラブルにより胎児に十分な酸素が供給されない場合，酸素欠乏に敏感な大脳に損傷を受けることがある。

2 乳児期

人間としての最大の特色である直立歩行と言語の使用が開始されるまでの，

トピックス 4-3

乳児は話しかけに応えている

≪コンドンらの新生児の相互同調活動≫

相互同調活動とは，通常は気づかずにいるが，人が会話をかわすときに決まってみられる運動行動の一つのタイプである。話し手も聞き手も，話に対しきわめて正確に同調しながら，微妙に呼吸を合わせた微細な身体の動きを示しているのである。コンドンとサンダーは，生後12時間ほどの乳児にも，相互同調活動（会話に応じた微細な身体の動き）がみられるという驚くべき報告をしている。

彼らは米国北東部生まれの新生児たちに，直接話しかける声とテープに吹き込んだ4種の音とを聞かせた。すると新生児たちは直接話しかけた英語の談話のみでなく，テープ中の英語と中国語の談話にも正確に同調して身体を動かした。しかしテープ中の母音だけの連続音と規則的に叩く音には反応しなかった。乳児は生まれたときから話しかけに応えているのである。これは母親に自分の働きかけが子どもに通じているという感情をもたせるのに極めて有効で，母子間のやりとりが好ましく発展していくもとになると考えられる。　　(Condon & Sander, 1974 a)

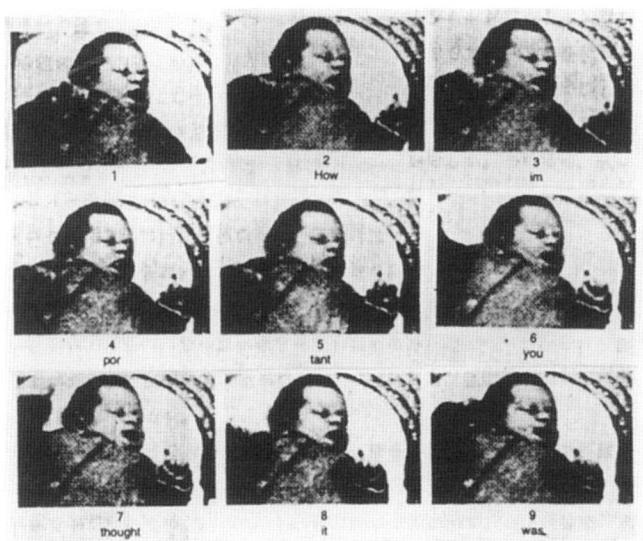

新生児が大人の語りかけに同調して動いている。最初 How で左手が上がる（2）。続いて important の各音節につれてこの人さし指が動く（3・4・5）。さらに You で右手を上げ（6），左へ動かし（7・8），そしてまた下ろす（9）。　　　　(Bower, 1977)

出生後1年ないし1年半を乳児期という。この時期は特に親（養育者）の手厚い保護を必要としている。

　長い間，人間の新生児は大変無力な存在と信じられてきた。しかし乳児研究が進むにつれ，**有能な乳児**の姿が次第に明らかにされてきた。たとえば生後間もない乳児でも，覚醒状態であれば，30 cm ぐらい離れたもののゆっくりした動きを目で追ったり，音のする方向へ顔を向けたりする。新生児はかなりの知覚能力を備えているのである。そのうえ，単に外部の刺激を受け取っているだけではなく，能動的に周囲に反応していることも分かってきた。乳児は早い時期から人の顔を好んで見つめ，話しかけに手足を動かして応え（トピックス4-3参照），声を発し，微笑し，泣いて要求を訴える。乳児は母親の働きかけを引き出したり，持続させたりする力をもっているのである。

　一方母親も無意識的であるにせよ，乳児からの信号を敏感に感じ，世話をしたり，やりとりを楽しむ。このような母子の相互作用を通して母子間の**愛着（アタッチメント）**がしっかり形成されることが，乳児期にとって重要である。母親の適切な応答性は，乳児の「自分が働きかけると，お母さん（環境）は応えてくれ，事態は良い方に変化する」という信頼感，「自分は周囲に暖かく受け入れられているのだ」という安心感を生むであろう。

　もし逆に乳児が放置されるなら，「いくら働きかけても無駄だ」というあきらめや不信感，「自分は周囲に受け入れられていないのではないか」という不安へとつながっていくであろう。不幸にも母親の世話が十分受けられなかった場合，乳児がいかに心身とも不健康に陥ってしまうかは，**マターナル・ディプリベーション**（母性的養育の喪失）の研究が明らかにしている。たとえば1940年代，施設に長期間収容されていた乳児にみられた罹病と死亡の高率，心身の発達遅滞，抑うつ状態などの深刻な症状（ホスピタリズムと呼ばれた）は，衛生や栄養といった医学的処置では解消されず，その主な原因は養育者との接触の欠如や感覚運動的刺激の欠如にあることが分かってきた。ホスピタリズム研究は施設の養育態度の改善を促し，今日先進国ではこのような症状はみられなくなった。しかし一方で最近では，一般の家庭であっても子どもを養育

> トピックス 4-4

ミルクか，暖かさか

≪ハーロウの子ザルの代理母親による愛着実験≫

　ハーロウらは，生まれたばかりのアカゲザルの赤ん坊を母親から離し，代理母で育てる実験をした。代理母は針金でできたワイヤーマザーと，針金が柔らかい布で覆われたクロスマザーの2種類用意された。8匹の子ザルが1匹ずつ2種類の母親の置かれたケージに入れられた。そのうちの4匹はワイヤーマザーの胸に取りつけられたビンから乳を飲み，他の4匹はクロスマザーにより同様に授乳された。

　伝統的な学習理論の予想では，ワイヤーマザーにより授乳された子ザルは，ワイヤーマザーに愛着を示すはずであった。しかし結果は異なった。どちらの母親に授乳された子ザルもクロスマザーを好んだのである。この結果は，単なる授乳の有無よりも，接触による快が重要であることを示している。

　さらに恐れを引き起こすような刺激をケージに入れると，子ザルは決まってクロスマザーのもとへ走って逃げ，しがみついた。しばらくしがみついていると恐怖が薄れ，子ザルはクロスマザーの胸から顔を上げて刺激の方を見たり，ついには探索に出かけることもあった。しかしケージにワイヤーマザーのみ置かれた場面では，子ザルはずっと怖がって隅にうずくまっているだけであった。

(Harlow & Zimmermann, 1959)

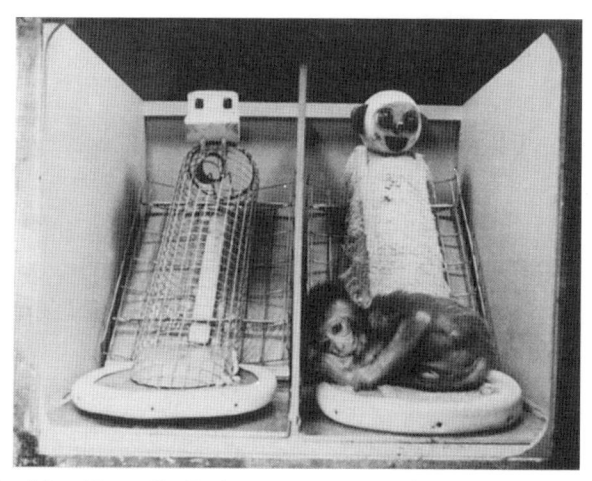

授乳の有無に関わらず，子ザルはクロスマザーを好み，しがみついていた

できない母性を喪失(そうしつ)した母親が増え，同様の問題を引き起こすことが注目されてきている。

エリクソンは人生を8段階のライフ・サイクルに分け，各サイクルの自我の発達課題をトピックス4-8のように示しているが，そのなかで乳児期を「基本的信頼の獲得 vs. 不信」の時期とし，この危機を乗り越えれば「希望」をもって次の段階へ発達していけると述べている。この**基本的信頼感**が，その後の長い人生の出発点となることを考えると，母親が乳児の信号に十分応えてやることの大切さが分かる。母親はできるだけ乳児に語りかけ，抱き上げ，積極的に刺激を与えてやらなければならないのである。

3　幼　児　期

幼児期は1歳ないし1歳半から小学校入学までの時期であり，心身の発達が急激に進む。

幼児期には運動能力がめざましい発達をとげる。一人歩きを始めたばかりの子どもが，2歳になれば自由に走り，階段を登り降りし，高い所から飛び降り，やがて自転車を乗り回し，行動半径を拡大していく。手の操作でも小さいものをつまんだり，破る，包むなどの遊びを繰り返すなかで，次第に指先の細かい動きが可能となっていく。それらはボールや積み木の遊び，ハサミの使用，描画，服の着脱や箸(はし)の使用といった生活のあらゆる面に活かされていく。

一方，言語も急速に進歩し，幼児期の終わりには話し言葉は一応完成し，文字に興味を示すに至る。2歳前後では「これなあに？」と質問を繰り返し，語彙(ご)は飛躍的に豊富になる。同時に語をいくつも続けたり，助詞を入れたりし，発話は文としての構造が整っていく。2歳半頃には「どうして？」「どうやって？」と物事の理由や経過，関係などを知りたがる。周囲の者は，これらの質問にできるだけていねいに答えてやることが望ましい。大人とのやりとりを通して，子どもの知識は増大し概念を形作っていくのである。言語はコミュニケーションの役割を果たすのみでなく，行動を維持・抑制する行動調整機能をもち，思考の道具としての役割も担っていくのである。

トピックス 4-5

母と子の絆

≪ボウルビィの愛着理論≫

動物はみな，生まれながらにして自分の生命を守る能力を身につけている。ボウルビィは人間も同様に，泣き叫ぶ，微笑む，しがみつく，吸う，声を発するといった生得的行動によって母親を自分に引き寄せ，母親と接触していることにより安全を確保するのだという。そしてこれらの生得的行動がもとになり，母と子の愛着（アタッチメント）が形成される。愛着は生涯に渡って維持発展され，その対象は拡大していく。愛着の発達は4段階に分けて考えられている。

【第1段階】 生後3カ月ぐらいまでは，生得的行動を人であれば誰に対しても無差別に表す時期である。乳児は人の顔を見つめ，微笑み，小さな声を発する。それを受けた人は誰であれ，乳児を心から可愛いと感じ，微笑み返し，言葉をかけ，愛撫してしまう。また乳児が泣き叫べば，養育者はとんで行って，何らかの世話をし不快を取り除こうとする。このように乳児の生得的行動が養育行動を引き出し，母子間のやりとりが展開していく。

【第2段階】 3カ月を過ぎる頃から，多くの反射的行動は消失し，代わって養育をしてくれる何人かの特定の人に対し選択的に反応するようになる。それらの人に対しては，よりよく微笑み，喃語(なんご)を発し，泣き叫びは鎮まる。それ以外の人には排他的になっていく。

【第3段階】 半年を過ぎる頃にはさらに母親とそれ以外の人びととをはっきり区別し，見知らぬ人を恐れ，人見知りを始める。やがて這(は)うことができると，自分から積極的に母親の後を追い，膝によじ登り，しがみつく。母親が戻ってくるのを両腕をさし伸べて迎え，抱いてもらい，落ち着く。泣き叫んだり，呼んだりすることも母親との距離を考慮に入れ，声の出し方を変える。乳児は自らの行動を目標に合わせ調整できるようになってきたのである。2歳ぐらいになると子どもは母親への接近ばかりでなく，母親を探索の基地としてそこから離れていく行動も示す。時々振り返ったり，母親と微笑み合ったり，声をかけ合ったりして安全を確かめる。

【第4段階】 前段階までは，子どもには自分の母親のそばにいたいという気持ちしか分かっていない。しかし3歳頃になると，母親にも意図があるのだということがある程度理解できるようになる。自分から立ち去る母親は，彼女の用事が済めば自分の所へ戻ってきてくれること，自分の見えない所での母親の様子といったことを思い浮かべることができるようになってくる。したがって進んで母親に出かけてもらうこともできる。母と子は協力関係にある相棒のように行動するようになるのである。

(Bowlby, 1969)

さらに幼児期は**自立**の時期である。母親は子どもが2歳を迎える頃から排泄・清潔・食事など一連のしつけを開始する。これは幼児にとっては大きな変化である。それまでひたすら要求を満たしてくれていた好ましい母親が，自分の行動を禁止したりやりたくないことを強要するという，好ましくない母親としての側面をあわせもつようになるのである。また何でもやってもらうことにより味わえていた自己万能感もこれによって崩れ去る。このように，幼児は母親に対するアンビヴァレント（両価的）な感情を乗り越え，現実の自分の能力に根ざした自信をもち，自立的存在へと向かうのである。自分の身の回りのことが自分で処理できることは，幼児期の重要な発達課題である。

　しつけの関係は，乳児期の母子一体感とは異なり，母親と子どもの対立関係である。幼児は母親と自分の違いを意識せざるをえない。そこから母親に対する不服従，反抗が生まれてくる。母親にとっては，子どもが妙に自分一人でやりたがったり，言い分を押し通そうとして扱いに苦慮する時期である。**第一反抗期**と呼ばれるこの現象は，子どもが自己をはっきり意識し，主張するという自我の発達上重要な意味をもつのである。親の力を振りかざし子どもを押さえつけるのではなく，暖かい見守りの姿勢と最小限のしつけの厳しさで臨むことが大切であろう。

　母子分離ができた幼児後期には，多くの子どもが幼稚園や保育所で集団保育を受ける。家庭のなかでは出会うことのできないさまざまな人びとと接し，共に過ごすことは，この年齢の子どもの発達には望ましい経験である。集団生活による社会性の発達，自主的態度や基本的習慣の養成といった面が強調されがちであるが，何より同年齢の友達と精一杯遊ぶなかで得られる活き活きとした経験そのものが，子どもに伸びる力を与えてくれる。そのなかで子どもは自己の存在感や充実感をしっかりと得ることができ，児童期以後の物事に取り組む姿勢へと発展していくと考えられる。

4　児童期

　6〜12歳ぐらいの小学生の時期を一般に児童期という。

トピックス4-6

子どもは大人と同じには考えない

≪ピアジェの保存実験≫

　4歳の子どもに図のような絵を見せ，青いふうせんと黄色いふうせんではどちらが多いか尋ねてみる。子どもは当然というように「青いふうせん！」と答える。そこで「じゃあいくつあるか数えてごらん」と促す。青い方を「1，2，3，……，7，7こ！」と数える。次に黄色い方を「1，2，3，……，7，7こ！」と数える。そこで再び「どっちが多い？」と尋ねる。大人はもう同じ数だということが分かっただろうと予想するのだが，何と子どもはまた「青いふうせん！」と答えるのである！　嘘だと思われるかもしれないが，本当である。子どもに実際質問して確かめるとよい。

　さて，ピアジェはこのように子どもが大人とは異なる判断をすることについて組織的に研究を行った。幼児期の子どもは，見かけが変わると，物の数や量，長さ，体積，重さなどが変わると信じている。見かけに左右された判断をするこの時期を，**直観的思考期**と呼ぶ。子どもはまだ心の内で物事をいくつかの側面から合わせ考えることができず，一つの側面からのみ眺める。たとえば右下の図の場合，水面の高さのみに注目するので，水面の高い方の器に入った水は多いと考えるのである。児童期になると徐々に，見かけが変わっても数や量，長さなどは同じであること（**保存の概念**）を理解するようになる。保存は，現象を一つの側面からのみ眺めていた状態（中心化）から，その現象を受け止めている自分の位置や見方をも考慮に入れ，多くの側面からのその現象の見方を協調させること（脱中心化）ができるように発達したことを示しているのである。

(Piaget & Inhelder, 1966)

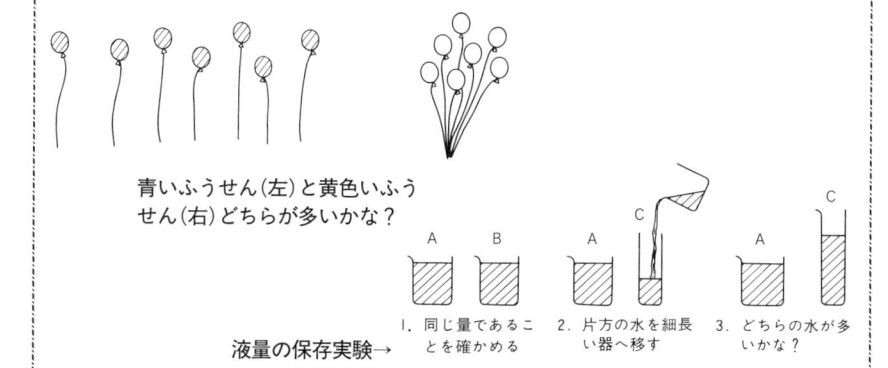

青いふうせん（左）と黄色いふうせん（右）どちらが多いかな？

液量の保存実験→

1. 同じ量であることを確かめる
2. 片方の水を細長い器へ移す
3. どちらの水が多いかな？

児童期は，心身の発達が比較的安定した時期であるため，子どもは眼を外に向け，将来，社会で生活するうえで必要な多くの事柄を習得する。小学校入学は，それまで主として家庭内で生活してきた子どもにとって，画期的な出来事である。小学校では，国語・算数といった知識の基礎的学習をするばかりではなく，課題を遂行する態度を養い，教師および多くの同年齢の仲間からなる学級集団，さらに学校全体の一員として社会的適応の技術を身につけていく。

幼児期で完成した移動と手の操作に関する能力はさらに増大し，児童期では友達との遊びやスポーツとして展開する。また，ナイフやものさしをはじめ簡単な大工道具や電気機械，裁縫や料理の道具に至る道具の使用，マッチをすったり，卵を割るなど事物の処理が可能となる。しかしこれらは経験の影響を受けやすく，大きな個人差がみられる。

学校での学習が進む背景には，子どもの思考の発達がある。幼児期における思考は一般に主観的で，見かけに左右される判断を行っていたが（トピックス4-6参照），児童期ともなれば思考の客観化が進み，物事を自分の見方や立場から離れていくつかの側面から考えることが可能となる（**脱中心化**）。したがって具体的な事柄であれば論理的判断が可能となる。しかし，仮説的・抽象的な思考の発達は青年期を待たねばならない（トピックス4-7参照）。

友人関係は，年齢が上がるにつれて重みを増していく。価値判断も親や教師よりも友達の影響を強く受け，友人集団内での個人の位置は自己認知に深く関わるといわれる。小学校中・高学年では大勢の同性の仲間と徒党を組んで活動的な遊びを展開する。この集団はギャング集団と似た性質をもつため，この時期を**ギャング・エイジ**と呼ぶことがある。

なお，現在**二次性徴**の発現が年々早まる傾向（発達加速現象）があり，児童期の終わりに身体発達と精神発達がアンバランスな状態に陥る場合もある。

5　青年期

青年期は身体の急激な発達と性的成熟によって，「子どもではない自分」に目を向けることから始まる。

トピックス 4-7

子どもの思考はどのように発達するか

≪ピアジェの思考の発達段階≫

ピアジェは詳細な子どもの自然的観察と独創的な多くの実験，すぐれた洞察によって，子どもの思考（認知機能）の発達理論を立てた。彼によると思考は，子どもと環境との相互作用（**同化と調整**）によって，その子どものそれまでの枠組みでは対処できない不均衡の状態から枠組みをより高度に洗練し対処可能な均衡の状態へと移っていくことで発達していくと説明される。彼は思考の発達を，質的に異なる四段階に分けて考えている。

【**感覚運動的知能期**（生後2年目まで）】乳児は見たり，聞いたり，触ったりという感覚や，つかんだり，落としたり，嚙んだりといった運動すなわち「外的活動」によって外界を知る段階である。したがって外的活動を起こしえないもの，たとえば隠されてしまった玩具については知る術をもたない。初期の頃はまるでものがこの世の中に存在しなくなったかのように振る舞う。しかし事物と動作との関係を繰り返し経験し，それが基礎となって，次第にものの永続性を理解していく。そしてついに事物について心の中で考えること（表象）が可能になる。

【**前操作期**（2歳頃～7・8歳）】前操作期は認識の仕方が「活動」から「操作」へと発達していく移行の段階といえる。ここで操作とは，心の中で外界の事象をうまく処理することを指す。前操作期では表象の能力を使って延滞模倣，象徴遊び（いわゆるごっこ遊び），描画，心像（見たり聞いたりしたことを思い浮かべる働き），言語といった行動が現れてくる。しかしこの段階では外界の事物や事象が完全に正しく心内に反映されているわけではなく，操作能力が不十分なため，特徴的な誤りが見られる。たとえばトピックス 4-6 に示したように，保存概念や分類にあたって全体と部分の包含関係が理解できなかったり，(注：たとえばバラ7本とチューリップ3本からなる花束で，花全部とその部分集合バラを正しく指定できても，「花の方が多いか，バラの方が多いか」を問うと，「バラが多い」と答えてしまう。子どもは部分集合バラを考え出すともはや花全体の集合は保存されず，バラの補集合すなわちバラ以外の集合としてチューリップと比較するのである。)他の人も自分と同じように見たり感じたりしていると考えていたり（自己中心性）するのである。

【**具体的操作期**（7・8歳～11・12歳）】具体的な事象に関する操作が可能になった段階である。保存の概念が確立し，分類が正しく理解でき，概念が上位・下位の包含関係に整理され，事物の量的な違いを順序づけることを組織的に行う系列化が可能になる。これらにより具体的な事柄であれば，論理的に正しく考えることができるようになる。

【**形式的操作期**（11・12歳以後）】具体的な現実から離れて，抽象的，仮説的に考える形式的操作の能力を備える発達の最終段階である。　　（Piaget & Inhelder, 1966）

青年期は，身体が急激に成長し，身体的には成人と同等となる。体力・運動能力はいっそう増大し，行動的になる。しかし他方では，第二次性徴による性衝動を受容し，適切に対処するという困難な問題にも直面している。

　このような身体の質的変化は，青年の意識を大きく変える。青年は，児童期に外へ向けていた目を自分自身へ向け始める。鋭く自分自身に注目することは，自己と周囲とを隔たったものとしてとらえることでもある。たった一人の，他者と切り離された自己を意識したとき，青年は深い孤独感を味わう。同時に自分を真に理解してくれない周囲に対し，不満や苛立ちを感じる。青年の情緒は不安定で緊張している。

　エリクソンは，青年期を**自我同一性**の確立へ向けての試行錯誤の時期ととらえている（トピックス 4-8 参照）。精神分析では，児童期までの発達を同一化の過程と考える。すなわち子どもは，両親をはじめとする数多くの人びと，さらにテレビや本の中の主人公などと出会い，感情的な結びつきを経験し，それらの人びとのもつ考え，態度，行動様式などを自分のなかに取り込んでいく。結局青年は，幼い頃よりこの無意識的過程である同一化により，多くの人びとのばらばらな特性を身につけてきているのである。自分自身に鋭い目を向けた青年は，「本当の自分とは何か」という深い疑問に応えるため，それらバラバラな特性を再吟味し，統合し，本当の自分らしさを作り上げていかねばならない。過去からの自分の流れを認め，現実の枠組みのなかで自己を規定し，未来における自分を見つけ出していくともいえる。しかしこの作業は簡単に終わるものではない。その過程で「本当の自分がない」という虚無の状態（同一性拡散）に陥ることもある。今日のように価値観の多様化した社会では，未来が見えにくく，同一性の確立もそれだけ困難であるともいえる。現代社会における青年期のさまざまな病理的現象も，本当の自己を求めての試行錯誤の姿と解釈することが可能である。

　このようにして最終的に自己を確立した青年は，客観的に自己を把握できるので，自己嫌悪や劣等感に振り回されることなく，情緒的にも安定してくる。現実のさまざまな制約のなかで，主体的に自分の生き方を選択し，責任をもっ

トピックス 4-8

人生の8段階における自我の発達課題

≪エリクソンの自我の発達理論≫

　エリクソンはフロイトの発達論を発展させ独自の精神分析学的発達論を展開した。彼は，フロイトが人の発達を「心理-生理学的」にとらえて主に性的関係から検討しているのに対し，発達の諸段階における人間関係や社会との関係を問題とした。

　このような「心理-社会的」検討から，エリクソンは発達段階を下表のように八つに分け，これを人生周期(ライフ・サイクル)と呼び，各発達段階には各々発達させるべき自我の発達課題があるとした。そして，人はこの課題を人間関係を通して克服しながら自らの性格を発達させていくとしている。また，表から分かるように，フロイトが発達を発達初期の乳幼時期を中心に検討したのに対して，一生を発達と考え，各段階の課題とそれを獲得する過程で起こる危機について展望しているのが，エリクソンの特徴である。　　(Erikson, 1950)

エリクソンの自我の発達段階

発達段階	A 心理・社会的危機	B 重要な対人関係の範囲	C 関係の深い社会秩序要素	D 心理・社会的様式	E 心理・性的段階
I 乳児期	信頼 対 不信	母親的人物	宇宙的秩序	得る　お返しに与える	口愛-呼吸感覚-運動段階(合体的様式)
II 早期児童期	自律性 対 恥・疑惑	親的な人物(複数)	法と秩序	保持する　手放す	肛門-尿道段階筋肉的(貯留-排泄の様式)
III 遊戯期	積極性 対 罪悪感	基本的家族	理想的な標準型	思い通りにする(=追いかける)まねをする(=遊ぶ)	幼児-性格性移動(侵入-包括的様式)
IV 学齢期	生産性 対 劣等感	「近隣」学校	テクノロジー的要素	ものをつくる(=完成する)ものを一緒につくる	「潜伏期」
V 青年期	同一性 対 同一性拡散	仲間集団と外集団指導性のモデル	イデオロギー的展望	自分自身である(または,自分自身でないこと)自分自身であることの共有	思春期
VI 初期成人期	親密と連帯 対 孤立	友情・性・競争・協力の相手	協同と競争のパターン	他者のなかで自分を失い，発見する	性器性
VII 成人期	生成性 対 自己停滞	分業と共同の家庭	教育と伝統の流れ	世話をする	
VIII 成熟期	統合性 対 絶望	「人類」「わが種族」	知恵	存在しなくなることに直面する	

(A欄は，各発達段階において主に直面する課題)　　(Erikson, 1959)

て行動することが可能となる。

6 成人期以後

　職業を持ち経済的に自立したとき，結婚し新しい家庭を築き始めたとき，第一子の誕生で親としての役割を担ったとき，人は一般に「本当の意味で大人になった」と感ずることが多い。成人期は職業人として社会で活動するとともに，家庭では子どもを養育する時期である。青年期に安定した自我を形成することのできた者は，現実の社会・現実の自己を受け入れ，自分以外に興味を向け，自信をもって現実的な活動を行っていける。対人関係においても，単なる相手に対する好悪にとらわれることなく，相手の人格を認め，適切な距離をもった対人関係を築いていくことができる。親としての自分の子どもに対する態度も，盲目的溺愛や放任・拒否に走ることなく，愛情をもち，子どもを一個の独立した人格として認めつつ養育にあたり，社会的規範を伝達する親としての役割を果たしていける。

　老年期は，心身の機能が衰え，社会的活動の第一線から退くとともに，死が近づきつつある不安を覚える時期であると一般に考えられている。確かに，身体の器官によっては機能が低下したり，病気に対する抵抗力が減退したり，身体的活動の速度が落ちるといった生物学的事実はある。しかし，学者や芸術家，実業家で老年期においてますます活発に業績を上げる人もいる。またそれまでにできなかったゆとりある生活を楽しんでいる高齢者もいる。カステンバウムは，高齢者は誰もが大いに楽しんだり，成長し続けていくことができるはずであると述べている。彼によるとそれを妨げているのは，社会一般の高齢者に対する「すでに役割を終えて衰退していく者」という否定的見方にあるという。まるで若い人は価値が高く，高齢者は価値が低いかのように考える西欧式文明社会が，高齢者の悲観的状況を作り出しているという。高齢者に関する心理学的研究が進むにつれ，新しいことを学ぶ能力や深く考える能力などが，十分発揮されうることが示されてきている。高齢者が「若い人と同じに」ではなく，個々の特性に沿った充実した生き方を求めるという視点が大切であろう。

研究の成果は社会一般の見方を変えていくとともに，高齢者に必要な医学的処置，人間関係や生活環境の特別な配慮や援助のあり方を明らかにしていくであろう。オルポートは高齢者の了解，推理，判断能力を高く評価しているし，エリクソンは発達を生涯にわたる問題としてとらえている。発達の最終段階である老年期に，孤立や絶望ではなく，英知に富んだ円熟した境地に達することは可能である。高齢化社会を迎えた現在，老年研究の意義は大きいのである。

§3　発達と教育に関わる問題

1　レディネス

　レディネスとは，ある行動を習得する際，それに必要な心身の準備が整った状態をいう。子どもが文字を書けるようになる場合を考えてみると，手先のコントロールといった身体的な成熟のほか，文字に対する興味，書きたいという動機，ある程度の注意力や忍耐力など精神的な面でも準備体制が必要である。子どもの教育にあたっては，レディネスを的確にとらえておく必要がある。心理学におけるレディネス観の主なものを追ってみよう。

(1)　ゲゼルの成熟優位説

　ゲゼルは，発達とは遺伝的にあらかじめ決められたスケジュールに従って，身体や行動の変化が徐々に現れてくるものであると考える（予定説）。彼は成育環境が発達に及ぼす影響を最小限にしか認めない。したがってレディネスに関しても「成熟を待つ」との立場をとるのである。

　ゲゼルらは一卵性双生児を用いた一連の実験により，**成熟優位説**を説く。トピックス 4-9 に示したように，この実験では，早期に 6 週間の訓練を受けた T 児よりも，遅れて 2 週間のみの訓練を受けた C 児の方が，優れた結果を示したのである。新しい行動の訓練は，成熟を待って行った方が効果があると考えられ，発達は訓練や経験よりも成熟に強く規定されていて，学習は成熟を越えることはないとの主張に至るのである。

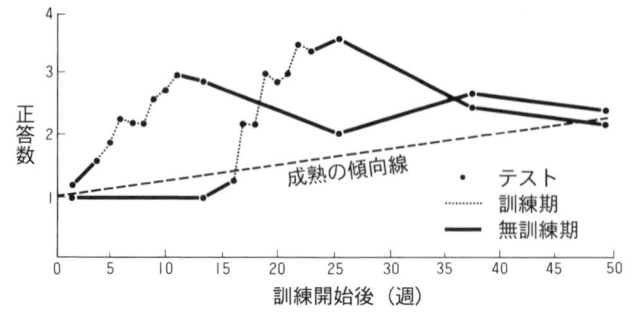

図3 数の記憶訓練の結果 双生児に別々の時期に訓練した際の学習効果と成熟の関係。　　　　　　　　　　　　　(Hilgard, 1933)

　その後，数多くの同様の実験が行われ，当時はこの説が広く支持された。ヒルガードは先の双生児が4歳半になったとき，数やものの記憶，輪投げや紙を切るといった作業について実験し，訓練の効果は一時的には表れるものの，訓練をやめた後には本来の成熟の傾向線に戻ることを示した（図3）。

　現在ではゲゼル流の実験には不備な点が多いとの批判がなされている。実験場面以外での無意図的働きかけについて統制されていないとか，訓練が短期間にすぎるうえに，体系的でない，構造の学習という視点に欠けているなどが批判の例である。しかし，ある行動の習得にはそれが適した時期があり，それを待って教育するのが最も効果的であるというレディネス観，成熟待ちの教育観は長く大きな力をもっていたのである。

(2) ヴィゴツキーの発達の最近接領域

　ヴィゴツキーは，子どもの精神発達の研究において文化的・歴史的側面を重視した。彼は人間の心理的活動の源泉を，子どもと文化的・歴史的背景を担った大人や社会との相互作用に求め，個人間の社会的作用が後に個人内部に移行すると考えた。したがって子どもの発達は二つの水準でとらえる必要があるという。「あらゆる高次の精神機能は，子どもの発達において2回現れる。最初は，集団的活動・社会的活動として，すなわち，精神間的機能として，2回目には，個人的活動として，子どもの思考内部の方法として，精神内的機能として現れる」。子どもはまず親や教師・仲間に教えられたり，ちょっとしたヒン

トピックス4-9

訓練は遅く始めた方が効果的？

≪ゲゼルとトンプソンの双生児の階段登りの実験≫

ゲゼルとトンプソンは，一卵性双生児の女児TとCを被験者に，発達に及ぼす成熟と学習の効果を検討するため一連の実験を行っている。**一卵性双生児**は遺伝的要因がまったく等しいので，この2人に何らかの差があるとすれば，それは環境あるいは経験の差であるとみなすことができる。心理学において，遺伝と環境の問題を考えるとき，このような双生児を用いる方法（双生児研究法）がとられることがしばしばある。

さてここでは一連の実験のなかから下図のような階段登りについての結果を説明する。ベビーベッドの上には赤ん坊が興味をもつような小さなベルを誘因として置いた。双生児の一方Tは，生後46～52週目までの6週間，毎日10分間ずつ階段登りの訓練を受けた。Tは初め大人の助けを借りてようやく登れたが，訓練の終わりには自力で26秒で登ることができるようになった。これに対してもう一方のCは，この間，伝染病で隔離されていて何の訓練も受けなかった。健康になった53～55週目までの2週間，CもTと同様の訓練を受けた。しかしCは訓練開始のとき，すでに自力で45秒かかって登ることができた。そして訓練終了時には，たった10秒で登れたのである。

このように，早期の6週間もの訓練よりも，後に行われた2週間の訓練の方が優れた結果を示したのである。ゲゼルらは，早すぎる訓練は十分な効果は期待できず，成熟を待って訓練する方が効果的であることが明らかになったと考えたのである。しかしこの説には，後に批判が加えられた（本文参照）。

(Gesell & Thompson, 1929)

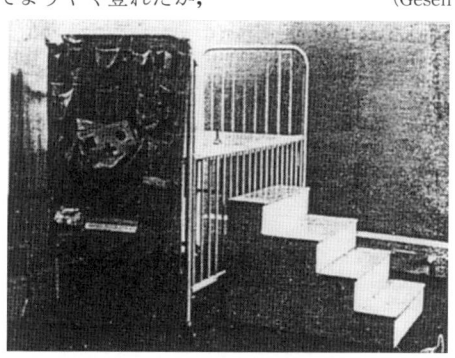

実験に用いられた階段 ベッドの上に誘因としてベルが置いてある。

トをもらったり，模倣したりしながら新しい問題に対処するが，やがて自分だけでそれをやり遂げることができるようになっていく。まったく解決不能な領域と独力で解決可能な領域の間に，他からの援助があれば解決できるという領域が必ずある。これをヴィゴツキーは「**発達の最近接領域**」と呼び，教育にあたって重視した。教育とは，子どもが自力で解決可能な現在の発達水準に働きかけるのではなく，近い将来の発達水準すなわち発達の最近接領域に働きかけ，発達を引き上げていくことにこそ意味があると考えたのである。

ヴィゴツキーは，教育は発達を前に進めたり，発達のなかに新しい形式を呼び起こすことができると述べている。彼は発達における教育の主導的役割を指摘し，後の人びとに大きな影響を与えることとなった。

(3) ブルーナーのらせん型カリキュラム

「どのような教科でも，その知的性格をそのままに保ちつつ，発達のいかなる段階にある子どもに対しても，効果的に教えることができる」とは，ブルーナーの有名な仮説である。

「二次関数を8歳の子どもに教える」ことは，私たちの常識からは不可能に思える。しかしブルーナーは図4のようなブロックを用いることにより，それが可能なことを示した。大きい正方形は$x \times x$，長方形は$1 \times x$，小さい正方形は1×1を表すものとして導入される。"x"の理解後，$x \times x$の正方形(x^2)よりも大きな正方形を作っては，その際用いたブロックの種類と個数を確かめる作業を続ける。こうして$(x+1)^2 = x^2 + 2x + 1$，$(x+2)^2 = x^2 + 4x + 4$，……といったことを理解することができる。8歳というまだ抽象的思考ができない子どもたちでも，材料を具体的に操作することにより，二次関数の特質が把握できるというのである。

このように早い時期に，それぞれの教科の基本的原理や観念といった「構造」を教え，それなりの把握をさせておき，その後子どもがより発達した段階で，さらにその段階にふさわしい材料・方法を用いて，以前よりも高い水準で繰り返し学ばせていく。これを**らせん型カリキュラム**という。構造を学んだことにより，その後の学習は容易に，強力に，正確に進んでいく（構造論）。さ

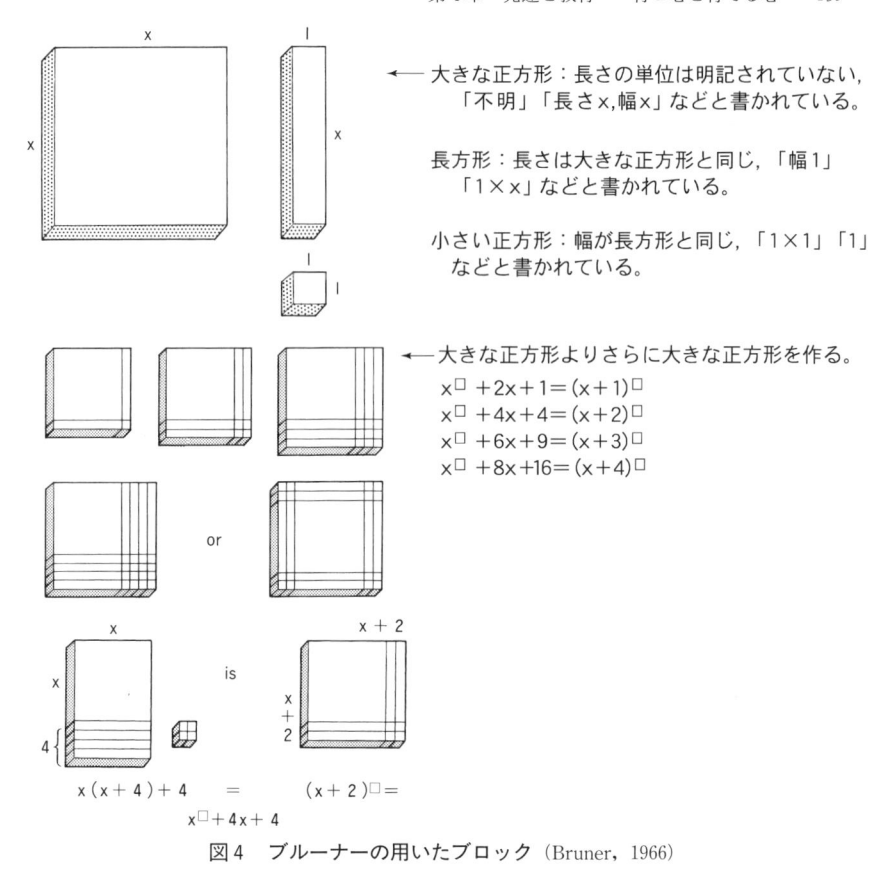

大きな正方形：長さの単位は明記されていない，「不明」「長さx, 幅x」などと書かれている。

長方形：長さは大きな正方形と同じ，「幅1」「1×x」などと書かれている。

小さい正方形：幅が長方形と同じ，「1×1」「1」などと書かれている。

大きな正方形よりさらに大きな正方形を作る。
$x^2 + 2x + 1 = (x+1)^2$
$x^2 + 4x + 4 = (x+2)^2$
$x^2 + 6x + 9 = (x+3)^2$
$x^2 + 8x + 16 = (x+4)^2$

$x(x+4) + 4 \quad = \quad (x+2)^2 = x^2 + 4x + 4$

図4　ブルーナーの用いたブロック（Bruner, 1966）

らに構造の把握においては，分析的・帰納的思考よりも直観的思考が有効であるという。

　ブルーナーにおいてレディネスとは，成熟を待つものではなく，積極的に作り出していく，という促成的レディネス観となる。1950年代のアメリカには，科学技術の進歩に対し学校教育が十分対応できないとの社会的批判があったが，それを背景に，ブルーナーはアメリカの教育の現代化を推進してきた代表的学者である。彼の視点は，学習についていけないことを子どもの未熟さのせいにしがちな教育現場に，指導方法の側を検討するという点で大きな示唆を与えてくれる。

2 初期経験と臨界期

　発達初期の一定の時期における経験が，ある行動型の形成に関して決定的であるとの考え方がある。**初期経験**の臨界期を典型的に示すのは**刻印づけ（インプリンティング）**の現象である。

　ローレンツは，ハイイロガンやマガモの雛（ひな）が親鳥の後を追う行動について，刻印づけを明らかにした。すなわち孵化（ふか）したばかりのマガモの場合，鳴き声をたて，ある程度の大きさをもち，ゆっくり移動するものの後を追い，それを親として一生認め続ける。自然状態でこの条件を満たすのは当然親鳥であり，これにより雛は安全な保護が約束される。ところが先の条件を満たしさえすれば，刻印づけは異種の鳥にも，模型にも，人間にさえ成立する。ローレンツ自身，雛に「ゲッゲッゲッ……」と呼びかけ，腰をかがめて歩き，雛たちの親になりきったのである。

　刻印づけには三つの特徴がある。第一は，1回の対象提示により成立し，多数回の経験を必要としない。また餌のような報酬もいらない。第二は，孵化後きわめて早期のかなり短い期間内だけで起こり，明確な臨界期をもつ。ただし臨界期は種によって異なる。第三は，成立後一生を通じて訂正がきかない非可逆性をもつ。実際ローレンツに刻印づけされた鳥たちのなかには，成長後，彼や彼の家のメイドに求愛行動を示したエピソードもある。

　刻印づけは鳥類に典型的に示される行動であるが，哺乳類にも同様な効果が現れることがある。モルモットやヒツジ，ヤギ，シカなどが人間に飼育されると，同族の動物に対し正常な反応をせず，人間に近づこうとする。ただし，学習に必要な期間はずっと長くかかるし，必ずしも非可逆的とはいえない。しかし哺乳類においても，その種の動物として社会的行動様式を獲得していくためには，発達初期の経験が重要な意味をもつとの指摘ができる。乳児期の項で述べたように，人間においても生後2年目までに，母親（またはその代理者）との間に愛着関係を築くことが大切である（トピックス4-5参照）。

　他方，発達初期に感覚を遮断（しゃだん）して飼育した動物の場合（感覚遮断実験），そ

トピックス4-10

頭をそろえて出発する

≪アメリカで行われた補償教育——ヘッド・スタート計画≫

1965年全米各地でヘッド・スタート計画と呼ばれる低所得階層の就学前の子どもに対する補償教育が，大規模に始められた。ハントは第一に倫理的・道徳的考慮，第二に貧困家庭の子どもの切実な要求，第三に発達過程における可塑性の証拠という三つの背景があったという。

アメリカでは誰もが前期中等教育までを受けられる。しかし低所得階層の子どもたちは，小学校入学の時点ではすでに知能が低く，学習に必要な技能，習慣が身についておらず，勉強についていけずに早々に落ちこぼれていく。学校で脱落した者は，まともな職には就けず，さらに貧困は悪化していく。それらの人びとによる非行・犯罪も深刻である。「貧困の悪循環」を断ち切るためには，学校の勉強についていけるだけの能力を就学前に備えさせる真の意味での平等を確保する必要があると考えられた。

さらに剝奪仮説がこれを支持した。貧困家庭の子どもたちが示す無能，怠惰，無責任は，遺伝によるのではなく，乳幼児期の発育環境が劣悪で，発達に必要な刺激が十分与えられなかったためであるというのである。ハントは「発達初期の環境と経験は，知的発達において重要な意味をもつ」と指摘した。貧困家庭の子どもに補償教育を行い，遅れを取り戻し，小学校では頭をそろえて出発させる（ヘッド・スタート）ことは大きな意味があると考えられた。

具体的方法は，全米各地で各々の学者の発達観に基づいて工夫されたので実に多様であった。その一つ「セサミ・ストリート」の効果についての結果を示す。放置された子どもたちに対しテレビで教育番組を流し知的な刺激を与えることを意図したこの番組は，一時は600万人が視聴したといわれる。

視聴量
A：週5回以上
B：週4～5回
C：週2～3回
D：週1回以下

下層の子どものセサミ・ストリート視聴前後の得点比較 視聴頻度の高い子どもほど成績の向上が大きく，年上の子どもを追い越してしまうこともある。
（井上，1979）

図5 体性知覚の制限を受けるため筒をはめて育ったチンパンジーが30カ月のとき 筒の中では関節はかなり自由に動いたが，触覚経験が極度に限られていた。

の後の知覚発達や学習能力に大きな障害を受けることが明らかにされている。チンパンジーを暗室で飼育したり，四肢に大きな筒をはめて飼育した（図5）実験結果から，ヘッブは，発達初期における環境からの感覚的刺激作用がなければ，生来の神経構造が退化してしまうと述べている。

また動物を隔離して飼育した場合（隔離実験），大きくなってから群へ入れても社会的行動や母性行動がとれないことも示されてきた。ハーロウの実験のアカゲザル（トピックス4-4参照）も，成体となったとき，攻撃的で社会性に乏しく，性行動に困難を伴った。わが国でも生後9カ月のチンパンジーを，人間の家庭で家族の一員として1年半育てた岡野の例があるが，後に仲間集団へ入るのが困難であったばかりでなく，出産・育児ができなかった。

以上の感覚遮断実験や隔離実験は，発達初期に，その動物としてごく普通の感覚刺激・社会的環境を奪われてしまうと，その後の発達が正常に進んでいかないことを示している。人間の場合も，長期間保育器の中で治療を受ける未熟児に，感覚刺激の欠如や母子の接触の欠如による弊害が指摘され，改善が進められつつある。

人間における初期経験の重要性は，**野生児**の記録からも推測できる（トピックス4-12参照）。狼に育てられていたカマラの場合，直立するのに2年半余りもかかり，その後二足歩行も可能となったが，走るときはついに四つん這いの

第4章 発達と教育——育つ心と育てる心

トピックス 4-11

苦労するほど親を忘れない

≪ヘスの刻印づけ実験≫

　ヘスは左下図の装置を用いて刻印づけの条件を実験的に調べた。人工孵化した雛は1羽ずつ別の紙箱に入れられ，実験まで何も見えないようにしておく。実験装置もカーテンで覆われ，雛が実験者に気づかないようにされており，実験後通路の落し穴から再び紙箱へ戻される。実験で用いた「親」は模型のマガモで，内蔵スピーカーから鳴き声を発し，いろいろな速度で動く。孵化後隔離されていた雛は，通路に置かれ，模型を追従し，刻印づけが起こる。

　一連の実験から2点が明らかにされた。まず第一は，刻印づけの臨界期である。刻印づけは孵化後16時間前後で最も生起率が高く，32時間以上経過するとほとんど起こらない。
　第二は，「刻印づけの強さは，その動物が刻印づけの間に費やした努力の程度によって決まる」という点である。通路に障害物を置いたり(右下図)，模型の親の動く速度を変え雛の追従する距離を長くするなど，追従に多くの努力を要するように条件を変えるとより強く刻印づけられた。

用いられた実験装置
(Hess, 1959)

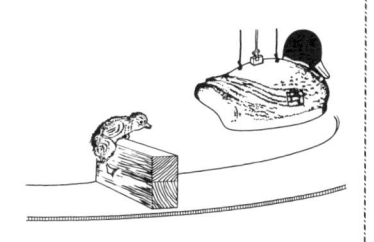

障害物を乗り越える雛
(Hess, 1958)

ままであった。言語も，4年目頃から独特の発声で発語がみられ始め，死亡するまでに45語が使えたが，3語程度の文が話せたにすぎなかった。1799年フランスのアヴェロンの森で発見された少年の場合も，言語の習得や人間社会になじむのに困難をきわめている。野生児は，普通であれば当然な人間の社会的環境で育つことができなかった。ある程度成長してから人間社会へ連れ戻され，教育されたわけであるが，その進歩は非常に遅々としていた。発達初期に人間社会のなかで育つ経験をもたない場合，いかに決定的な打撃を受けるかが分かる。

　初期経験は，その後の発達がその基礎のうえに展開されていく点において，重要性が強調されるのである。しかし人間の教育を考える場合，初期経験が望ましいものでなかったから教育の可能性がないとの悲観主義に陥るのは，性急にすぎるであろう。野生児の例を逆にとらえれば，人間はたった一人でも独自の生活様式を身につけ生き伸びていく高い適応力をもっているということができる。人間は他の動物に比べ可塑性が大きいともいえる。

　心理学における発達研究は，教育の可能性について，教育の方法について，教育対象の理解についてなど，多くの成果をもたらしてきた。教育にあたっては，人間に対する深い愛情とともに，科学的視点をもって臨むことが必要であろう。

トピックス 4-12

狼に育てられた子ら

≪シング牧師による野生児の養育日記≫

1920年，インドのジャングルの狼の穴から2人の女児が捕えられた。以前からジャングルに捨てられた子どもたちを養育していたシング牧師は，狼に育てられていた（と牧師は考えた）この2人を彼の孤児院へ引きとり，カマラ（推定8歳）とアマラ（推定1歳半）と名づけた。3カ月たっても2人は人間社会には無関心で，ときには嫌悪さえ示した。

孤児院へ来て1年足らずでアマラが病死する。1人ぽっちになったカマラの落胆はひどく，食物もとらない。それまでどちらかというと年少のアマラが先に立って行動していたので，カマラの生活は完全に狂い出す。2カ月ほどのシング夫人の献身的な世話でようやく立ち直り，以後夫人に少しずつ愛着を示す。数年かかって徐々に人間らしい変化――2本足で歩く，要求やイエス・ノーを動作で示す，服を着る，所定の場所で排泄する，簡単な用事が分かる，他の子どもたちと交わる，片言を話すなど――をしていったが，1929年病死する。

この記録を読むとき，シング夫妻の深い愛情に根ざした養育により，野生の少女が極めてゆっくりとではあるが人間的になっていく様子に心を打たれるのである（なおベッテルハイムは，動物が人間の子を育てるというのは神話にすぎず，野生児として報告されている例は親に遺棄された凶暴な自閉症児であると反論している，1967）。

(Singh & Zingg, 1966)

1年近くかかりシング夫人の手からビスケットをもらうようになったカマラ　移動は四つの手足で走るか，両手と両膝で這った。

第 5 章 性格と異常心理

《心のやまいとパーソナリティ》

　社会には，人間の異常な心理に関連したいろいろな現象がある。たとえば，新聞を見るだけでも，自殺，いじめ，犯罪など，異常心理をめぐる記事が顔を見せない日はない。異常な心理現象にはどんな種類があり，それらはなぜ起こるのか。また，どのように治療・予防すればよいのだろうか。

　精神医学は精神の異常を表1のように分類している。本章ではこのなかから，特に出現率の高い，統合失調症，躁うつ病，神経症を取り上げ，その症状・原因・治療について述べることにしたい。ところで，精神の異常と正常は，裏表の関係にある。心理学でも，異常な心理現象を扱う分野（精神医学，臨床心理学，異常心理学，心理療法）と，正常者の性格やその測定を扱う分野（人格心理学，心理測定理論）は，互いに密接に関連しながら発展してきた。そこで，本章のトピックスでは，後者の代表的な理論について解説することにした。

表1　精神障害の種類と出現率

精神病		神経症，人格異常およびその他の非精神病性精神障害	
器質精神病状態(老年期器質性精神病,アルコール精神病など)	5.9%	神経症	25.5%
		人格異常	2.6%
		アルコール依存，薬物の依存・乱用	2.3%
統合失調症	27.7%	精神的要因による身体的状態(心身症など)	1.4%
躁うつ病	16.4%	急性ストレス反応,不適応反応	3.9%
その他	7.8%	他に分類されない行為障害(非行など)	0.2%
		その他	7.7%
精神薄弱	1.1%		

精神障害の分類は，1977年に世界保健機構(WHO)が作成した第9次国際疾病分類(ICD-9)による。数値は，18歳以上の精神科神経科受診患者330例の内訳を示す。　　　　　（花田・高橋，1982）

表2 統合失調症における二つの症候群

	Ⅰ型 陽性症状（異常な心理現象）	Ⅱ型 陰性症状（正常機能の減少・欠落）
特徴的症状	幻覚，妄想 自我障害（作為体験，自我漏洩体験）	連合弛緩　自閉　感情鈍麻 意欲低下　会話の貧困
最も多い病型	急性統合失調症	慢性統合失調症，"欠陥"状態
精神病薬	良好に反応する	それほど反応しない
症状の経過	可逆的で，知能の障害はない	非可逆的で，ときに知能の障害はある
病理過程（推定）	脳におけるドーパミン系の過剰活動	脳における細胞の減少と構造的変化

(Crow, 1980；岡崎・太田, 1982)

§1　統合失調症

　統合失調症は，人口の約0.7％の人に生じる精神病で，大部分が30歳以前に発病する。統合失調症については，遺伝学，脳の生化学や組織学，心理学（トピックス5-1と5-4参照），社会学など，多くの面から研究されているが，唯一の決定的な原因はまだ証明されていない。クロウは表2に示すような，2症候群仮説を提唱し，症状・原因・治療を幅広く統合しようとした。彼によれば，統合失調症は，陽性症状を主とするⅠ型と，陰性症状を主とするⅡ型に分けられ，両者が併存することも多いという。

　陽性症状は，主として病気の初期（急性期）にみられる。**幻覚**のなかでは，対話性幻聴（幻聴が自分に話しかけたり，自分のことを噂し合っている人の声が聞こえる）や，自分の行為に口出しする幻聴などが統合失調症に特徴的である。**妄想**とは，合理的根拠なしに生じ，他人に説得されても訂正されない誤った確信のことである。統合失調症では，「人が自分を見張り，追いかけ，迫害する」といった，外界の出来事を自分に被害的に関係づける内容が多い。また，作為体験や自我漏洩体験などの**自我障害**（トピックス5-2参照）もみられる。

　一方，**陰性症状**は，病気の慢性期に目立つ。ブロイラーによれば，統合失調症では，個々の要素的機能（感覚，記憶，運動など）は正常である。しかし，

それらを統合し，人格をまとめている連合機能がゆるむ。この**連合弛緩**のため人格の統一を失い，個々の機能は分裂する。そこで，ブロイラーはこの病気を精神分裂病（統合失調症）と命名したのである。**自閉**とは，内面の主観的世界に閉じこもり，外の現実と生きた接触を失うことである。このため人を避け，学校や勤めを休み，家に引きこもったりする。たとえ社会的に活動していても，他人との心の交流をもたない。その他，喜怒哀楽の感情が乏しくなる感情鈍麻，意欲低下，会話の貧困などの症状のため，生活が無為でだらしなくなったりする。

　次に，原因と治療について述べると，Ⅰ型の陽性症状は，脳の生化学的異常によるという。神経細胞においては，細胞の末端と，次の細胞の先端の間に，10万分の2ミリほどのすきま（**シナプス間隙**）がある。前の細胞が興奮すると，細胞の末端から**神経伝達物質**がすきまに放出され，それが次の細胞のところに流れて興奮を伝える仕組みである。神経伝達物質の種類には，ドーパミン，セロトニン，ノルアドレナリンなどがある。このうちドーパミンの活動が過剰となり，脳の神経細胞の興奮が伝わりやすくなった状態が，統合失調症の陽性症状であるという。その根拠は，陽性症状を抑える薬物は，選択的にドーパミン系の活動を抑えるものであること，またドーパミン系を過剰に活動させる覚醒剤を乱用し中毒になると，統合失調症と似た症状が出ることなどである。だから，薬物でドーパミン系の活動を抑えれば，陽性症状は消えるわけである。

　一方，Ⅱ型の陰性症状は，クロウによれば，脳における細胞の減少と構造的変化によって生じるとされる。この仮説の根拠は，CTスキャン（X線断層撮影）などで調べると，陰性症状をもつ統合失調症患者の脳には萎縮がみられることなどである。一度減少した細胞は再生しないから，陰性症状は，なかなか元に戻りにくいと説明される。陰性症状は，薬物治療では効果が少なく，治療は，生活療法（作業，レクリエーション，生活指導を通して，自閉に向かう患者に働きかけ，生活の自律を図る治療）や心理療法が主となる。

トピックス5-1

性格を二つのタイプに分ける

≪クレッチマーの気質類型論≫

人の性格を，一定の基準によって，タイプに分ける考え方を性格類型論と呼ぶが，最も有名なものは，ドイツの精神医学者クレッチマーによる，分裂気質と躁うつ気質の区別である。

下表のように，分裂気質の基本特徴は，内閉性（自分の内と外を分け，内面の殻に閉じこもりやすい性格）である。このうえに，敏感性と鈍感性という対立した性質を同時にもつ。躁うつ気質の基本特徴は，同調性（裏表のない開放的な性格）であり，そのうえに，高揚と抑うつという気分の変動がみられる。作家や学者など傑出した人物の人格と創造の関係を精神医学的に研究する病跡学（パトグラフィ）という分野がある。

気質を調べる性格テストとしては，わが国の佐野らが作成した「精研式パーソナリティ・インベントリ」がある。

分裂気質と躁うつ気質は，正常範囲の性格特徴である。これらの気質が異常に強く表れた場合は，分裂病質と躁うつ病質と呼ばれ，それぞれ統合失調症と躁うつ病によくみられる。クレッチマーらは，6万人以上を対象とした多方面の研究から，気質や病質が，体格や体質と密接に関連することを明らかにした。このことから彼は，気質や病質の基礎には，遺伝や内分泌などの生物学的過程があると考えた。

(Kretschmer, 1955)

分裂気質と躁うつ気質の比較

		分裂気質	躁うつ気質
性格特徴	基本特徴	内閉性（非社交的，静か，まじめ，変人）	同調性（社交的，善良，親切，温厚）
	感性と気分	敏感性（臆病，恥かしがり，感じ易い，神経質，興奮し易い，自然や読書好き）鈍感性（従順，気立よし，正直，落着き）	高揚気分（明朗，ユーモアがある，活発，激しやすい）抑うつ気分（寡黙，平静，陰うつ，気弱い）
特徴	社会的態度	自分の内に引きこもり，自己と世界を対立させ，周囲から身をひく，冷やや	周囲の世界にとけこむ，裏表がなく，愛想よく，気立てよく，自然で直截
	正常人の例	感覚の繊細な人，孤独な理想家，冷たい支配者，利己的な人，無味乾燥で鈍感な人	多弁な陽気者，ユーモアの人，無口だが情趣豊かな人，気楽な享楽家，行動的な実行家
	運動性	刺激と反応がしっくりと結びつかない	刺激に対する反応が円滑で自然

表3　躁うつ病の症状

		躁状態	うつ状態
感情	気分	爽快，機嫌がよい，おこりっぽい	憂鬱，悲しい，淋しい，不安，いらいら
	身体感情	身体の調子がいい，疲れを感じない	身体の調子が悪い，健康感がない
	自我感情	高まる，自分を実際以上に評価　自信過剰，楽観的	低まる，自分を実際以下に評価　劣等感,悲観的,絶望的,自分を責める（自責）
意欲	個人面	意欲が高まる，多弁，多動	意欲低下，おっくう(制止)，寡言，寡動
行為	社会面	動かずにいられない，精神運動興奮　脱線行為，やりすぎ，外出，濫費	じっとしていられず徘徊，昏迷　厭世的，虚無的，家に閉じこもる，自殺の危険
思考	形式面	観念奔逸，テンポが速い	思考制止，テンポが遅い
	内容面	誇大的	微小妄想(罪責，心気，貧困の妄想)
身体		不眠(早朝覚醒)，食欲や性欲の亢進	不眠，食欲不振，日内変動(朝方調子が悪い)

(大熊，1980)

§2　躁うつ病

　躁うつ病は，感情病とも呼ばれ，人口の約0.5％の人に生じる精神病である。症状には，表3のように，躁状態とうつ状態とがある。両方を繰り返す両極型と，一方だけを示す単極型がある。最も多いのは単極型うつ病である。

　躁うつ病の原因も，決定的なものはまだ証明されていない。生化学的には，前述した神経伝達物質のうち，セロトニンとノルアドレナリンの活動が，過剰になり脳神経の興奮が伝わりやすくなると躁状態が起き，逆に，活動が過小になるとうつ状態が起きるという仮説が有力である。躁うつ病になりやすい性格としては，**躁うつ気質**（トピックス5-1参照）のほかに，**執着気質**（凝り性，几帳面，義務感が強い，仕事熱心といった性格）も知られている。

　躁うつ病の治療は，まず薬物療法が行われる。うつ病患者に対する心理療法の原則は，笠原によれば，次のとおりである。

(1) うつ病患者は，自分を心の病気とは考えず，自分の罪，落ち度，怠慢，身体の病気とみなし（これを**微小忘想**という），自分を生きる値打ちのない人間だと考える。だから，うつ病という「病気」であることを

トピックス 5-2

私がこわれるとき

≪ジェームスとヤスパースの自己理論≫

一人で日記をつけるとき，他人から見つめられるとき，われわれは「私」というものを意識する。このようなとき，「自分を見ている私」と「見られている私」に分かれていることに気づく。アメリカの哲学者ジェームスは，こうした自己の二側面を区別するため，前者の「見る主体としての私」を主我と呼び，後者の「見られる客体としての私」を客我と呼んだ。

ジェームスは，客我の面から自己意識（自己概念ともいう）を分析し，それが，物質的自己（身体，容貌），社会的自己（身分，職業，対人関係），精神的自己（性格，主張，思想）に分かれるとした。

一方，ドイツの精神医学者ヤスパースは，主我の面から自己意識を分析した。彼によれば，正常な人間は，以下のような，自分に対する感覚（自己感覚）をもっているが，何らかの原因によって，それらが失われると，自我障害と呼ばれる異常な心理現象が生じるという。

【所属性の感覚】 人は知覚・思考・感情などいろいろな精神活動を営むが，それらは自分のものであって，他人のものではないという感じのこと。これが失われると，精神活動が自分のものだという感じが薄れるので，離人体験（自分が考えたり行動しているという感じがない）や，強迫体験（ばかげた観念や行為が自分の意志に反して表れる）が生じる。さらには，自分の精神活動が他人に操られる，自分の考えを奪われる」といった作為体験（させられ体験）が生じる。

【境界性の感覚】 自己が，外界や他人と対立し，画然と区別され，明確な自他の境界があるという感じ。これが失われると，自己と他者との区別がうすれ，考想察知（自分の考えが周りの人に見抜かれている感じ），考想伝播（自分の考えが多くの人に知れ渡ってしまう感じ）など，自分の内容が外側へ漏れ出る体験（自我漏洩体験）が生じる。

【単一性の感覚】 自分は今ただ一人であり統一がとれているという感じのこと。これが失われると二重自我の体験（「自分の中にもう一人の自分がいる」）が生じる。

【同一性の感覚】 自分は過去も現在も連続した同一のものであるという感じのことで，これが失われると自己同一性の変化（「自分が何か自分以外のものに変わってしまった」など）を体験する。

なお，客我の内容を客観的に調べるには，WAIテスト（Who Am I？：私は誰か？ という質問に20個の答えを書くテスト）などが用いられ，一方，主我の機能を客観的に調べる方法としては，ベラックらおよび中西らによって開発された自我機能評定法などがある。

(James, 1892；Jaspers, 1948)

表4　神経症の症状

主観面	不安	不安発作（呼吸困難や心悸亢進などの身体症状を伴う，理由のない突然の苦悶感） 慢性不安状態（不安発作が起こるのを予期し，不安が慢性化した状態）
	恐怖	特定の対象や状況で不安になり，抑えられない（①物理的空間に関係した高所恐怖や閉所恐怖，②対人状況に関係した対人恐怖，③物体に関係した先端恐怖，細菌恐怖，不潔恐怖など）
	強迫	ばかげた考えや行為が，自分の意志に反して繰り返し起こる（繰り返し手を洗う洗浄強迫など）
	抑うつ	うつ状態（表3参照）を訴えるが，躁うつ病のうつ状態よりは軽く，不安や焦燥が目立つ
	離人	外界，自分の身体，自分の存在に関して，生き生きした現実感がなくなる
身体面	心気	ささいな身体の異常を重い病気と思い込み，それにこだわる
	転換症状	身体的な異常がないのに，知覚や運動の障害を示す（視力・聴力の減退，痛み，不感症，失立，失歩，失声，ヒステリー性けいれん発作など）
行動面	解離症状	一時的に人格が解体する（二重人格，遁走，生活史健忘など）
	自己破壊行動	自殺，自傷など
	攻撃的行動	児童や配偶者への虐待，両親虐待（家庭内暴力）など
	衝動行動	摂食障害（過食，拒食），薬物乱用，非行など
	無気力的行動	登校拒否，長期留年など

(笠原ら，1984)

本人や家族と確認すること。

(2) 精神的な休息を取り，決してがんばらないこと。

(3) 薬を必ず飲むこと。

(4) 完全に治るには3カ月以上かかることを知っておくこと。

(5) 治療の一進一退に悲観しないこと。

(6) 治療中自殺をしないと誓わせること（うつ病による自殺は，症状の重い時期より，初期や回復期に多い）。

(7) 人生上の大決断（たとえば退職）は保留すること。

§3　神　経　症

　神経症は，精神病と異なり，主に心理的原因によって生じる。症状は，表4のように，主観面，身体面，行動面に分けられる。原因と治療に関しては，さまざまの理論がある。医学的には，神経症を生化学的に解明しようとし，抗不安薬などの薬物で治療する。ここでは，心理学的な立場にたつ三つの理論（精神分析理論，行動理論，自己理論）について説明する。

トピックス 5-3

うつ病からの回復のプロセス

≪精神医学的類型論とMMPI≫

臨床の場面でよく使われる心理テストに，MMPI（ミネソタ多面人格目録）がある。MMPIでは，「お金と仕事のことでくよくよする」といった550個の質問に，そう，ちがう，どちらでもない，で答える。結果は，下図のように，妥当性尺度と臨床尺度によって表される。

まず，臨床尺度は，面接記録や他のテストを参考にして1,000個以上の質問項目を集め，それを，多数の精神科患者と正常成人に答えてもらった。そして，まず，心気症患者と正常者の間で差が出る33個の質問群を選んだ。次に，うつ病と正常者で差が出た60個を選び，次にヒステリーというように，各診断群ごとに，正常者と差が出る質問項目群を選んでいった。臨床尺度の得点は，患者群との類似度を表す。

下図に示した患者のように，うつ状態の場合は抑うつ性の尺度が最も高くなる。なお，正常範囲は70以下である。ところで，この患者はうつ状態では無言で苦しそうだったが，治療して1カ月後，見違えるように明るい顔になった。治療経過を知るために再テストを行うと，破線のように，どの尺度も50前後に下った。

次に四つの妥当性尺度は，テストを受ける態度をチェックするように工夫されたものである。これらの尺度があるので，MMPIは高く評価されている。疑問点は，回答を避けてごまかす態度，虚構点は，意図的に自分を良く見せようとする態度を示す。妥当性得点は，自分を悪く見せる態度や，質問の意味の理解不足を示し，K点は，無意識に自分を良く見せる態度を表す。図に示した患者では，うつ状態では，回答を避け，自分を悪く見せようとしている。しかし，回復時には，虚構点が高く，意図的に自分を良く見せようとしている。治療によって，自己評価の態度が一変していることが分かる。各妥当性尺度の得点があまり高すぎる場合は，テスト全体の結果も信頼できなくなる。

（日本MMPI研究会，1969）

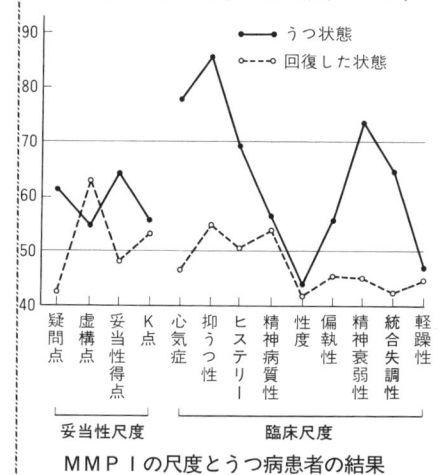

MMPIの尺度とうつ病患者の結果
（たて軸は標準得点を示す）

§4 精神分析理論

フロイトが提唱した精神分析理論では，神経症の症状を，抑圧された無意識の欲望の表れであると考える。

フロイトによれば，人間の心は，図1のように，エス，自我，超自我の三つの領域に分けられる。**エス**とは，無意識の世界のことで，露骨な性的欲求，自分やものを破壊したい欲求など，本能的エネルギーのるつぼである。フロイトは，このうち，特に性愛の欲求を**リビドー**と名づけ，人が生きる基本的原動力であると考えた。エスは，外界の現実を考えず，道徳的規範を無視し，盲目的にただひたすら快感を求めようとする（快感原則）。**自我**とは，主に意識できる自分のことを指す。自我は，外界を知覚し，適当なときまで欲求満足を延期するなど，エスの欲求を効率よく満たす（現実原則）。**超自我**とは，両親からの要求や禁止が内面化された道徳的規範や良心，理想のことである。

性的欲求(リビドー)は，満足を求め，無意識(エス)から自我に上ろうとする。そのとき，超自我が欲求を**検閲**する。超自我が認めた欲求は自我に受け入れられるが，認められない欲求は意識下に閉め出される。これを**抑圧**という。抑圧は，ふつうの人にもみられる。たとえば，夢の中では，超自我の検閲が弱まるので，昼間には抑圧されていた欲求が表れやすい。つまり，夢は隠れた願望の表現なのである。

ところで，自我は，外界と無意識(エス)と超自我を適切に折り合わせる調整役である。しかし調整に失敗すると，自我は，これらによって脅かされる。第一に，危機的な状況におちいったり，欲求不満になると，外界は自我に脅威を与える。第二に，抑圧があまり強すぎて，満たされない欲求が無意識(エス)にたまると，それは衝動となって，自我を圧倒しようとする。第三に，道徳的規範に反して

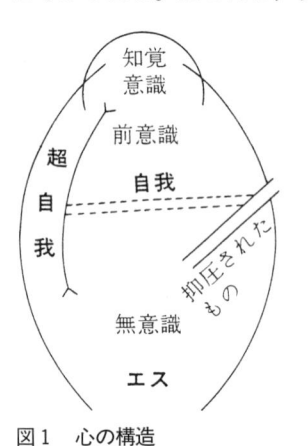

図1　心の構造
　　　　(Freud, 1933)

トピックス 5-4

子ども時代の性欲が大人になっても残る？

≪フロイトの性欲発達説と性格類型論≫

フロイトは，性欲を人が生きる基本的原動力とみなし，性欲は子どもにもあると考えた。ただし，成人の性欲が，性器による異性との性交為によって満たされるのに対し，子どもの性欲は，性器以外の粘膜部位も性感帯となり，相手を求めない（自体愛）。性感帯は，下表のように，口唇，肛門，男根，性器の順で発達する。

男根期には，男児は母親を独占しようとし，父親を邪魔に感じるようになる。ここには，近親姦願望，同性の親への敵意，罰せられる不安（去勢不安）の三つの心理的要素がある。この心理は，父を殺して母と結婚し，自分の目を突いたギリシャ神話のエディプスと似ているので，エディプス・コンプレクスと呼ばれる。このような幼児性欲は6歳頃から一時休止し，潜伏期に入る。子は親に屈服し，エディプス・コンプレクスは抑圧され，超自我が形成される。この抑圧のため，大人になると幼児期の性的体験を忘れてしまうのだという（幼児期健忘）。12歳以降になると成人の性器期に入る。

ふつうは，一つの発達段階の性欲が満足されてから，順に次の段階に進み，それらが統一されて，最終的に，バランスよい成人性欲として開花する。しかし，ある発達段階において，性欲が満たされない経験や，過度に満たされた経験があると，成人になっても，その小児的性欲を満たそうとする性格が残る。これを固着と呼ぶ。たとえば，土居は，日本人特有の性格として甘えの心理を挙げ，これを口唇期に固着した性格と考えた。また，フロイトは，几帳面，節約家，頑固といった性格を肛門性格と呼んだ。これは，肛門期に性欲が固着したので，成人しても，肛門期と同じ満足法にこだわるために生じるとした。つまり，几帳面は大小便をきちんと始末する快感，節約は大便をためる快感，頑固は大便を出そうとしない快感を追い求めるなごりだという。さらにフロイトは，精神障害を，固着・退行のあった発達段階によって分類している。

(Freud, 1905；1908)

フロイトの発達段階と性格，精神障害との対応

発達段階	年齢(歳)	性的快感	固着した場合の性格	退行による症状
口唇期	0〜1	母の乳房を吸う快感，噛む快感	甘え，依存的，無力感	うつ病
肛門期	1〜3	便を出す快感，便をためる快感	几帳面，節約家，頑固	強迫神経症
男根期	3〜6	幼児自慰の快感，排尿の快感	虚栄的，攻撃的，消極的	ヒステリー
(潜伏期)	6〜12	(性的体験や関心は抑圧される)		
性器期	12〜	異性愛による性器の快感	固着のない健全な性格	

行動すると，超自我によって非難される。このような場合，自我は強い不安にさらされる。そこで，この不安を解消するために，自我は，無意識のうちにいろいろな手段をとる。これを**防衛機制**という。最も基礎的な防衛機制は，上で述べた抑圧（不快な考えや感情を意識の外に閉め出すこと）である。また，抑圧を補う防衛機制としては，**逃避**（空想や病気に逃げ込むこと），**退行**（トピックス5-4参照），**置き換え**（上司への怒りを子どもやペットに向けるなど，特定の人やものへの感情を別の対象に向けること），**投射**（自分が相手を憎んでいるのに，逆に相手が自分を憎んでいると思い込むなど，自分の感情を相手のせいにすること），**昇華**（反社会的な欲求を社会的な方向に向けること），**反動形成**（嫌いな相手を過度に親切に扱うなど，欲求と逆に行動すること）などがある。

防衛機制が成功すると不安はしずまるが，失敗すると，不安はさらに強まる。これが神経症の不安症状である。この不安を抑圧するため，他の防衛機制がさらに病的に強まることもある。つまり「置き換え」の機制により，不安が，他の対象に置き換えられたものが恐怖症状，自分の考えや行為に置き換えられたものが強迫症状，身体症状に置き換えられたのがヒステリー性転換症状である。このように，神経症症状は，抑圧などの防衛機制によって説明できる。

たとえば，フロイトの患者であった24歳のエリーザベト嬢は，足が痛んで歩けないという転換症状に悩まされていた。足の痛みは彼女の姉が心臓病で死んで以来であった。彼女と面接するうち，以下のことが明らかになった。姉が死ぬ間際，ある考えがエリーザベトにひらめいた。「これで義兄（姉の夫）は身軽になって，私は義兄と結婚できるんだ」と。彼女は義兄を内心愛していたのである。この愛情は道徳的に許されないことであり，彼女は愛情と罪悪感の間で葛藤し，不安を感じた。その瞬間，彼女はこの考えを意識から閉め出した。そして義兄への愛情を，無意識のうちに足の痛みに転換した。実生活では満たされなかった義兄への愛情が，足の痛みによって代理的に満たされた。しかも，病気によって義兄の同情をひき，実際に結婚できるかもしれない。すな

トピックス5-5

外向性格と内向性格のバランス

≪ユングの性格類型論と向性検査≫

　外向的-内向的という性格の分け方は，日常よく使われるが，これを最初に体系化したのは，スイスの精神分析学者ユングである。ユングは，関心や興味が，外界の事物や人など，客観的なものに向けられている人を外向型，逆に，関心が自分の内面や主観に向けられている人を内向型と呼んだ。たとえば，何かを決める場合，常識とか状況，他人の意見などに従う人は外向型であり，自分自身の考えに従う人は内向型である。

　外向型-内向型は，意識上の態度の分類であり，無意識では逆の関係になる，とユングはいう。下図のように，外向型では，関心は客観的な現実に向けられ，主観的なものへの関心は意識下に抑圧される。だから，外向型の人の無意識は内向的である。逆に内向型の人の無意識は外向的である。ふつうは，意識上の関心が外向か内向に偏りすぎると，無意識の関心が強まって補おうとする（意識と無意識の相補性）。意識上の関心はよく発達しているが，無意識の関心は，原始的で未発達である。ふだん外向型の人が，時にふさぎこんだり，内向型の人が急に権力志向になったりするのは，このためである。さらに偏ると，無意識の補償が意識を妨害するようになる。これがヒステリーや精神衰弱などの神経症である。そこで，ユングは，神経症を治すには，意識上の偏りを自覚し，自然の相補性を取り戻せばよいと考えた。

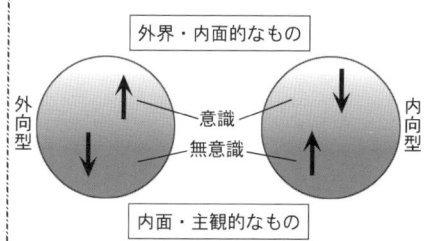

　のちに，外向か内向かを客観的に調べる向性検査が多く作られた。わが国でも，淡路・岡部式，田中式，田研式などの向性検査がある。向性検査では，相補性を仮定せず，意識上の外向と内向の割合を量的に測ろうとする点，対人場面での向性を重視する点など，向性の考え方は，ユングのそれとかなり違っている。

　向性検査を用いた研究例としては，大学生の向性を調べたものがある。文科系では，理科系に比べ，外向型の比率が高いことが分かる。また，結婚相手や友達を選ぶとき，よく人は自分と反対の性格の相手を選ぶ（補足的結合）といわれる。しかし，古籏らによれば，向性検査を用いた研究結果では，むしろ同じ向性をもつ者を選ぶ場合（類似的結合）が多いという。似た相手の方が理解しやすいためである。

(Jung, 1921)

意識と無意識の相補性
（↑は外向的，↓は内向的関心の方向を示す）

わち，彼女は，痛みによって無意識に性欲を満たしていたことになる。だから，たとえ苦しくても，痛みは治らなかったのである。つまり，性的欲求（義兄に対する愛情）は意識すると不安なので，意識から抑圧された。しかし，性的欲求は身体症状（足の痛み）に置き換えられて意識に表れ，いわば代理として満足を得ていた。これが彼女の症状の意味である。

そこで，フロイトはエリーザベトにこう指摘した。「あなたは，前から義兄さんに恋をしていたのです」。はじめ彼女はこの考えを拒否したが，フロイトの治療によって結局は受け入れ，それとともに足の痛みは軽くなったという。つまり，抑圧された無意識の欲求を意識化しようとすると，強い抵抗があるが，意識化に成功すれば，症状は消えるのである。このために，フロイトが体系化した方法が**精神分析療法**である。治療の技術には以下のものがある。

(1) **自由連想法**：何でも頭に浮かぶことを選ばず治療者に話す方法で，これは，防衛をゆるめ，抑圧を意識化しやすい状態（治療的退行）に導くためである。

(2) **抵抗分析**：抑圧を意識化する際の**抵抗**には，たとえば，黙り込む，拒否する，ある話題を故意に避けるなど，いろいろなかたちがある。治療者は，患者の抵抗を分析することにより，抑圧や防衛機制のあり方を明

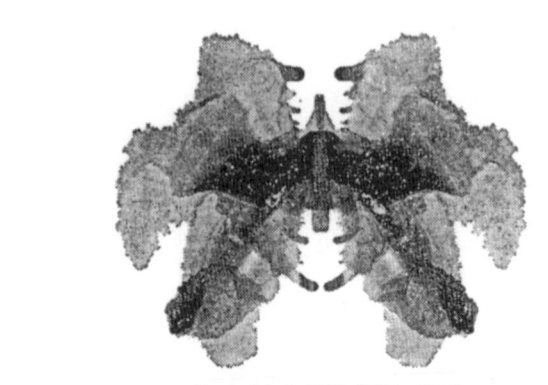

インクのしみの例（須田，1983）

トピックス5-6

インクのしみで心の深層がみえてくくる

≪ロールシャッハの性格類型論とインクブロット・テスト≫

深層の性格を調べるテストとして有名なのが，ロールシャッハ・テストである。このテストでは，10枚のインクの「しみ」を見て何に見えるかを答える。「しみ」の絵は，1921年，スイスの精神医学者ロールシャッハによって作られた。10枚のうち，5枚は白黒，5枚は赤など色彩がついている。非常にユニークな絵なので，現在まで60年以上，同じ絵が世界中で使われている。この絵は公開しない原則なので，ここでは似せた絵を左頁下に示す。

答えは，主に三つの観点から整理する。①反応内容（何を見たか），②反応領域（絵のどこに見たか），③反応決定因（どんな点からそう見たか）である。たとえば，この図で「全体が蝶に見える」と答えれば，①動物，②全体，③形と分類される。また「上の中央部分は，2人が何かしゃべっている」と答えれば，①人間，②部分，③運動となる。

この分類に基づいて深層の心理を解釈するわけだが，現在は多くの解釈法がある。ロールシャッハ自身は，③の反応決定因を重視し，特に運動反応（上の例のように，人間の運動をみる反応）と，色彩反応（「赤いから金魚」のように，色のついた絵で，色彩を手がかりにする反応）に注目した。そして，これらの反応の量によって，表1のように，人を四つの類型に分け，体験型と呼んだ。このうち，運動型と色彩型の性格は，表2のように，対照的である。両者は，それぞれ，ユングのいう内向型と外向型に似ている。ロールシャッハ自身は否定するが，彼はユングの影響を強く受けたといわれる。また，等価型はバランスのとれた性格，両貧型は精神内容が空虚といわれる。

なお，日本の文学者21人にテストを実施した片口によれば，三島由紀夫や中村真一郎らは運動型，佐藤春夫や江戸川乱歩らは色彩型，武者小路実篤や野間宏らは等価型であったという。

(Rorschach, 1921)

表1　体験型

		色彩反応 多	色彩反応 少
運動反応	多	等価型 17%	運動型 62%
運動反応	少	色彩型 21%	両貧型 2%

数字は一般成人の比率を示す。(高橋・北村, 1981)

表2　運動型と色彩型の比較

	運動型	色彩型
知能	個性的	紋切型
能力	創造的	模倣的
生活	内面的	外面的
情緒性	安定	不安定
適応力	貧弱	良好
情緒交流	深い	広い
運動能力	安定	不安定
動作	不器用	器用

らかにしていく。
(3) **転移分析**：しばしば患者は，治療者に対して，子どもっぽい個人的感情（友情，賛美，恋愛，非難，憎悪，軽べつなど）を向けてくる。治療者は中立的立場をとるから，この感情は現実にそぐわない。この感情を**転移**という。フロイトははじめ，治療を妨害するものとして転移を避けた。しかし，後に彼は，転移が患者の父や母に対する未解決のまま持ち越された感情や願望を表すことに気づいた。つまり，患者は，無意識に治療者を自分の父や母とみなし，彼らに対する感情を治療者に置き換えるのである。だから，治療者は転移分析によって，患者の幼児期の親子関係（トピックス5-4参照）を明らかにする。
(4) **徹底操作**：治療者は抵抗や転移の分析から，患者の抑圧，不合理な防衛機制，症状の意味を明確にし，それを指摘する。これを**解釈**という。解釈によって，患者自身がこれらを意識化（**洞察**）できれば，症状は消える。解釈や洞察を何回も操り返す過程を，徹底操作という。治療が終わるには，1～3年かかることもまれではない。

§5　行動理論

この理論は，第3章で述べられた学習理論とその実験に裏づけられたものであり，神経症の症状を，誤って学習された行動であると考える。

行動理論では，人間の性格とか自己というものも，学習の原理（古典的条件づけ，オペラント条件づけ，観察学習）に従って，後天的に獲得された習慣の束にすぎないと考える。ただ，学習のしやすさには，脳神経系の違いに基づく個人差があり，これが性格の違いを生み出す（トピックス5-9参照）。したがって，神経症の症状も例外ではなく，学習の原理に従って，獲得されたことになる。

この説を裏づけるワトソンの古典的な実験がある（トピックス3-2参照）。生後11カ月のアルバート坊やは，はじめ白ネズミやウサギを怖がっていな

トピックス5-7

性格テストで社長をチェックすると

≪ギルフォードの性格特性論とYGテスト≫

　心理学の実習や入学・入社試験などで，YGテスト（矢田部・ギルフォード性格検査）を受けたことのある人は多いだろう。YGテストでは，「人中では黙っている」のような，120個の質問に対して，はい，いいえ，どちらでもない，で回答する。その人の性格は，下図のように，抑うつ性（D），気分の変化（C）などの12個の性格特性で表される。たとえば，下図は，短い間に企業を急成長させた経営者と，業績が伸び悩み停滞している衰退企業の経営者の比較である。前者は，後者に比べ，劣等感小，協調的，攻撃的，のんき，思考的外向，支配性大，社会的外向などの性格をもつことが分かる。

　さて，YGテストの12個の特性は，どのようにして作られたのだろうか。

　アメリカの心理学者ギルフォードは，計量心理学（心理現象を量的に測定し，数学的に処理する理論）を体系化したことで有名である。彼は，性格についても，数量的で整合的な理論を作った。当時，外向-内向を計る向性検査が多く作られていたので，彼は，まずそれらを，因子分析という数学的方法を用いて，再検討した。その結果，向性とは，STDCRという五つの特性からなることを実証した。次に，向性以外の性格特性について因子分析し，GAMINテストを作った。STDCR，GAMINとは，Sが社交的内向，Tが思考的内向というように，各文字が，それぞれ，図のYGテストの各記号と対応する（Mは男性度）。さらに，社会的適応度の3特性（O，Co，Ag）が後に見つかり，計13個の性格特性が，数学的に抽出された。こうして作られたテストの原理を因子的妥当性という。ギルフォードの13特性のうち，Mを除く12特性について，わが国の矢田部，辻岡らが作成したのがYGテストである。

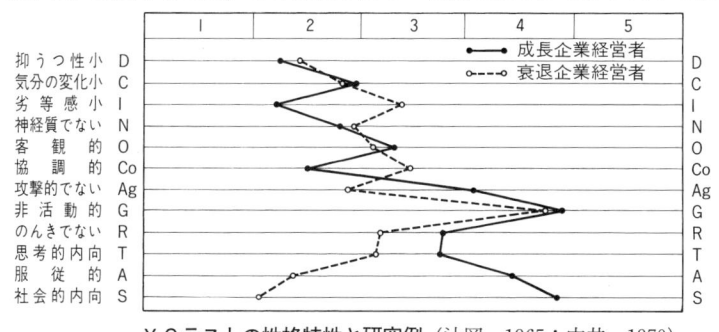

YGテストの性格特性と研究例（辻岡，1965；中井，1970）

かった。ワトソンは，アルバートに白ネズミを見せながら後ろで大きな音を出し，アルバートをびっくりさせた。これを何回か繰り返すと，アルバートは白ネズミを見るだけで泣き出すようになった。つまり，古典的条件づけによって，白ネズミは恐怖を引き起こす条件刺激に変わったわけである。このことは，恐怖という神経症の症状が学習された結果であることを示している。また，アルバートは，単に白ネズミだけでなく，ウサギ，毛皮コート，大人のヒゲなど，似たような刺激一般に対しても恐怖をもつようになったという（刺激汎化現象）。

また，マウラーは，不安や恐怖をワトソンの実験のように古典的条件づけによって説明し，さらに，強迫症状などをオペラント条件づけによって説明した。つまり，苦痛な体験をしたとき，たまたま何かほかの行動によって苦痛が和らいだ場合，苦痛が和らいだこと自体が強化となってオペラント条件づけが成立する。そして，今度は苦痛を感じそうな不安を予期するだけで，その行動をするようになる。これが強迫症状であるという。さらに，ドラードらは，精神分析の用語を学習理論で説明している。彼らによれば，自我や超自我は学習によって獲得された習慣であり，抑圧は思考の停止を学習すること，置き換えはワトソンの実験にみられた刺激汎化現象のことであるという。

さて，神経症が誰にでも学習できるものならば，逆に，神経症を消すこともできるはずである。これに関してもジョーンズの有名な実験がある。

2歳のピーター坊やは，原因はわからないが，白ネズミやウサギ，毛皮などに対して，ちょうどアルバート坊やと同じような恐怖症状をもっていた。ジョーンズは次のような手続きによって，ピーターの恐怖を消去していった。最初，ピーターにお菓子を食べさせたり抱いたりしながら，4m先にウサギを見せる。それが平気になったら，ウサギを1mずつ近づける（古典的条件づけ）。また，ピーターがウサギに近づくと，実験者はほめる（オペラント条件づけ）。さらに，他の子どもが平気でウサギと遊んでいるところをピーターに見せる（観察学習）。この結果，ピーターはウサギに手を触れて遊べるようになった。

トピックス 5-8

性格のカタログで秀吉と家康を比較する

≪キャッテルの性格特性論と 16 PF≫

　自然には無数の物質があるが，それを構成する元素は，100 個ぐらいしかない。人間の性格にも元素にあたる少数の基本特性があり，その組み合わせによって，百人百様といわれる多様さが出てくる。これが，アメリカの心理学者キャッテルの性格特性論の基本的な考え方である。

　ある調査では，辞書には性格を表す用語が 4,500 語あるという。キャッテルはこれらを分析し，35 群の性格評定リストを作った。このリストで，成人 208 人の生活を実際に観察しながら，性格を評定した。このデータから，因子分析によって 12 個の性格特性を引き出した。さらに，彼は，質問紙の性格テスト，実験的方法なども使い，最終的に，人間の性格特性を，互いに独立した 20 数個にしぼり，これを根源特性と呼んだ。キャッテルによれば，根源特性は元素にあたり，人間の性格を記述するには，この 20 数個の根源特性で必要にして十分である。

　キャッテルは，重要な根源特性を順に 16 個選び，16 PF（16 人格因子質問紙法検査）を作った。このテストでは，「私が好きなのは，控え目な人，どちらともいえない，社交的な人」などの 187 個の質問に答え，結果は下図のような 16 個の根源特性上に表される。根源特性の内容理解のため，中西らが豊臣秀吉と徳川家康を想像して，16 PF 上に評定した例を参考として示す。第 1 特性では，家康が分裂的，秀吉が情緒的である（第 1 特性は，躁うつ気質と分裂気質を示す）。以下，順に下表を参照のこと。

　キャッテルの理論は，これまでの多くの性格研究を包括するものであり，これが客観的な方法によってまとめられた点に意義がある。

(Cattell, 1965)

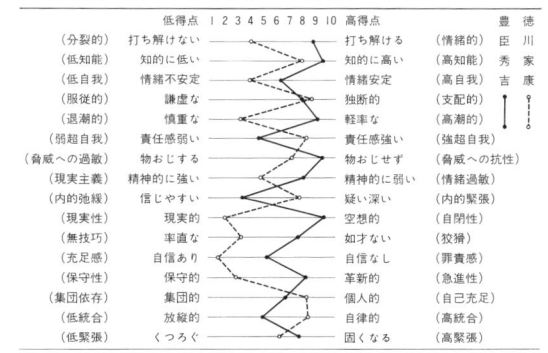

	低得点	1 2 3 4 5 6 7 8 9 10	高得点		豊臣秀吉	徳川家康
(分裂的)	打ち解けない		打ち解ける	(情緒的)		
(低知能)	知的に低い		知的に高い	(高知能)		
(低自我)	情緒不安定		情緒安定	(高自我)		
(服従的)	謙虚な		独断的	(支配的)		
(退潮的)	慎重な		軽率な	(高潮的)		
(弱超自我)	責任感弱い		責任感強い	(強超自我)		
(脅威への過敏)	物おじする		物おじせず	(脅威への抗性)		
(現実主義)	精神的に強い		精神的に弱い	(情緒過敏)		
(内的弛緩)	信じやすい		疑い深い	(内的緊張)		
(現実性)	現実的		空想的	(自閉性)		
(無技巧)	率直な		如才ない	(狡猾)		
(充足感)	自信あり		自信なし	(罪責感)		
(保守性)	保守的		革新的	(急進性)		
(集団依存)	集団的		個人的	(自己充足)		
(低統合)	放縦的		自律的	(高統合)		
(低緊張)	くつろぐ		固くなる	(高緊張)		

キャッテルの根源特性と 16 PF（伊沢ら，1982；関・中西，1981）

表5 不安階層表と系統的脱感作療法の原理

	不安場面のイメージ	治療前	治療初期	治療後期	治療後
A	注射という言葉を聞く	20	0	0	0
B	他人から注射の話を聞く	30	0	0	0
C	注射器の写真を見る	50	10	0	0
D	注射されている写真を見る	60	30	0	0
E	他人が注射されているのを見る	70	40	0	0
F	注射器を見る	80	40	10	0
G	注射器が口に近づく	90	50	20	0
H	注射をされる	100	60	40	0

数字は不安の評定値（海保・次良丸, 1987）

このように，学習の原理に従って適応的な行動習慣を再学習し，これによって神経症の症状を消去しようとするのが，**行動療法**である。行動療法の技法はいろいろ考え出されている。ここでは，ウォルピによって提唱され，最もよく使われている**系統的脱感作療法**を説明する。それは以下の3段階からなる。

(1) 不安階層表の作成：面接によって，患者の症状を客観的に検討する（行動分析）。不安を感じる場面を列挙し，その度合いを数値で評定する。これを順に並べたものが不安階層表である。注射恐怖患者の例を，表5に示す。

(2) 筋弛緩訓練：安楽椅子に座り，腕，顔，肩，胸，腹，背中，足，全身の順に，筋肉に力を入れ，次いで力を抜き，それを繰り返して，筋肉をリラックスさせる訓練をする。数日の訓練によって，全身の筋弛緩ができるようになる。

(3) 系統的脱感作：まず全身を弛緩させ，不安階層表で一番不安の低い場面（表5では「A：注射という言葉を聞く」）をイメージする。イメージが明確になり10秒たったら弛緩をやめる。これを何回か繰り返し，不安を感じなくなったら，次の場面（B：他人から注射の話を聞く）のイメージを思い浮かべ，同じように何回か，筋弛緩を繰り返す。このようにして，不安の弱い場面から始め，次第に強い場面に進む。筋弛緩と拮抗させることによって，不安を少しずつ消去していくのである。表5

トピックス5-9

内向性格の人ほど学習がすすむ

≪アイゼンクの特性類型論とMPI≫

イギリスの心理学者アイゼンクは，性格に関する多種類のデータを，因子分析を使って性格特性にまとめた。彼はさらにこれらの特性を，因子分析を使って以下の三つの類型の次元にまとめた。
(1) 情緒安定性（情緒安定-不安定）
(2) 向性（外向性-内向性）
(3) 精神病性

アイゼンクらは，(1)と(2)を測定するため，MPI（モーズレイ人格目録）という性格テストを作った。MPIでは，「社交的なつきあいをするのが好きですか」といった80個の質問に，はい，いいえ，どちらでもない，で答える。その人の性格は，下図のように，(1)情緒安定性の次元を縦軸とし，(2)向性の次元を横軸とする平面に，一つの点で表される。図は，いろいろな被験者群の平均値を示したものである。正常者群と比べると，精神病質者（人格障害）群と神経症患者群は，どちらも情緒不安定だが，前者は外向的，後者は内向的である。

このような各群の特徴を，アイゼンクは，以下のように脳神経系の特徴から説明する。(1)の情緒安定性は，自律神経系の安定性によって決まる。(2)の外向-内向は，パブロフのいう大脳皮質神経の興奮・制止過程の特徴によって決まる。つまり，外向型の人の神経系は，興奮しにくく飽きやすく，学習が進まない。これに対し，内向型の神経系は，興奮しやすく飽きにくく，学習がよく進む。精神病質者は，もともと不安定で学習しにくい神経系をもつ。だから，規範や抑制力を学習しにくく，情緒不安定になると社会的規範を越えやすいので，精神病質になる。一方，神経症患者は，もともと不安定で学習しやすい神経系をもつ。だから，すぐ情緒不安定になり，不安や恐怖などの症状を学習し，神経症になる。

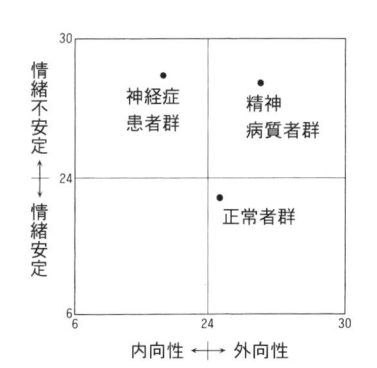

MPIにおける各集団の平均値
(Eysenck, 1959)

(Eysenck & Rachman, 1965)

```
     自己概念  体験              自己概念  体験
```

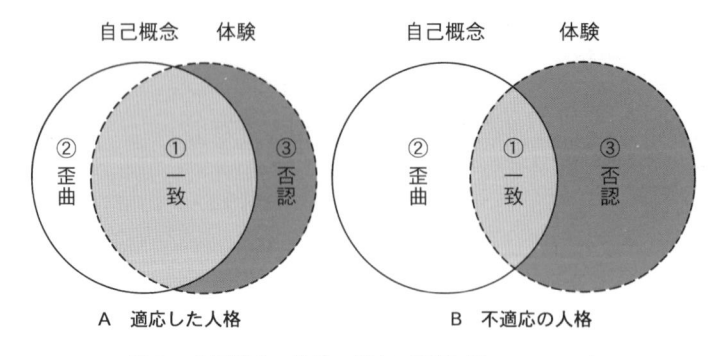

A　適応した人格　　　　　B　不適応の人格

図2　自己概念，体験，適応の関係 (Rogers, 1951)

に示すように，不安の評定値は次第に低下する。数週から数カ月の間に，最も強い不安場面のイメージにも不安を抱かなくなり，実際の場面でも不安がなくなるという。

§6　自己理論

ロジャーズが提唱した自己理論では，神経症を，自己認知のゆがみによると考える。ロジャーズは，どうすれば人の生き方は良い方向に変わるかという治療的観点から，人間のなまの体験に即して現象的に神経症をとらえた。

ロジャーズは，自己について，やや抽象的ではあるが図2のようにイメージ化する。まず，時々刻々と変化する感情や感覚など，その人のいきいきとした**「体験」**全体を，破線の丸で示すことにする。「体験」は流動的なので，われわれは，**「自己概念」**によって，「体験」を概念的・意識的にとらえようとする。「自己概念」とは，自分はこうである，こうしたい，こうあるべきだなど，自分に対する意識的なとらえ方のことである。「自己概念」は，「体験」をねらう照準枠のようなものであり，図では，実線の丸で示すことにする。つまり，われわれは，「自己概念」を柔軟に動かしながら，流動する「体験」をターゲットにして，常に照準を合わせようとし，うまくいけば「体験」を意識化できる。

トピックス 5-10

カウンセリングの答え

《ポーターの治療者態度尺度》

あなたはカウンセラーであると仮定しよう。29歳の女性が相談に来て、次のように訴えた。それに対する五つの答えのうち、あなたならどう答えるだろうか？「私は一人でいるのが怖いんです。とても怖いんです。自殺したくなるんじゃないかと思ったくらいです。自殺したくはないんですけど。でも、とてもゆううつなんです。外へ出ようと思っても、自動車の前に駆け出しはしないかと思って、外へ出るのも怖くなるのです。家にいるのも怖い。自分自身も怖い。医者に行って診察を受けるのも怖いのです。ガンだと診断されはしないかと思って。私の母も祖母も叔母も、ガンでした。ああ、何とかならないもんでしょうか？」

答1 あなたの恐怖心は別として、本当にガンではないか、と思わせる何かの徴候がありましたか？

答2 そんな恐怖心に襲われたら、いつでも私に電話をかけ、私と話をしましょう。相談室へでも、私の家にでも。話をすれば平静な気持ちになれますからね。

答3 ガンかもしれないと考える理由が何かあるなら、あなたは、自分の恐怖心を克服して、医師の診断を受けるように努力しなければなりません。

答4 この恐怖心をもう少し追求してみれば、あなたが考えているほど、現実的なものではないことが分かると思います。あなたは、何かを抑圧し、罪悪感を感じていて、そのために自分自身に罰を加えているんだと、私は思うんです。

答5 こんな恐怖のために、一人でいることができなくなるんですね。

一般の人は、1が多く、2、3、4がそれに次ぎ、5は最も少ない。確かに、1は冷静、2は親身、3は頼もしく、4は知的である。これに対し、5は一見頼りない。ところが、カウンセリングを勉強した人は、逆に、5を選ぶ場合が多い。各答の意味は、1が診断的態度（相手の問題についてもっと知り話し合おうとする）、2が支持的態度（相手に保証を与え安心感を与えようとする）、3が評価的態度（相手の話の正しさや適切さについて判断しようとする）、4が解釈的態度（相手の心理や症状の意味を教えようとする）、5が理解的態度（相手の話の内容や感情、考え方を正しく理解していることを共感的に示そうとする）である。

1～4がカウンセラー自身の立場、5は相手の立場にたとうとする。長い目でみて、相手の生き方を建設的な方に向けるためには、相手の主体性を重視する理解的態度が最も効果的だという。生き方が変われば、彼女は自ら医者へ行き、ガンと対決するだろう。理解的態度は、専門的訓練と努力によって獲得される。

(伊東, 1980；鳴沢, 1975)

図2で，自己概念と体験が一致する①の領域は，自己概念が，体験をうまくとらえて，同化している領域である。①の領域が大きいAのような人は，自分の体験を十分に意識化しており，適応的な人といえる。ロジャーズが，健康な人格の第一条件として「体験に対して開かれている」ことを挙げているのは，このことを指す（トピックス5-11参照）。自己概念は本来，柔軟性をもつが，固定化すると体験の領域からズレてしまい，Bの状態となる。

　Bの状態では，自己概念が自分の体験をとらえきっていない。Bでは，①の領域が小さく，②と③が大きい。②は**歪曲**の領域で，自分が本当には体験していないのにそうだと思い込んだり，そうあるべきだと決めつけている自己概念の領域である。③は**否認**の領域で，自分が本当に体験していることなのに，それが自己概念と合わないので無視され，ありのままには受け入れられない体験の領域である。たとえば，「自分には同性愛感情はない」という自己概念をもつ人が，実際に同性愛感情を感じたとする。Aの状態であれば，「自分の中には，認めたくはないが同性愛感情がある」というふうに，自己概念を変えることによって，自分の感情を受け入れられる。しかし，Bの状態だと，自己概念が固定化しているので，「同性愛的な感情は許せない」のように，自分の感情を無視したゆがんだ自己概念にこだわる（歪曲）。だから，その自己概念と矛盾する同性愛感情を実際に感じたとしても，意識にのぼらない（否認）。

　Bの状態では，周りの人からの期待や，理想とする自己概念にこだわり，自分の本当の体験に対しては，嫌悪したり目をふさいで拒否したりする。自己概念と矛盾する体験や感情が多くなるので，自己概念は脅かされる。しかし，それをどうとらえればよいのかわからないので，混乱しやすく，不安や緊張も強い。つまり不適応状態である。「自分で自分が何を求めているかわからない」「自分では何も決められない」「理想の自己と現実の自己のズレが大きい」などと感じられる。ロジャーズによれば，こうした自己概念と体験の不一致状態こそ，神経症，あるいは広く心理的不適応状態であるという。神経症は，自分の本当の体験や感情を認知する仕方のゆがみ，つまり自己認知のゆがみによる。

トピックス5-11

健康なパーソナリティとは？

≪シュルツの精神的健康論≫

健康な人格とは、どのような人なのだろうか。単に精神病や神経症でないというだけで、健康といえるだろうか？下表に示すように、多くの心理学者が精神的健康について考察してきた。アメリカの心理学者シュルツは、それらをまとめ、共通点を引き出している。すなわち、精神的に健康な人は、自分の生活を意識のレベルで統制（コントロール）でき、自分を客観的にみて、自らの運命を引き受け、仕事に没頭し、目標や使命をもち、創造的で、自ら内的緊張を作り出そうとする。精神的健康とは、精神の障害をもたないといった消極的なものではなく、もっと積極的な意味がある。このため、多くの心理療法は、症状を取り去るだけでなく、さらに進んで、精神的健康に至ることを究極の目的としているのである。

(Schultz, 1977)

精神的に健康な人の特徴

●完全に機能する人間（ロジャーズ）
1　体験に対して開かれている
2　人生を実存主義的に生きている
3　自分自身を信頼している
4　自分に行動選択の自由がある
5　創造的である

●成熟した人格（オルポート）
1　自己感覚の拡大（多くの活動に自分から積極的に関与する）
2　他人と暖かい共感的関係をもつ
3　自己受容し、情緒的に安定している
4　現実をあるがままに知覚する
5　仕事に没頭できる
6　自分を客観化でき、ユーモアが分かる
7　統一的な人生哲学（人生観）をもつ

●自己超越した人間（フランクル）
1　自分の行動方針を選択する自由をもつ
2　自分の態度に対する責任を引き受ける
3　外部の力に影響されにくい
4　自分にあった人生の意味を見出す
5　人生を意識のレベルで統制（コントロール）している
6　創造などにより自分の価値を表現する
7　自己への関心を超越しようと努める

●自己実現する人間（マズロー）
1　現実をありのままに認知する
2　自己受容し、他人や自然も受容する
3　自発性をもつ
4　仕事に熱中する
5　孤独と独立を求める
6　自律的である
7　斬新な観賞眼をもっている
8　至高体験（生命力あふれ、人生の意味が開ける神秘的で圧倒的な恍惚感）
9　社会に対する関心をもつ
10　親密な対人関係が結べる
11　民主的な性格をもつ
12　目標を達成する経過自体を楽しむ
13　敵意のないユーモア感覚がある
14　創造的である
15　慣習よりも自分の内面に従う

●生産的人間（フロム）
1　愛情を通して他人と連帯しようとする
2　創造によって、生命の偶然性や受動性を乗り越えようとする
3　他者との根源的つながりを求める
4　自己同一性（個性）（アイデンティティ）を確立しようとする
5　一貫した世界観をもとうとする

したがって，神経症を治療するためには，図2でいえば，BからAに戻せばよい。つまり，自己概念の柔軟性を取り戻し，自分の体験や感情を，否認や歪曲なく，ありのままに受容すればよいわけである。治療者の仕事は，クライエント（以下，患者という代わりに，来談者という意味でクライエントという）の自己受容を援助することである。これが**クライエント中心療法**である。治療者は，クライエントとの人間関係の質を重視する。治療者に必要なことは，以下の通りである。

(1) 治療者自身が**自己受容**を遂げており，自分に正直であること。
(2) クライエントに対して，**無条件の肯定的な配慮**を体験すること（無条件の肯定的配慮とは，クライエントのありのままを受容することである。「あなたはこういう点では良いがこういう点では悪い」といった，条件つきの評価的態度は，むしろ，自己概念と体験を不一致に導く源になる）。
(3) クライエントに対して，**共感的理解**を体験すること（共感的な理解とは，相手の立場にたって考え，相手の身になって感じることである。単なる同情とか，自分の気持ちを相手に投影することとは違う。つまり，自分のものの見方・感じ方を通して相手をみるのではなく，相手のものの見方・感じ方を通して，相手を理解しようと努めることである。この点は，トピックス5-10を参照）。

こうした治療者との人間関係のなかで，クライエントには，建設的な人格変化が起こる。初め，クライエントは自己概念が狭く，自分の体験に対して閉じられ，他人との親密な交流をもつのを恐れ，いろいろな問題にも興味がもてない。カウンセリングが進むと，自己概念が柔軟になり，体験や感情をまさに自分のものだと実感し，自由で柔軟な自己を取り戻す。自己認知が変化すると行動も変化し，神経症の症状や不適応行動は消える。だから，この段階ですでに神経症は治っているわけだが，クライエントはさらに上の段階へと進むことが

多い。体験の仕方は，さらに柔軟で流動的になり「流れのなかを生きる」ように感じられる。創造的で，他者との関係は開放的になる。クライエントは，もともともっている内的な力によって「十分に機能する人間」（トピックス5-11参照）へと向かう。この，人間が誰でももっている内的な力を，ロジャーズは**自己実現傾向**と呼んでいる。

第6章　対人心理と社会心理

《人間関係の心理》

　私たちの生活はさまざまな人間関係によって支えられている。人間関係はとても複雑なので，そのなかで実際に何が起こっているのか，正しく認識できないことが多い。とはいえ，人間関係にも一定の法則性がある（トピックス6-1参照）。当事者にも自覚できない影響過程について知っておくことは，より深く他者を理解し，無用な誤解や対立を避け，円滑な人間関係を築くうえで大いに役立つことだろう。

§1　対人認知

　「ある人を知っている」というとき，そこには単に外見や容姿から相手を識別できるという浅いレベルから，どのような場面でどのように振る舞いそうか，おおよそ正しく予想できるという深いレベルまで，いくつかの段階がある。

1　瞬間的判断

　私たちは，外から観察できる容貌や表情やその他の身体的特徴に基づいて，相手がどのような人物なのか瞬間的に判断できる。たとえば，表情はその人の感情状態を知る重要な手がかりである。
　最も単純な推論は，相手を**カテゴリー化**することから自動的に導かれる。私たちは相手の容貌や服装などから，その人をある社会的カテゴリーの一員と判断することができる。たとえば，性，人種，年齢，職業などである。人物に関

トピックス 6-1

人が人を殺すとき

≪デイリーとウィルソンの殺人研究≫

　進化心理学では，身体の形態などと同様に，人間の心理的特徴も，生存率と繁殖率（自分と同じ遺伝子をもった子孫の生殖と養育）を高めるうえで役に立っていたからこそ進化してきたと考える。一見，不合理に思われる現代人の行動も，ヒトの先祖が生活していた太古の進化的適応環境のなかにおいてみると違った意味をもっていた可能性がある。デイリーとウィルソンは，進化心理学的視点から現代人の殺人事件を分析している。

【被害者と犯罪者の関係】　繁殖率を高めるためには，自分と血の繋がった個体の生存率を高める必要がある。そのため，血縁者間での殺人事件は少ないだろうと推測できる。そこで1972年にデトロイトで発生した殺人事件690件のうち，被害者と加害者の関係が分かっている508件の内訳をみると，血縁にない知人同士243件（47.8％），見知らぬ者同士138件（27.2％），親類関係127件（25.0％）であった。ただし，親類関係の事件のうち，実際に血の繋がりのある者同士の事件は32例（6.3％）である。他の資料でも，血縁関係者同士の殺人事件は2～6％の範囲にあり，非常に少ないことが分かる。

【男女差】　子孫の養育につぎ込む投資は女性の方が大きいため，男性の繁殖率は配偶者を獲得できるかどうかに依存する。そのため，女性間より男性間で，それも若くて年齢の近い男性間で激しい配偶者獲得競争が繰り広げられる。現代の殺人事件でも，加害者・被害者ともに若い男性が圧倒的に多く，この傾向はどの文化でも変わらない。

【殺人の動機】　人間の場合，男性も繁殖率を高めるために養育に投資する。そのため，女性を惹きつけるうえでも，養育に投資できる余剰資源が必要である。また，名誉や地位も配偶者獲得や子どもの養育のための社会的資源となる。殺人の動機はこの資源と密接な関わりがある。デトロイトで起こった親類関係以外の殺人事件では，強盗殺人の加害者の95％が男性で，相対的に年齢が若く，独身率が高かった。つまり，強盗殺人は余剰資源をもたない若い男性に特異な事件なのである。また，口論などの社会的対立による殺人の加害者は75％が男性であるが，動機別にみるとひけらかし競争の約90％，侮辱や暴力への報復の約80％が男性である。これらも地位や名誉をめぐる男性間競争の激しさを物語っている。

　誰が加害者や被害者になりやすいかを知ることは，殺人の抑止策のヒントを与えてくれる。たとえば，地域によって殺人率は変動するが，最も変動が激しいのは若い男性同士の殺人事件である。このことは，若い男性ほど文化や社会の影響に敏感であることを示唆している。

(Daly & Wilson, 1988)

する十分な情報がなくても，カテゴリーについて一定の知識や経験があれば，それだけでも相手の心理的特徴をある程度まで推測できる。社会的カテゴリーや，そのカテゴリーに含まれる成員と結びついた心理的特徴に関する思い込みのことを，**ステレオタイプ**と呼ぶ。世界には膨大な情報があふれており，私たちにはそれを一つひとつていねいに処理していくだけの時間もエネルギーもない。私たちはステレオタイプ的判断をすることで，複雑な世界を効率よく単純化して認識しているのである。

しかし，対象をカテゴリー化して認知すると，同じカテゴリー成員の類似性は過度に一般化され，カテゴリー間の差異性は強調されるようになる。そのため，ステレオタイプ的判断は正しいとは限らない。また，ステレオタイプの内容は，保守的で現状肯定的な傾向がある。社会的に不利な立場にある社会的カテゴリーの成員（たとえば，女性，マイノリティ，障害者など）に対する**偏見**や**差別**の裏には，根深いステレオタイプがある。アドルノらは，排他的で自集団中心主義傾向が強い**権威主義的パーソナリティ**の人ほど，ステレオタイプ的判断を下しやすく，偏見を抱きやすいことを明らかにしている。

2 原因帰属

人の内面を推測するうえで，最も参考になるのは行動である。行動と内面との関係は必ずしも単純ではない。ハイダーは，人を**素朴心理学者**と考え，人びとが観察した行動の原因を推論する過程を分析した。素朴心理学では，行動は，意図や態度・能力といった**内的要因**と，刺激や状況などの**外的要因**の影響を受けると考えられている。外的要因の影響が強い行動からは，個人の内面を推論することはできない。たとえば，「～ができる」のは，課題（外的要因）より能力（内的要因）が勝っていることを示しており，その人には能力があると判断できる。しかし，課題に失敗した場合は，課題が難しすぎるのか，やる気がなかったのか，能力不足なのか，判断できない。観察された行動からその原因を推論し，その過程で人の内面について判断することを原因帰属と呼ぶ。

ケリーの**共変原理**によれば，観察された出来事から原因を推論する際には，

その出来事の，①**一貫性**（その人は別の状況でも，同じ対象に対して同じように行動するか），②**一致性**（同じ対象・同じ状況で，他の人はどのように行動するか），③**弁別性**（その人は同じ状況で，別の対象に対しても同じように行動するか）に関する情報が参照される。たとえば，ある人は，いつでも（一貫性が高い），誰に対しても（弁別性が低い），他の人より親切である（一致性が低い）とすれば，根が親切な人だと判断できる。もし，特定の人にだけ親切なら（弁別性が高い），その相手との関係（たとえば，相手に対する特別な好意）に原因帰属できる。また，十分な情報がなくても，一度観察しただけの行動からその人の内面を推論できることもある。社会的ルールや規範から逸脱した，社会的に望ましくない行動である。たとえば，会えば必ず挨拶するからといってその人が礼儀正しい人であるとは限らないが，会っても挨拶しない人は無礼で傲慢な人だと判断されるだろう。

実際の原因帰属の過程では，不十分な情報から直感的に判断を下したり，利用可能な情報が十分に利用されなかったり，見る人の感情や動機が判断を左右してしまうこともある。これを**帰属バイアス**と呼ぶ（トピックス 6-2 参照）。

3 特性の推論

ある人物のもつ特性について一定の判断が下されると，その情報に基づいて他の特性にも推論を広げることができる。それは，私たちが諸特性間の関係について一定の知識をもっているからである。これを**暗黙のパーソナリティ理論**と呼ぶ。たとえば，礼儀正しい人は，きっと思いやりのある親切な人だろうと予想することができる。

ある特性から別の特性を推論するもう一つの方法は，**プロトタイプ**を利用することである。プロトタイプとは，一定の特性の組み合わせによって示される典型的人物像についての知識のことである。人がどのプロトタイプに近いかを判断することで，その人がもっている別の特性を推論することができる。たとえば，人物を記述するとき，「彼は典型的な体育会系の学生だ」「彼女は優等生タイプだ」といえば，それだけで一定の人物像を思い描くことができるだろ

う。血液型性格判断も，特性の組み合わせについて誰もがイメージしやすいプロトタイプを提供したことが，広く流行した理由であろう。

パーソナリティ心理学の代表的なアプローチに，特性論と類型論がある。暗黙のパーソナリティ理論とプロトタイプは，それぞれ素朴性格特性論，素朴性格類型論と考えることができる。

4　印象形成

観察に基づいて推論された特性と，さらにそこから推論された他の特性に基づき，その人物の全体的な印象が形成される。

情報統合理論（代数モデル）によれば，全般的な印象の好ましさは，印象のもとになった個々の特性の好ましさの総和または平均に近似する傾向がある。しかし，印象には個々の特性に還元できない特徴が含まれている。アッシュは，ある架空の人物の特徴として「知的な・器用な・勤勉な・温かい・決断力のある・実務的な・用心深い」という性格特性のリストを呈示した場合と，このリストの「温かい」を「冷たい」に変えたものを呈示した場合では，たった一つ違うだけなのに，形成される印象が大きく異なることを明らかにした。もちろん，前者のリストの方が好意的な印象が抱かれやすい。このように，印象は**ゲシュタルト**としての特徴をもち，このリストでは，「温かい-冷たい」を**中心特性**として他の情報が体制化され，全体的な印象が形成されたと考えられる。

第一印象が大切だとよく言われるが，そこには二つの理由がある。一つには，ひとたび印象が形成されると，**初頭効果**のために，その後に得られる新しい情報は印象に沿った意味で解釈されやすいからである（トピックス6-2参照）。たとえば，一度悪い印象を抱かれると，何か良いことをしても，それは「下心からしたこと」「誰でもすること」と思われてしまい，印象は改善されない。第二の理由は，印象にもとづいて相手に一定の行動を期待すると，無意識のうちに期待された通りの行動を相手から引き出してしまう，**自己充足的予言**という現象が起こるからである。ローゼンソールとヤコブソンは，小学生に

トピックス6-2

認知はゆがむ

≪原因帰属と印象形成のバイアス≫

原因帰属や印象形成の過程にはさまざまなバイアスが働き、対人認知は一定の方向にゆがみやすい。代表的なバイアスを紹介しよう。

(1) 帰属過程のバイアス

【根本的帰属錯誤】 帰属過程では、行動に及ぼす外的な状況要因の影響を過小評価し、個人の内的要因（態度や性格）の影響を過大評価する傾向が認められる。ドラマでいつも悪役を演じている俳優は、役を離れても悪人だと思われる。

【行為者-観察者バイアス】 行為者は自分の行動を外的な状況要因に、観察者はその同じ行動を行為者の内的要因に帰属する傾向がある。ある恋人を選んだ理由を聞くと、本人は「相手が優しいから」といった外的要因（相手）に言及するが、第三者は「彼のタイプだから」と、本人の内的要因に帰属する。

【利己的バイアス】 成功は自分の能力や努力に原因帰属し（自己高揚的帰属）、失敗は外的な要因（仕事の難しさ、運の悪さ、あるいは他人）に帰属する（自己防衛的帰属）傾向がある。

【偽の一致性情報の効果】 客観的な一致性情報がないとき、自分の態度や行動は一致性が高く、多くの人と共有されていると考える傾向がある。そのため、自分とは違った行動は、その人の内的属性を反映しているとみなしてしまう。

(2) 印象形成過程のバイアス

【初頭効果】 アッシュは「知的、勤勉、衝動的、批判的、頑固、嫉妬深い」というリストと、同じ内容で呈示順を逆にしたリストを使って印象を比較した。その結果、前者からは好意的な印象が、後者からは非好意的な印象が形成された。リストの初頭部の情報が全体的な印象を方向づけたためである。

【ハロー効果】 人物のある面について評価するとき、一人の人に対する評価を一貫させようとする傾向がある。そのため、ある人に対して基本的に良い（あるいは悪い）印象を抱いていると、すべての面で良く（あるいは悪く）評価しがちである。たとえば、美人だと性格についても好意的に評価される。

【ポジティビティ・バイアス】 一般的に、人は他人のことを好意的に評価する傾向がある。実際、世の中に悪人の数は少なく、またそのような人とは接触しないようにするからである。

【ネガティビティ・バイアス】 ポジティビティ・バイアスによって「多くの人は良い人だ」という前提があるため、人物に関するネガティブな情報はポジティブな情報より重視され、印象に大きな影響を与える。

(Asch, 1946 ; Jones & Nisbett, 1972 ; Miller & Ross, 1975 ; Ross, 1977 ; Ross ら, 1977 ; Sears, 1983)

「1年後の成績の伸びを予想できるテスト」を実施し，テスト結果の良かった数人の子どもの名前を担任教師に伝えた。すると，実際にはデタラメに選ばれた名前であったにもかかわらず，成績が伸びるとされた子どもは，8カ月後のテストで大きな成績の向上を示したのである。教師が指名された子どもに無意識のうちに関心を向け，特別な指導をしていたためである。このように良い期待が良い結果を導くことを，**ピグマリオン効果**と呼ぶ。

§2　対人関係

対人関係は大きな喜びの源泉であると同時に，苦痛の源泉でもある。友人関係や恋人関係のような非公式な関係では，喜びを与えてくれる人との関係は形成されやすく長続きするが，苦痛をもたらす関係は忌避される。

1　対人魅力

対人関係のなかで，他者の好意を惹きつける力のことを，**対人魅力**という。対人魅力の規定因には次のようなものがある。

(1) 物理的近接性

さまざまな移動手段やコミュニケーション手段が発達したとはいえ，関係の成り立ちを決める最も基本的な要因は，物理的近接性，つまり近くにいることである。他の条件が同じなら，近くにいる人ほど友人に選ばれやすい。フェスティンガーらは，ある大学の既婚学生用団地における友人選択の傾向を調査した結果，図1に示すように，住宅間の距離が友人選択の重要な決定因であることを見出した。同様な傾向は，

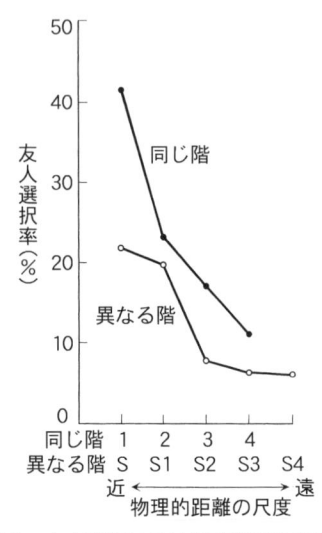

図1　友人選択における近接要因の効果
(Festingerら，1950)

友人選択だけでなく配偶者選択でも，また住居だけでなく教室での座席の位置，職場での担当部署の位置などについても確認されている。

(2) 熟 知 性

相互作用する機会がなくても，ただ顔を見たことがあるというだけでも，魅力を高めることがある。ザイアンスはこれを**単純接触効果**と呼んだ。たとえば，名前は知らないけれども毎週の講義で顔を合わせる人，毎朝同じ電車に乗り合わせる人など，ちょっとしたきっかけで親しくなることがある。初対面の人は警戒心を呼び起こすが，顔を見知っていると安心して接することができるからである。

(3) 類 似 性

「類は友を呼ぶ」といわれるように，態度・価値観・趣味などの点で似た者同士の方が仲良くなりやすい。ニューカムは，大学の学生寮に新しく入った17人の学生の友人選択を追跡した。その結果によれば，入居後1週間では，物理的近接性の影響が強く，近い部屋の人が友人に選ばれることが多かったが，14週間後の調査では，態度や価値観の類似した人が友人として選ばれるようになった。似た者同士が結びつく理由はいくつか考えられる。たとえば，趣味や価値観が同じなら，一緒に行動したり接触する機会も多くなって，親密な関係が成立しやすいだろう。また，ハイダーの**バランス理論**（トピックス6-3参照）によれば，同一対象について類似した態度をもつ人に対しては，好意的な感情を抱くようなダイナミックスが働いていると考えられる。

(4) 好ましい特性

一般に，好感をもたれやすい性格特性と，嫌われやすい性格特性がある。アンダーソンによれば，誠実で，知的で，信頼できる人が好かれ，うそつきで，下品で，意地悪な人が嫌われる。異性間では身体的魅力も重要な魅力の源泉である（トピックス6-4参照）。

2 社会的交換

非公式な個人的人間関係の構造を調べる方法に，モレノの**ソシオメトリッ**

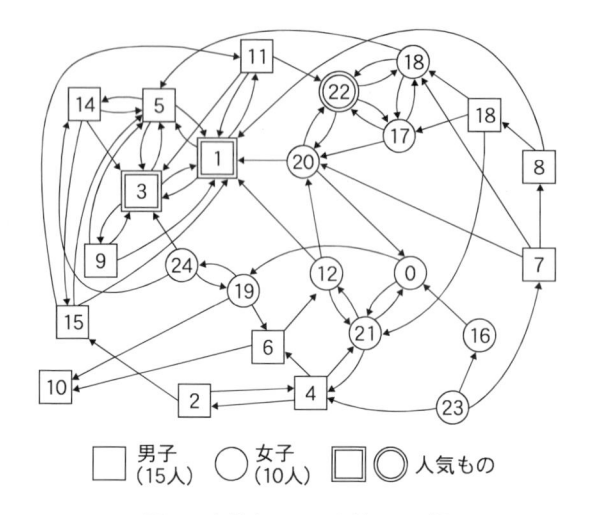

図2 大学生のソシオグラムの例
男子1・3，女子22が人気者，男子7・8・10・18が周辺者，女子23が孤立者。
(田中，1970)

ク・テストがある。たとえば学校なら，クラスの全員に，「教室で隣の席に座りたい人は誰ですか（選択），また隣の席に座りたくない人は誰ですか（排除）」といった質問に答えてもらい，その結果をソシオマトリックスやソシオグラム（図2）に示して，クラス内の人間関係を表す方法である。このテストをすると，どの集団にも次のような特徴が認められる。

(1) 多くの人から選択される人（人気者），誰からも選ばれない人（孤立者），選んだ人と選ばれた人が違う人（周辺者）など，選択・排除されるパターンには個人差がある。
(2) 2人の人の間では，一方的な選択より，お互いに相手を選択し合うことが多い（相互選択）。
(3) 繰り返しテストしても人間関係の構造は安定している。

社会的交換理論では，対人関係のなかでは，商取引のように何らかの資源が相互に交換されていると考える。心理的資源には，金銭や商品，サービスだけ

トピックス 6-3

坊主憎けりゃ袈裟まで憎い

≪ハイダーのバランス理論≫

　ハイダーは，認知者P，それに関係のある人物O，事物または対象Xの三者間関係の認知を扱うモデルとして，POXシステムを提案した。このシステムは，P→O，P→X，O→Xの三つの関係からなり，それぞれポジティブ（＋）またはネガティブ（－）な関係にある。人物と人物の間の関係はセンティメント関係と呼ばれ，好意的・非好意的関係を意味している。一方，人物と事物との間の関係はユニット関係といい，結合・分離の関係である。この三つの関係のうち奇数個の関係が＋（符号の積が＋）であれば，システム全体は均衡し（バランス状態），偶数個が＋（符号の積が－）であれば，システムは不均衡（インバランス状態）にあるといわれる。

　たとえば，私(P)がOさんに好意をもっており(P→Oが＋)，私もOさんもテニス(X)が好きなら(P→X，O→Xが＋)，そのシステムは均衡していることになる。しかし，私(P)はOさんに好意をもっており(P→Oが＋)，Oさんは何匹も犬(X)を飼っているが(O→Xが＋)，私は犬が嫌いだ(P→Xが－)という場合は認知的に不均衡な状態となる。

　バランス理論によれば，認知的に不均衡な状態は，認知者に葛藤やストレスを生じさせる不快な事態として経験されるために，何らかのかたちでシステムを均衡に保とうとするダイナミックスが働く。最も直接的な均衡回復の方法は，システムが均衡するように認知を変えることである。たとえば，この例の場合には，①犬を好きになる（P→Xを＋），②Oさんを嫌いになる（P→Oを－），③Oさんはあまり犬をかわいがらないと認知する（O→Xを－），ことで均衡が回復される。このように，POXシステムの均衡・不均衡は，私たちの対象に対する態度（①の場合），対人魅力（②の場合），対人認知（③の場合）に大きな影響を与える。

(Heider, 1958)

ハイダーのPOXシステム　均衡と不均衡の例

でなく，情報や地位や愛情も含まれる。選択や排除を受ける数に個人差があるのは，資源の量の違いによる。他人に提供できる資源を豊富にもっている人ほど多くの人から選択され，資源がなければ排除される。

では，安定した相互選択はなぜ起こるのだろうか。ケリーとチボーの**相互依存理論**によれば，ある人との関係が望まれるのは，その関係のなかで得られるアウトカム（報酬-コスト）が，満足の基準（**比較水準**）より高く，他の人との関係と比べても（**選択的比較水準**）満足できる場合である。その際，相手もまた自分との関係のなかで得られるアウトカムに満足していることが必要である。そうでなければ，相手は自分とつきあおうとしないだろう。つまり，自分が相手の資源から満足を得るだけでなく，相手もまた自分との関係のなかで満足を得ているような関係ほど，安定し長続きするのである。また，**衡平理論**によれば，両者が獲得するアウトカムに大きな不公平があるような対人関係は，得をする側にとっても，損をする側にとっても不快である。そのため，配偶者選択や恋人選択のような排他的関係では，対人魅力や資源の点で同程度の男女が相互に選択し合い，またそのような関係ほど長続きするという**マッチング現象**がみられる。

3 協力と競争

社会生活のなかでは，人びとの利害は必ずしも一致するとは限らない。利害が完全に対立する場合には，フェアな競争によって決着がつけられる。しかし，利害がからまり合い，どう行動すべきか迷う場合もある。その代表が**囚人のジレンマ**と呼ばれる状況である。これは次のような話がもとになっている。

強盗事件の容疑者として，2人の共犯者が軽微な犯罪で別件逮捕され，それぞれ別室で検事の尋問を受けることになった。容疑者には，「黙秘する」と「共犯証言する」という2通りの選択肢がある。共犯証言とは，共犯者の一方が自発的に共犯を証言すれば減刑され，証言しなかった犯人には不利になるという制度に基づく自白のことである。この場合，もし2人とも黙秘を続ければ，軽微な別件の罪だけで双方とも1年の刑を言い渡される。もし，2人とも

トピックス 6-4

恋愛のトライアングル

≪スターンバーグの三角形理論≫

　スターンバーグによれば，男女間の恋愛は，①親密さ，②情熱，③決定/コミットメントの，三つの成分から構成され，下図のように各成分を頂点とする三角形で示すことができる。これら三成分をすべてバランスよく含み，大きな正三角形で示される愛情が，「完全な愛情」である。しかし，実際の愛情関係はどこか偏っており，それが関係を特徴づけている。

　親密さとは，恋愛の感情的成分のことで，2人が感じている関係の近さ，暖かさや結びつきの強さのことである。親密さが深まると，一緒にいると楽しく，互いのことをよく理解し合い，相手の幸せを願うようになる。親密さだけの愛情は単なる「好意」で，同性の友人関係と似たものとなる。情熱とは動機的成分，つまり相手との結合への欲望が表れたもので，身体的魅力や性的魅力によって喚起される欲求のほか，支配・服従・保護・親和・自尊心などへの諸欲求の高まりと，生理学的な興奮を特徴とする。情熱だけの恋愛は「のぼせ上がり」で，その代表が一目惚れである。決定/コミットメントは恋愛の認知的成分で，短期的には相手を愛するという決断を下すこと，長期的には関係の維持にコミットすることである。これを制度化したものが結婚である。

　三つの成分のうち，親密さとコミットメントの二つの成分を多く含んだ関係が「友愛」である。長年連れ添い，情熱は薄れても信頼関係で結ばれている夫婦はこれにあたる。情熱とコミットメントからなる恋愛は，十分な親密さを育むことなく，一時的な情熱の勢いで婚約を結んでしまうような場合で，「愚かな愛情」と呼ばれる。休暇や事件をきっかけにして恋愛が芽生え，そのまま結ばれるといった話は，ハリウッドの恋愛映画などによくある。多くの恋人同士の関係は，親密さと情熱を主な成分としており，これが「ロマンティックな愛情」である。物理的に近しいと同時に，情緒的な結びつきも深い。

(Sternberg, 1986)

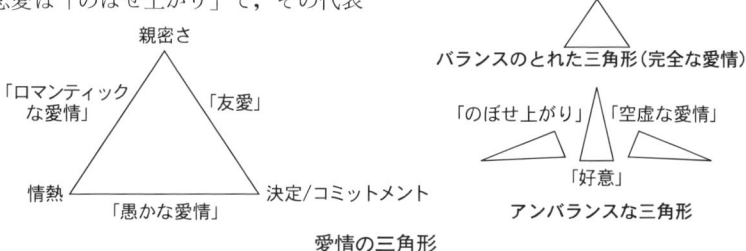

愛情の三角形

表1 囚人のジレンマ

		囚人Aの選択	
		黙秘	共犯証言（自白）
囚人Bの選択	黙秘	A・Bとも1年の刑	Aは釈放 Bは無期刑
	共犯証言（自白）	Aは無期刑 Bは釈放	A・Bとも10年の刑

表2 囚人のジレンマの利得表

		プレイヤーAの選択	
		C	D
プレイヤーBの選択	C	5(R) / 5(R)	8(T) / −8(S)
	D	−8(S) / 8(T)	−2(P) / −2(P)

①T＞R＞P＞S，②2R＞S＋T のときを囚人のジレンマ・ゲームと呼ぶ。
①だけが満たされている場合は，殉教者ゲームと呼ぶ。

共犯証言すれば，本件の強盗罪でさらに重い10年の刑が双方に言い渡される。ところが，もし一方が共犯証言をし，もう一方が黙秘すれば，証言した人は減刑されて釈放されるが，黙秘した人は無期刑が課せられてしまうのである。容疑者は別々にこのことを知らされ，また相手にもこのことが知らされていることが分かっている。もちろん，相談することはできない。

この2人の容疑者の選択肢とそれに伴う刑罰は，表1のように示すことができる。実際の研究では表2のように利得を数値で示し，被験者に選択させてその得点を競わせることが多い。ゲームでは，黙秘を協力反応（C），共犯証言を裏切り反応（D）と呼ぶ。このゲームで両者が協力反応をすれば，共同利益は最大（5＋5で10ポイント）になり（共栄関係），両者が裏切り反応をすると共同利益は最低（−4ポイント）になる（共貧関係）。一般に，囚人のジレンマ・ゲームでは，なかなか協力関係が成立せず，共貧関係に陥ることが多い（トピックス6-5参照）。軍縮路線を協力反応，軍拡路線を裏切り反応と考えると，冷戦下で激しい軍拡競争を繰り広げたアメリカと旧ソ連関係は，まさに囚

トピックス6-5

ゲーム仕立ての人間関係

≪アクセルロッドのシミュレーション実験≫

　典型的なジレンマ事態である囚人のジレンマ・ゲームについては，多くの研究が行われてきた。実験では本文表2のような利得表を示して，2人プレーヤーにCまたはDを繰り返し選択させ，毎回，選択に応じた得点を与えていく。これまでの研究からさまざまな要因がプレーヤーの選択を規定していることが分かっている。その一つがプレーヤーの選択方略である。では，繰り返し囚人のジレンマ・ゲームを行う場合，どのような方略で選択すれば得点を多くすることができるだろうか。

　アクセルロッドはゲーム研究者に呼びかけ，それぞれ最善と思う方略をコンピュータ・プログラムにして提供するよう求めた。その結果，14本のプログラムが集まった。これに毎回ランダム選択をするプログラムを加えた15本のプログラムで，コンピュータ・シミュレーションによる総当たり戦のゲーム大会を実施した。ゲームの成績は勝ち負けではなく，全ゲーム終了後の獲得得点で判定された。アクセルロッドはさらに，この大会の結果をすべて公表したうえで，二度目の大会を開催し，そのときには62本のプログラムが集まった。

　この2回の大会を制したのは，最も短いプログラムで参加した，ラパポートの仕返し（tit for tat）方略であった。これは，①1回目の選択は必ず協力反応をする，②2回目以降は前回の相手の反応（相手が協力なら自分も協力，相手が裏切りなら自分も裏切り）をする，というものである。その特徴は，相手の出方に合わせて，こちらも柔軟に対応を変化させる点にある。ただし，不思議なことに，この作戦では決して相手より高い得点を取ることはない。にもかかわらず，全ゲームを終了してみると，最も高い得点を取ることができたのである。

　アクセルロッドによれば，仕返し方略をはじめとして，大会で上位になった作戦にはいくつか共通の特徴が見られた。それは，①上品であること（自分から最初に裏切り反応しないこと），②相手の裏切りには怒りや不満を表明すること（相手の裏切りを許すと搾取されやすい），③心を寛くもって，一度裏切った相手が再び協力するようになったら許してあげることである。

　彼はこの結果から，現実の人間関係でも，①相手を羨まないこと（目先の相手と比較して相手を負かそうとしない），②自分から先に裏切らないこと（裏切りが対立を深める），③相手の協力にも裏切りにもお返しすること，④小賢しく振る舞わないこと（単純な方針の方が相手に意図が伝わりやすい）が大切であるという教訓を引き出している。

(Axelrod, 1984)

人のジレンマと同質の状況にあったと考えることができる。

§3　社会的態度

投票行動（どの候補者に投票するか）や，購買行動（どの商品を買うか）など，人びとの社会的行動には大きな個人差がある。社会的行動の個人差を生む要因の一つが，対象に対する個人の社会的態度である。

1　態度の性質

社会的態度は対象と結びついた，①快-不快，好き-嫌いといった感情的（affective）要素，②接近-回避あるいは所有-排除といった行動的（behavioral）要素，③優-劣あるいは適-不適という認知的（cognitive）要素から構成されている（**態度のＡＢＣ**）。態度の学習理論によれば，対象に対する3要素が連合することによって，好意的-非好意的あるいは肯定的-否定的態度が形成され，その対象に対して一貫し安定した反応が起こるようになる。実際には一つの対象にも良い面と悪い面がある。そのような場合，賛成あるいは反対の立場をとったときに予想されるすべての結果について，①起こる確率（期待）と，②望ましさ（価値）の積の和を計算し，最もその値（効用）が大きくなる立場が採用される（**期待価値理論**）。

特定の対象に対する態度は，独立して存在することもあれば，他の対象に対する態度と関連していることもある。たとえば，省エネ，ゴミ処理，原子力発電，自然保護などの問題に対する態度には一貫性がある。これらはより高次な態度（エコロジー重視の価値観）と結びついているからである。また，**認知的一貫性理論**によれば，人間には異なる対象に対する認知や行動の関係を一貫させようとする傾向がある。代表的な認知的一貫性理論に，ハイダーの**バランス理論**（トピックス6-3参照）やフェスティンガーの**認知的不協和理論**（トピックス6-6参照）がある。

ただし，私たちは，あらゆる対象について慎重に情報を分析して態度を決め

トピックス 6-6

金で態度を変えられるか

≪フェスティンガーとカールスミスの強制承諾実験≫

社会生活を送るうえで，自分の信念や態度に反した行いをしなければならないことがある。では，人に報酬を与えて真の態度に反した行いをしてもらえば，その人の態度を変化させることができるだろうか。

フェスティンガーとカールスミスは，報酬と態度変化の関係を明らかにするために次のような実験を行った。彼らはまず大学生の被験者に，糸巻きを皿に並べてはまた皿を空にして並べ直すといった，非常に単調で退屈なつまらない課題を延々1時間にわたって続けてもらった。作業が終わると，実験者はその実験の目的を「期待が作業成績に及ぼす効果」の検討にあると説明し，さらに次の被験者には，「課題を面白いと思ってもらうことが必要である」と言ったうえで，被験者の口から次の被験者に対して「面白い実験だ」と話してもらうよう依頼したのである。その際，そのための報酬として1ドルまたは20ドルが被験者に与えられた。

さて，この報酬は，実験作業に対する被験者の態度に影響を与えたであろうか。−5（退屈）から＋5（面白い）までの11段階尺度での評定によれば，ただ作業をしただけの統制群の被験者は，平均−0.45 つまらないと感じていたのに対して，20ドルもらった被験者は，−0.05でほぼ真ん中，さらに1ドルしかもらわなかった被験者では，平均＋1.35と非常に好意的な態度を示していた。つまり，1ドルしかもらわなかった被験者の方が20ドルもらった被験者より，態度変化が大きかったのである。

フェスティンガーの認知的不協和理論によれば，これは次のように説明される。被験者にとって「作業はつまらなく退屈だ」という認知と，「他の人にそれは面白いと言ってしまった」という認知とは相容れない関係にある。これを認知的不協和と呼ぶ。不協和が存在すると人はそれを解消しようとする。そこで20ドルもらった被験者は，自分が「作業は面白い」と言ったのは，20ドルという高額な報酬が与えられたからだ，と正当化することができる。しかし1ドルしか与えられなかった人は報酬が低いためにそれができず，不協和を解消するために自分から「作業は本当に面白かったのだ」と確信するに至るのである。言い換えれば，1ドル条件の被験者は自分の行動と矛盾しない方向に態度を変化させたのである。

このように，真の態度に反する行いは外的な報酬などによって正当化できると，かえって態度変化をもたらさない。むしろ，不十分な正当化の方が態度変化に大きな影響を及ぼすのである。

(Festinger ら, 1959 ; Festinger, 1957)

ているわけではない。態度の**二重処理モデル**によれば，問題が重要でないとき，考慮すべき情報に乏しいとき，情報があっても処理する余裕や能力がないときは，問題の本質にあまり関係のない手がかりから直感的・短絡的に態度が決められてしまう。つまり，態度の形成や変化には，質の異なる二つの情報処理過程がかかわっており，個人の動機や能力，おかれた状況などによって，どちらの処理がなされるのかが決まるのである。情報を吟味して態度を決定する過程を**中心ルート**あるいは**システマティック処理**といい，直感的に決定する過程は**周辺ルート**または**ヒューリスティックス処理**と呼ばれる。

　一般に態度は，肯定的・否定的の程度が極端なほど，他の態度や価値観との結びつきが強いほど，また中心ルートあるいはシステマティック処理がなされているほど，安定し変化しにくい傾向がある。

2　説得的コミュニケーション

　宣伝，演説，討論，論説など，ある対象に対する人びとの態度を変化させるためになされるコミュニケーションを**説得的コミュニケーション**という。説得効果は，「送り手‐メッセージ‐受け手」のコミュニケーションの三要素と状況的要因によって決まる。

(1)　受け手

　メッセージの効果は，受け手がその情報を中心ルートと周辺ルートのどちらで処理するかによって違ってくる。受け手がその問題を自分の問題としてとらえ（**自我関与**が高い），正しく判断する必要性を感じ，しかも慎重に情報処理できるだけの余裕と能力をもっているときには，中心ルートが発動する。

(2)　送り手

　同じメッセージでも，送り手次第でその説得効果は異なる。当然，**信憑性**の高い送り手からのメッセージほど効果的である。信憑性は，専門性（対象について詳しい）と信頼性（本当のことを言っている）からなる。ただし，その効果は時間がたつと薄れていくことから（**スリーパー効果**），周辺ルートの処理に作用しているものと考えられる（トピックス6-7参照）。

トピックス6-7

情報源の信憑性

≪ホブランドの説得的コミュニケーション実験≫

　説得的コミュニケーションの送り手が受け手に対してもつ威信の程度，つまり情報源としての信憑性の高さは，メッセージの説得効果を規定する重要な要因である。情報源の信憑性は，受け手の側からみて，問題となっている分野についてどの程度専門的知識をもち，また人間としてどのくらい信頼できると判断されたかによって決まってくる。

　ホブラントとウェイスは，あらかじめ被験者の意見を調べておき，一方のグループには信憑性が高い情報源からのものとして，もう一方には信憑性が低い情報源からのものとして，まったく同じ内容の小冊子を与え，情報源の信憑性の高さが態度変化に及ぼす効果を検討した。たとえば，抗ヒスタミン剤についてまったく同じ内容のメッセージが，一方は専門的な生医学の学術誌，もう一方は大衆月刊誌からの情報として呈示されたのである。そして，情報を受け取った後で，もう一度態度を調べた結果，信憑性が高い情報源からのメッセージを受け取ったグループほど，態度の変化量は大きかった。

　さらに彼らは，メッセージを受け取った直後と4週間後の態度変化の大きさについても比較している。その結果，信憑性の高い情報源からのメッセージを受け取ったグループでは，時間経過とともに態度変化の大きさは小さくなり，反対に信憑性の低い情報源からのメッセージを受け取ったグループでは，態度変化が大きくなっていた。

　これは，情報の内容が本来もっている説得効果が時間経過とともに発現したためである。つまり，コミュニケーション直後だと，情報内容の説得効果が送り手の信憑性の高さによって影響を受け，信憑性が高ければその分だけ効果的になり，低ければその分効果が弱められる。しかし，時間経過とともに情報内容のもつ説得効果が目を覚まし，情報源の信憑性の高さに関係なく，その本来の効果を発揮するのである。これを，説得的コミュニケーションのスリーパー（寝坊）効果と呼んでいる。

(Hovland & Weiss, 1951)

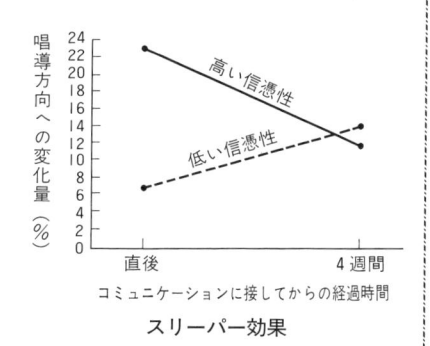

スリーパー効果

(3) メッセージ

受け手が中心ルートによって処理している場合には，根拠薄弱なメッセージより根拠のしっかりしたメッセージの方が説得の効果が高く，説得に有利な情報だけを呈示する一面的メッセージより，不利な材料も合わせて呈示する**両面的メッセージ**の方が効果的である。しかし，周辺的ルートで処理する場合には，論点の根拠より論点の数，結論が単純な方が効果をもつ。また，同じメッセージを繰り返すだけでも，**単純接触効果**により好意的反応を引き出すことがある。対象に対する恐怖感や嫌悪感をかきたてる**恐怖喚起メッセージ**も有効な説得方法であるが，強すぎる恐怖はかえって逆効果になることが知られている。また，高圧的に説得しようとするメッセージは，受け手にとって自由への脅威と感じられるため，**心理的反発**（リアクタンス）を招いて反対の方向に態度を変化させてしまうことがある。

(4) 状　況

緊迫した場面や，時間に追われているようなストレスフルな状況におかれると，受け手はメッセージを周辺ルートで処理する傾向がある。逆に，前もって説得の予告を受けているような場合には，問題を吟味しておく時間があるために，中心的ルートによる処理がなされやすい。

3 応諾獲得

人から仕事を頼まれて，本意でなく引き受けてしまうことがある。相手の態度まで変えなくても，自分の要請や説得の方向に相手の行動を変化させることができる。これを**応諾獲得**という（トピックス6-8参照）。チャルディーニは，応諾に影響を与える要因として次の六つを挙げている。

(1) 返　報　性

相手に恩を売っておき，「受け取った好意には，好意でお返ししなければならない」という返報性規範に訴える。たとえば，ドア・イン・ザ・フェイス・テクニック，ザッツ・ノット・オール・テクニックなど。

トピックス6-8

「イエス」と言わせるテクニック

≪応諾獲得方略≫

　応諾獲得方略は，客に商品を売り込んだり，寄付を依頼するときに，相手に「イエス」と言わせるテクニックとして利用されている。

【フット・イン・ザ・ドア・テクニック（段階的要請法）】 コミットメントを利用した方法。最初に小さな要請をして「イエス」と言わせてから，次に本来の大きな要請をする方法。たとえばアンケートで「このような商品があったら欲しいですか」といった質問をして，「イエス」と答えさせてから商品を売り込む。1万円借りるには，その前にまず500円借りておく。

【ロー・ボール・テクニック（応諾先取り法）】 コミットメントを利用した方法。最初，有利な条件で要請して「イエス」と言わせてから，後になって有利な条件を取り消す方法。販売員が客に有利な割引価格を呈示して契約を交わし，その後になって「上司が割引を受け入れてくれなかった」と言って割引の約束を反古にする。一度契約してしまうと，客は断りにくくなる。

【ドア・イン・ザ・フェイス・テクニック（譲歩的要請法）】 返報性規範を利用した方法。最初に大きな要請をして「ノー」と言わせてから，譲歩したように見せかけて本来の要請をする方法。たとえば，交渉では最初から妥協できる条件を出すのではなく，まず相手がとても受け入れられないような条件を出してから，本当の交渉を始めると有利に交渉できる。1万円借りたいときには，その前にまず10万円の借金を依頼して断られてからにする。

【ザッツ・ノット・オール・テクニック】 返報性規範を利用した方法。相手が「イエス」か「ノー」を決める前に，ちょっとしたサービスをつけ加える方法。通販のTVコマーシャルでは，商品の紹介が終わり，価格が呈示されて客が迷っているときに，おまけの商品が追加されたり，値引きされる。

【デッドライン・テクニック】 稀少性要因を利用した方法。期間を限定して商品やサービスを提供する方法。たとえば，バーゲンセールやキャンペーン販売。

【プレイング・ハード・トゥ・ゲット・テクニック】 稀少性要因を利用した方法。商品が得難いものであることを訴える。たとえば，不動産や客に物件を紹介するとき，ほかにも同じ物件に興味をもっているライバルがいることを伝える。

【ピーク・テクニック】 普通の方法で要請しても無視されてしまうとき，普通ではない目立った要請を言って相手の興味を引く方法。たとえば，「小銭をめぐんでください」と言っても無視されるだけだが，「230円めぐんでください」と言うと，注意を引いてめぐんでくれる確率が高くなる。

(2) コミットメントと一貫性

人間には行動や認知を一貫性させようとする傾向があるので（認知的一貫性理論），前もって要請や説得の方向に沿ったコミットメント行動をさせておく。たとえば，フット・イン・ザ・ドア・テクニックやロー・ボール・テクニックなど。

(3) 社会的証明

どう行動すべきか明確な基準や規範が存在しないとき，人は他人の行動を参考にしようとするので，他人が要請や説得に沿った行動をとっているという情報を与える。たとえば，店頭でのサクラ，米国のコメディにある録音笑い，「あなたの友人の○○さんも」「大学生の半分以上が」といった売り文句，応諾した人の名簿を見せるリスト・テクニックなど。

(4) 好　　意

好意をもった相手からの要請や説得には応諾しやすい。たとえば，好感度の高いタレントを使った広告，同じ宣伝の繰り返し（単純接触効果），相手をほめる（お世辞を言う）ことなど。

(5) 権　　威

人は権威に服従する傾向があるので（§4参照），権威者からの要請であることを伝える。たとえば，「偉い」と感じさせる肩書きや地位を示すこと，権威を象徴するような服装や装飾品を身につけることなど。

(6) 稀 少 性

人は自由を脅かされると，その自由を確保しようとする傾向があるので（心理的リアクタンス），今を逃したらめったに巡り会えないまれな機会であることを強調する。たとえば，数量限定商品，期間限定販売など。

§4　状況の力

私たちは，いつも自分の価値観や社会的態度に従って行動しているとは限らない。社会的状況の力は，ときには暗黙のかたちで，ときには強烈に，人の行

動に影響を与えることがある。

1　他者の存在

　他者は，ただ存在するだけで，私たちの行動に影響を与える。たとえば，何か仕事をするとき，一人マイペースでやるより，他の人と一緒にしたり，人に見られているときの方が作業がはかどる。他者の存在が作業成績を向上させる現象を**社会的促進**と呼ぶ。この現象は古く19世紀の心理学者の目にとまり，さまざまに条件を変えて実験的に検討されてきた。その結果，人がいれば常に社会的促進が起こるというわけではなく，場合によっては，かえって作業成績が低下することがあることも明らかになった。**社会的抑制**である。ザイアンスによれば，他者の存在は個人の覚醒水準を高める。学習理論では，覚醒水準が高まると，よく学習された反応の生起する確率が高まるとされている。したがって，作業が十分に学習されていると，他者の存在は作業能率を促進し，逆に作業が修得前の学習段階にある場合は，作業能率を抑制してしまうのである。アマチュアのスポーツ選手が大勢の観客の前に出ると練習の半分の力も出せないということがあるのもこのためである。

　他方，一人だったら行動を起こすような場面でも，他の人がいるために行動し損なうこともある。実話から例をとろう。1964年3月13日の午前3時半ごろ，ニューヨークに住むキティ・ジェノベーゼが職場から帰宅時，自宅アパート前の駐車場でナイフを持った暴漢に襲われた。助けを求める叫び声でアパートの住人38人が目を覚まし，窓からこの事件を目撃していた。ところが，彼らの誰一人として彼女を助けようとしなかったのである。結局，警察が到着したときには，すでに彼女は殺され，犯人は逃走した後だった。マスコミはさっそくこの事件を取り上げ，都会人の冷淡さが引き起こした悲劇であると論じた。しかし，実際には何が起こっていたのだろうか。ラタネとダーリーはこの問いに答えるべく，実験的に緊急事態を作り出して，援助行動が起こるかどうかを検討した（トピックス6-9参照）。その結果，彼らは複数の傍観者が立ち合っていることを知っていると，人びとの間で**責任の拡散**が起こり，援助行動

が起こらなくなることを明らかにしたのである。つまり，キティ・ジェノベーゼ事件では，「38人も目撃者がいたのに誰も助けなかった」のではなく，「38人も目撃者がいたから誰も助けなかった」のである。

2　支配と服従

　社会生活では，組織のなかの地位を背景に人間関係が結ばれることがある。その際，私たちは自分の考え方や価値観ではなく，その組織の一員として，あるいは一定の地位に立つ者として，期待された役割にふさわしい行動をとる傾向がある。これが最も劇的なかたちで現れるのが，支配行動と服従行動である。

　ジンバルドらの**模擬刑務所実験**は，それを如実に示している。彼らは大学構内の地下室に模擬刑務所を作り，大学生に看守と囚人になってもらってその行動を観察した。被験者はすべて中流階級のアメリカ人で，性格的にも偏りのない，ごく普通の大学生である。実験は現実味を出すために，囚人役の学生が逮捕されるところから始まった。彼らは刑務所に連行されると，囚人服と帽子を与えられ，寝台と小さなクローゼットの置かれた部屋に入れられた。彼らは番号で呼ばれ，格子窓から常に監視され，また何をするにしても看守の許可を必要とした。一方，看守はカーキ色の制服と濃いサングラスで身を固め，警棒・笛・手錠・鍵が与えられていた。驚くべきことに彼らは，ぶっつけ本番のこの実験事態に見事に適応したのである。彼らは自分の役割を演じるだけでなく，相手にもその役割を演ずることを要求した。その結果，看守たちは次第に攻撃的，権威的，支配的に，囚人たちはますます受動的，依存的，服従的になっていった。たとえば，看守の交替のときに行われる囚人の整列点呼である。最初は10分ほどで終っていたが，次第に長くなっていった。というのも，看守たちが，囚人たちをからかったり叱ったりするのを楽しみにするようになったからである。一方，囚人たちは，食事のことや看守に取り入る法に関心を奪われ，最後には囚人同士で中傷や密告がなされるようになった。そして，囚人役被験者に情緒不安定な者が出るに及んで，ついに実験は予定より早く打ち切ら

トピックス 6-9

冷淡な傍観者

≪ラタネとダーリーの援助の責任拡散実験≫

ラタネとダーリーは緊急事態における援助行動を検討する目的で，次のような実験を行った。

被験者は実験室にやってくると，まず個室に案内され，マイクとヘッドホンを通じて別の個室にいる他の被験者と，ある話題について討論するように言われた。ところが討論参加者が一通り発言し終わり，2巡目に入ったところで，最初の発言者が突然てんかん発作を起こし，苦しそうに助けを求め始めたのである。実は，これは実験協力者の芝居で，本当の実験目的は発作が起こってからの被験者の行動を見ることであった。被験者は，マイクを使うこともできず，他の参加者の反応も分からないので，その人を助けようとするなら，どうしても個室から出ていかなければならない。

右図は発作が起こってからの時間と，個室を出た被験者の人数を示している。被験者が発作を起こした人と2人で討論していたときには，発作が続いている間に84％の被験者が部屋を飛び出し，3分後までには全員が部屋を出た。ところが，自分と発作を起こした人のほかに4人の参加者がいると，発作中に個室を出た人は31％に減り，最終的に38％の人は部屋を出ようとしなかったのである。

このように，傍観者の人数が増えると援助行動の出現率が低くなる原因の一つとして，ラタネとダーリーは，「責任の拡散」という現象があると指摘している。つまり，彼らによればこのような緊急事態に直面すると，人はそこに介入して援助すべきかどうか判断に悩むと考えられる。というのは，介入して面倒に巻き込まれたくはないし，かといって何もしないでいると，後で責めを負うことにもなりかねないからである。ところが，自分1人しかいなければ，いずれにせよその責任はすべて自分にかかってくるが，ほかにも同じ立場に置かれた人がいると，その分だけ責任が分散されて，自分一人の責任は相対的に軽くなるような気がする。その結果，面倒に巻き込まれるより，手を出さないで黙って見ていた方が得策だろう，と判断されてしまうのである。

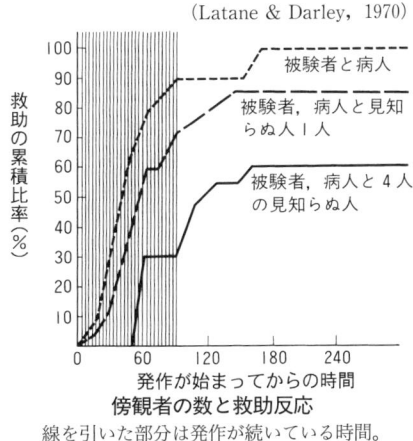

(Latane & Darley, 1970)

傍観者の数と救助反応
線を引いた部分は発作が続いている時間。

れたのである。

このように，虐待や服従は，個人の考え方や価値観のかかわらない社会的役割としてなされるとき，しばしば悲惨な結果をもたらす。ミルグラムの服従行動に関する研究は，権威の名の下に行われた残虐行為の中心人物の名前を取って，「**アイヒマン実験**」と呼ばれている（トピックス6-10参照）。

3 同 調

すでに述べたように，お互いに類似した態度をもった人同士の間には，人間関係が成立しやすい。と同時に，同じ集団に所属している人同士の間では，他者に同調することによって，次第に態度が類似してくる傾向がある。シェリフは，暗闇の中で光点を見つめていると，実際には動いていないのに動いて見えるという自動運動現象を利用して，集団内で生じる同調を調べた。まず，被験者は一人ずつ実験室に呼ばれ，光点がどれくらい動いているように感じられるか答えた。もともと錯覚現象なので動く距離に正解はなく，そのときの反応には大きな個人差があった。次に，同じ被験者が2，3人のグループで同じ実験に参加した。すると，最初はばらばらだった反応が，次第に類似していき，最後にはほぼ一致するようになった。これはそのグループに**集団規範**が成立したためである。その後で再び一人になっても，その影響は持続していた。この実験のように，もともと正解が存在しないような状況では，他者の反応が自分の

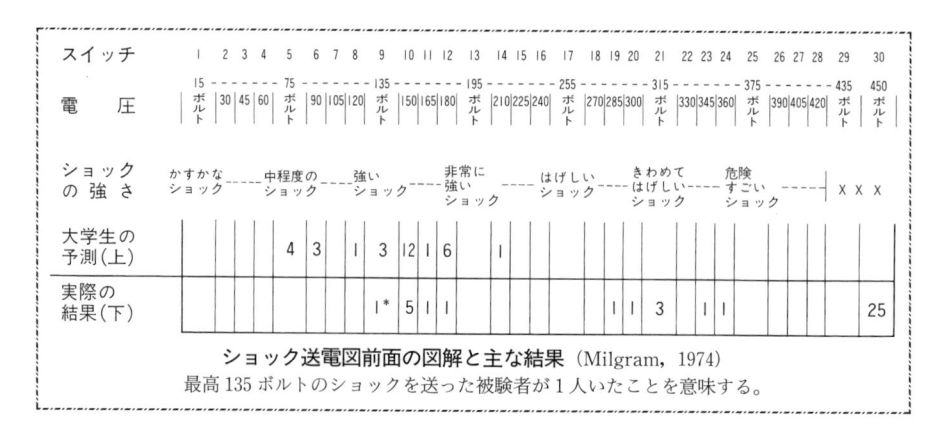

スイッチ	1	2	3	4	5	6	7	8	9	10	11	12	13	14	15	16	17	18	19	20	21	22	23	24	25	26	27	28	29	30
電 圧	15ボルト	30	45	60	75ボルト	90	105	120	135ボルト	150	165	180	195ボルト	210	225	240	255ボルト	270	285	300	315ボルト	330	345	360	375ボルト	390	405	420	435ボルト	450ボルト
ショックの強さ	かすかなショック				中程度のショック				強いショック				非常に強いショック				はげしいショック				きわめてはげしいショック				危険すごいショック				X	X	X
大学生の予測(上)					4	3		1	3	12	1	6		1																
実際の結果(下)									1*	5	1	1									1	1	3		1	1				25

ショック送電図前面の図解と主な結果 (Milgram, 1974)
最高135ボルトのショックを送った被験者が1人いたことを意味する。

トピックス 6-10

権威への服従

≪ミルグラムのアイヒマン実験≫

　第二次世界大戦中，ヨーロッパでは約600万人といわれるユダヤ人が強制収容所に送り込まれて虐殺された。1960年，当時ゲシュタポのユダヤ課長であったアドルフ・アイヒマンは，亡命先の南米ブエノスアイレスで逮捕され，イスラエルで裁判を受けた。判決は死刑。そして1962年5月31日，刑は執行されたのである。彼は裁判中「私はただ上官の命令に従っただけだ」と一貫して主張し続けた。法律的にはともかく，心理学的には，彼の主張にも一片の真理があった。それを示したのがミルグラムの実験である。

　ミルグラムは新聞を通じて，「記憶に及ぼす罰の効果」に関する実験に参加してくれる被験者を募った。被験者はごく平凡な市民である。2人の被験者が実験室にやってくると，それぞれ生徒と教師の役を指定された。生徒は椅子に縛りつけられ，手首に電気ショックを送るための電極が取り付けられた。一方，教師は隣の部屋でショック送電器を操作するように言われた。送電器には192頁下図に示すように30個のスイッチがあり，それぞれ電圧と電圧に対応するショックの強さが表示されていた。実験者は生徒に対連合学習を行わせ，生徒が誤った答えをするたびに，一段ずつ強いショックを与えるよう教師に要請したのである。

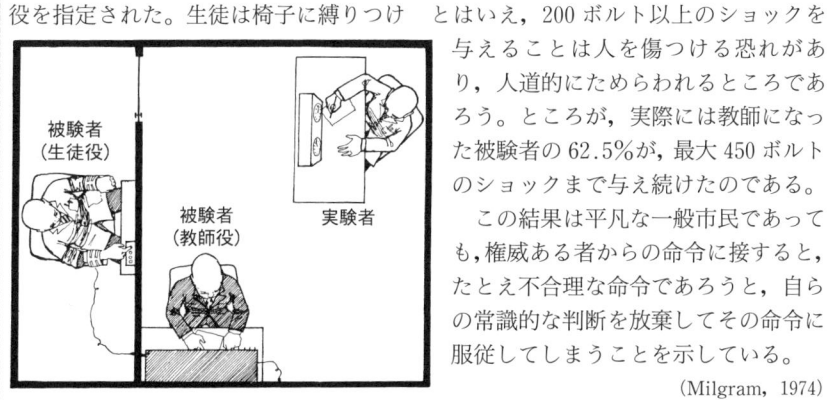

　この実験で生徒になったのは実は実験協力者であり，それぞれのショックの強さに応じて痛がったり実験の中止を訴える演技をするように指示されていた。また，実験者は教師がショックを送ることをためらったときには，実験のためにショックを送り続けるように要請した。

　常識的に考えれば，たとえ実験のためとはいえ，200ボルト以上のショックを与えることは人を傷つける恐れがあり，人道的にためらわれるところであろう。ところが，実際には教師になった被験者の62.5%が，最大450ボルトのショックまで与え続けたのである。

　この結果は平凡な一般市民であっても，権威ある者からの命令に接すると，たとえ不合理な命令であろうと，自らの常識的な判断を放棄してその命令に服従してしまうことを示している。

(Milgram, 1974)

反応の正しさを判断する基準を提供してくれる。このような影響を**情報的影響**と呼ぶ。

　こうして集団のなかに，何が正しく，何が適切かを決める集団規範が成立すると，次第にその集団成員に対して基準を満たすよう，**集団圧力**が働くようになる。アッシュの実験（トピックス 6-11 参照）は，正解のある線分知覚判断のような単純な課題でも，他の人がそろって同じ反応をすると，たとえそれが間違っていようと他者に同調してしまうことを示している。この実験場面では，集団の一員として承認してもらうために，集団規範に従うよう圧力が働いていた。このような影響を**規範的影響**と呼ぶ。

トピックス 6-11

集団圧力と同調行動

≪アッシュの同調実験≫

集団のなかでは，成員間の態度や行動を一致させようとする集団圧力が働く。アッシュは集団圧力が知覚判断に及ぼす影響を調べるために，次のような実験を行った。実験手続きはいたって簡単で，大きなテーブルを囲んで8人の大学生が着席し，実験者が呈示する2枚のカードを見比べ，基準カードと同じ長さの線分を比較カードのなかから選んで順番に答えるというものである。ただし，実際の被験者は7番目に答える1人だけで，他の7人は実験に協力するために参加したサクラであった。彼らはあらかじめいくつかのカードで間違った答えをするよう言われていた。たとえば，下図に示した課題では，7人のサクラは全員が3と答えたのである。したがって，本当の被験者は他の6人がそろって間違った回答をした後に答えることになる。その結果は右下のグラフに示す通りである。被験者が1人で判断した場合にはほぼ100%に近い正当率が，6人のサクラが誤った答えをした後だと，68%にまで落ちてしまったことが分かる。

アッシュはさらに別の条件で同様な実験を行い，サクラのうち1人でも正しい回答をすれば，正当率は約94%程度まで高まることを確認している。また，実験に参加するサクラの数を1人，2人，3人と増やしていくと，それにともなってサクラに同調した被験者の誤答も増加するが，サクラが4人のときに最高となって，それ以上サクラが増えても誤答率は高くならなかった。

この実験でサクラに同調した被験者は，自分の回答が誤っていることを知りつつ同調していた。キースラーとキースラーはこのような表向きだけの同調を「追従」と呼び，実際に信念や態度を集団の方向に変化させることを「私的受容」と呼んで区別している。　　　(Asch, 1955)

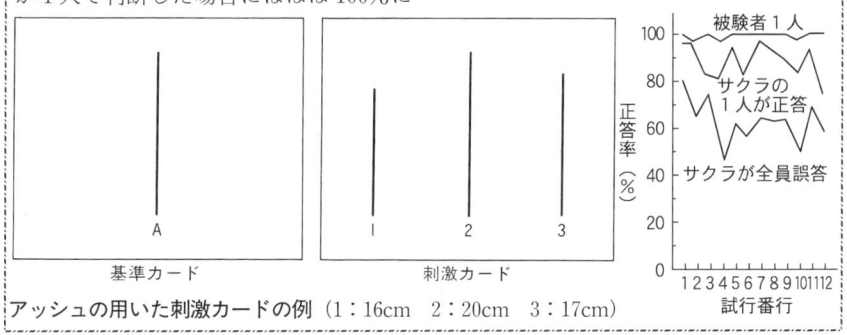

アッシュの用いた刺激カードの例（1：16cm　2：20cm　3：17cm）

第7章　脳と生理心理学

《心とからだの関係》

　人間の行動は複雑多彩である。人の行動の柔軟性は，刻々の入力情報を的確に処理し，評価し，行動を制御する生体システムによって支えられている。行動をよりよく理解するためには，こうした生体システムの理解が大切である。生体システムの中枢部は脳であり，とりわけ大脳の活動が重要な役割を占めている。ここでは大脳の分業体制と，これを統合する主体としての自己意識と自由意志を取り上げる。次に大脳辺縁系の働きから情動行動を取り上げ，さらに深部にある脳幹の働きから，眠りと夢を取り上げ，意識と無意識の行動科学的な意味を探ることにする。

§1　大脳のはたらき——機能の局在と統合

　脳のシワを脳溝（のうこう）と呼ぶ。大きな脳溝で分けると大脳皮質は，前頭葉，頭頂葉，側頭葉，後頭葉の四つに分けることができる。また大脳皮質には約140億個の神経細胞があるが，その形，大きさ，配列など組織学的な構造は，部位によってかなり違っている。ブロードマンは細胞構築上の違いに基づいて52の領野に分け，各領野を番号で示した。これが今日，ブロードマンの脳地図として知られるものである。脳損傷の臨床例や手術前後の刺激テストから，これらの領野は構造が違っているだけでなく，その機能も異なっていることが明らかになってきた。ブロードマンの脳地図にそれぞれの領野の機能を書き込んだものが，脳の機能地図（図1）である。

　後頭部の視覚野はブロードマンの17野にあたり，網膜上の視神経はすべて

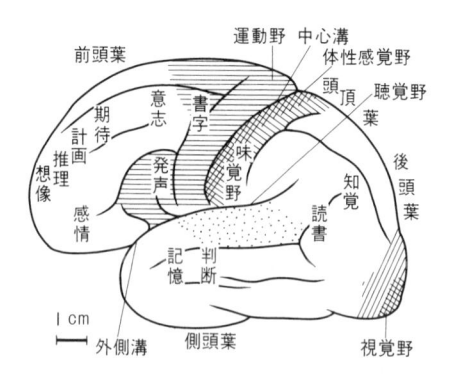

図1 大脳皮質の機能地図（Penfield & Roberts, 1959）

この部位につながっている。この視覚野が損傷を受けると，眼球が正常でも視覚を失う。中心溝に沿って**運動野**と**感覚野**が向き合って分布している。体性感覚野には全身の感覚神経が集まってきている。図2は中心溝に沿って切断した場合の断面図と，左右半球に投射した神経の分布から合成した皮質上の再現像である。運動野の再現像もこれとほとんど同じ形をしている。右半身の感覚と

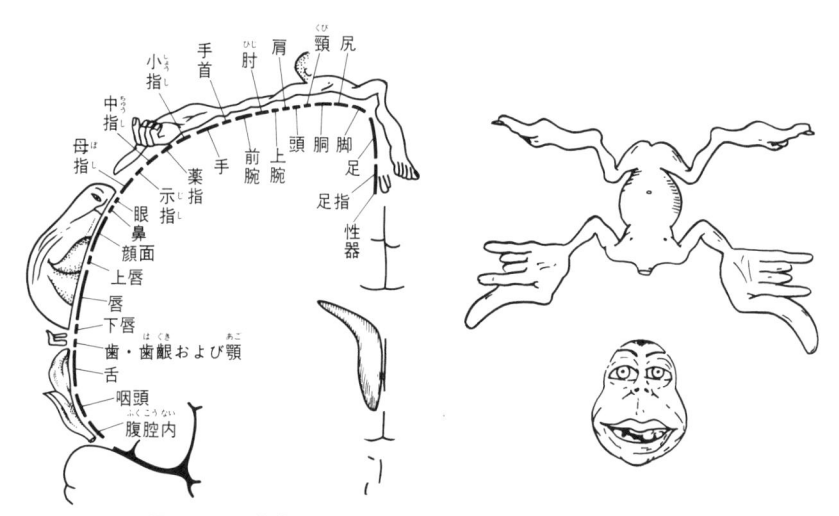

図2 体性感覚野の機能分布（Penfield & Rasmussen, 1957）
と再現像（Penfield & Boldrey, 1937）

運動は左半球が支配し，左半身は右半球が支配している。皮質の再現像は外界に対して左右が逆転している。さらに興味深いことは，再現像は頭を下にして逆立ちをした格好になっており，上下も逆転している。再現像を見ると，手や顔，特に唇や舌が大きい。これに比べると胴や尻はきわめて小さい。皮膚の2点弁別閾にみられる身体部位差は，この再現像での面積差によっていることが分かる。また，ブローカやウェルニッケの失語症研究から，言語野の存在も確かめられている。

このように，皮質の特定の領野はそれぞれ特定の機能をもっていることが分かる。これを**大脳の機能局在**という。比較的単純な行動は，局在機能で処理や制御が可能であるとされる。しかし，もう少し高次の行動では，個々の局在機能だけでは処理も制御も困難である。そこで，皮質の広範な部位の機能を総動員し，これを統合することによって成立するような，高次の機能が想定されるようになってきた。統合を主な機能とする領野が連合野である。中心溝をはさみ前連合野と後連合野に分けられ，前連合野は前頭連合野，後連合野は頭頂連合野，側頭連合野，後頭連合野からなっている。手足の協応動作のためには，運動連合野と感覚連合野のネットワークが必要になる。すでに述べた言語野は，言語機能に特化して発達した連合野である（トピックス7-1参照）。言語機能のように複雑な行動の制御過程では，記憶や判断など感覚・運動情報とは別の情報も動員される。これらの情報も連合野に蓄積されており，ネットワークに必要な情報が供給されると考えられている。

§2　前頭連合野と自己意識

前頭葉は人類が最も発達している。そこで古くから「知性の座」と考えられてきた。ところが前頭葉に損傷を受けると，「知的機能の障害」に加えて「性格の変化」が起こる。ジェイコブセンは，学習ノイローゼになって感情のコントロールが利かなくなったチンパンジーの前頭葉を切除すると，性格が温和になり，失敗して餌がもらえなくても怒って暴れたりしなくなることを報告し

トピックス 7-1

「ムッシュー・タン」と言語中枢の発見

≪言語行動の仕組みと失語症≫

　1861年4月，パリのビセトール病院にルボルニュという51歳の男性が入院してきた。担当医師のブローカが何を尋ねても「タン，タン」と繰り返すほかは何も話せなかった。しかし知能は正常であり，他人の言うことは何でも理解できた。患者は衰弱が激しく入院の6日後に死亡した。病理解剖の結果，左前頭葉下部に脳梗塞による損傷が認められた。ブローカはこの損傷領域に発語の中枢があるとして，その位置を左第3前頭回脚部とした。これが現在ブローカ領と呼ばれる運動性言語野である。続いて1874年にウェルニッケはブローカの症例とは異なり，発音は可能であるが言語の理解に著しい障害がみられ，語の誤り（錯語）が激しい症例を報告した。脳の損傷はブローカ領よりもずっと後方の左第1側頭回後部にあり，現在ウェルニッケ領と呼ばれる感覚性言語野である。つまり左半球の前頭葉が損傷を受けると話すことができなくなり（運動性失語），左半球の側頭葉を損傷すると相手の話が分からなくなる。右半球の同じ場所に損傷を受けても失語症は起こらない。

　右図は，ゲシュヴィントのモデルに従って言語情報の流れを示したものである。言語音声は，聴覚野から左半球のウェルニッケ領に送られて解読される。文字言語は，視覚野から角回に伝えられて言語情報に変換され，ウェルニッケ領に入力される。角回は視覚野，体性感覚野，聴覚野に囲まれた感覚連合野で，文字言語の理解と情報変換が行われている。発語は言語符号に変換された情報が弓状束を介してブローカ領に送られる。ここで発語のための運動プログラムが組み立てられ，左右の大脳半球の運動野に伝えられ，発声と調音運動が実行される。言語行動は，脳の広範な領域を結ぶ広域ネットワークによって実現しており，ブローカ領とウェルニッケ領に障害がなくても，角回への入力経路や弓状束など，情報ネットワークの伝導経路に損傷があっても，失語症が起こる（伝導失語）。

ブローカ領とウェルニッケ領
（ゲシュヴィント，1979）

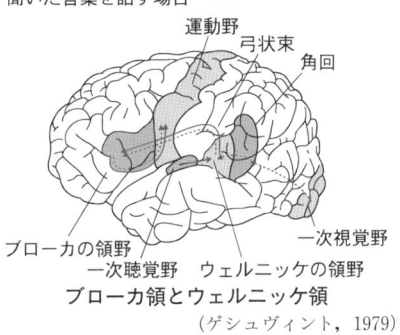

た。現在のように鎮静剤がない時代のことで，激しい感情興奮を抑える効果があるということに，多くの注目が集められた。精神科医モニスはそれまでに行われた脳外科手術の記録を分析した結果，前頭葉の前端部を切除すると，精神障害に伴う激しい興奮を鎮めることができると確信した。そこで彼は精神病と神経症の治療法として，前頭葉ロボトミーを開始した。この手術は額の横に小さな穴を開けて細いワイヤーを挿入し，前頭前野とその周辺の脳を結ぶ神経線維を切断するというものであった。術後は興奮症状が劇的に消失することから，有効な薬物療法のない時代の人びとには高い評価を受け，1960年代までに全世界でおよそ10万人がこの手術を受けたといわれている。ところがこの手術を受けた人は，感情のコントロールが利かなくなり，多幸的で楽天的な壮快気分にひたり，時と場所をわきまえない言動が目立つようになる。さらに重大なことは，行動の自発性（意欲）が著しく低下し，あらゆることに無関心になってしまうことである。自己と他者の関係，自分自身の事柄や経験，感情，知識などに関する意識を「自己意識」と考えると，前頭葉ロボトミーは，自己意識の破壊を引き起こしているとみなすことができる。このような自己意識の障害が社会問題として見直されるようになり，向精神薬が開発され薬物療法が普及するにともなって，この手術が実施されることはなくなった。

　前頭前野の機能はまだ十分には解明されていないが，ワーキングメモリーと脳機能の研究が盛んになるにつれて，自己意識の座として注目が集められている。それらの研究をまとめると，前頭前野の上側（背外側部）は自発的行動のプログラミングと，その場の状況モニタリング，自己コントロールに関係しており，下側（眼窩領域）は性格と感情の統合に関係している。これらの機能はすでに述べた「自己意識」と深くかかわっており，前頭前野が自我領域として重要な役割を果たしていると考えてよいであろう（トピックス 7-2 参照）。

トピックス7-2

前頭葉に損傷を受けると性格が変わる

≪前頭連合野の機能≫

　1848年9月13日，アメリカのバーモンド州の鉄道工事現場で，突然，爆発音が起こった。火薬の暴発で吹き飛ばされた火薬充塡用の鉄パイプがファイネス・ゲージ（Gage, P.）の前額部を打ち抜いた。当時25歳の彼は有能な現場監督であった。鉄パイプは彼の左目の下から頭蓋を貫通して，左右の前頭葉を大きく損傷した。奇跡的に一命をとりとめたばかりか，2カ月後には歩くこともできるまでに回復した。

　ところがこの事故を境として，彼の性格はまったく変わってしまい，短気で気まぐれになり，上司にも不遜な態度を示したり馬鹿げた冗談をたたくなど，周囲の状況を把握することができなくなってしまった。また，将来を見越した洞察ができなくなり，目先のことばかりを追うようになった。こうして人びとに疎んじられるようになり，その職を追われることになった。ここまでの経過は治療にあたったハーロー医師の記録に詳しく述べられているが，その後の彼についてはほとんど知られていない。伝聞によれば，自分の運命を変えた長さ1メートル，直径3センチメートルの鉄パイプを手に，顔と頭の傷跡を見世物にしながら，流浪の旅を続けたという。

　18世紀末に骨相学を確立したガル（Gall, F. J.）は，前頭葉が「知性の座」であるとした。ところがゲージの激しい「性格変貌」を目の当たりにして，人びとは前頭葉が「性格・人格を統合する座」，あるいは「自我の座」として機能していると考えるようになった。

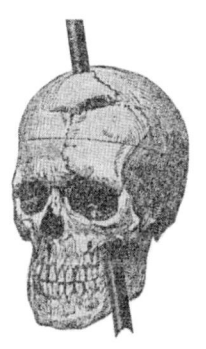

鉄パイプが頭骨を貫いている状況を示す（Harlow, 1948）

§3 左脳と右脳——大脳半球機能差

　人間の大脳半球の機能は左右でそれぞれ異なった進化をとげ，多くの点で左右差が指摘されている。最も著しい差は言語機能である。言語機能は話すことも理解することも左脳に偏在している。利き手も半球機能差によるもので，右手利きは反対側の左脳の運動野が右脳よりも優位であるためと考えられている。このようにして行動を支配する優位半球を調べてゆくと，人間の行動の大部分は左脳に支配されているようにみえる。そこで左脳を優位半球，右脳を劣位半球と呼ぶこともあった。ところがスペリーの分割脳研究により左右の半球機能差が次々と明らかにされ，**大脳半球の左右差**研究は優劣比較から機能分担の解明に焦点が移された。

　人間の大脳半球は脳梁(のうりょう)で結合されている。てんかんや脳腫瘍の治療として脳梁が切断されることがある。脳梁は二つの大脳半球を連結する神経繊維の束で，その数およそ2億本といわれている。脳梁が切断されると，二つの半球の情報は入力も出力も完全に分離される。このような脳を**分割脳**と呼ぶ。人間の視神経は，凝視点に対して左側の視野の映像は右半球の視覚野に投射され，右視野の映像は左半球の視覚野に投射される。左右に分割された映像は脳梁を介して相互に転送され，復元される。ところが分割脳患者では脳梁が切断されているので，半球間での情報転送ができない。

　スクリーンの右視野に単語や絵を瞬間提示すると，患者は単語を音読し，絵の名前を述べることができる。また右視野に出された物品の名前を右手で書くこともできた。右視野と右手はいずれも左半球の処理と制御を受ける。左半球は音読し，話し，書き，読解する能力があることが分かる。

　一方，左視野に提示した場合には文字や単語を音読したり，左手で書くことはできなかった。そこで，手元が見えないように，スクリーンの下をカーテンで覆った状態で左視野にスプーンの絵を提示してみると，左手を使ってスプーンを探り当てることができた。右半球にも，ある程度の認知と判断の機能が備

トピックス 7-3

どちらか一方の脳にだけ情報を送りたい

≪半側視野法の原理≫

ヒトの視神経は，網膜の外側（耳側）半分は同側の半球に入り，内側（鼻側）半分は，左右の神経が交叉（視交叉）して反対側の半球に入る。下図でこの経路をたどってみると，左視野にある矢の先端部（鏃）は，左目の内側と右目の外側に映っており，これは右半球に入る。一方，右視野にある矢羽は，左眼の外側と右目の内側に映っており，これは左半球に入る。つまり視覚情報は凝視点の左右で分割され，それぞれの視野の情報は反対側の半球に入る。ここで脳梁が正常に機能しているときには，左右の半球にある視覚情報は相互に転送され，1本の矢として復元される。分割脳患者では脳梁が切断されているので，半球間の情報転送ができないので，左半球は矢羽，右半球は矢の先端部しか見ることができない。

このような事態では無意識に眼球が動いて，どちらの半球にも視野全体の情報が取り込まれる。眼球運動が起こるのに0.2秒かかるので，これより短い0.1秒ほどで映像を消してしまわなければならない。瞬間提示法と呼ばれるのはこのためである。0.1秒というとずいぶん短い時間と思えるが，英数字や仮名文字を一つ読む程度ならば0.05秒で十分である。

この半側視野法は，分割脳患者のように脳梁が完全に切断されているときに，最も精度の高い測定結果を得ることができる。脳梁が正常に機能しているときには，反対側の半球から送られてくる情報の影響が混入して，測定値に歪みが起こりやすい。それでも正確度と反応速度の相対的な違いに注目すれば，健常者の半球機能テストとして活用できる。たとえば右視野に文字を提示すると，この情報は左半球に入力される。左半球は文字を読むことができるので，右半球の情報支援を待たずに回答可能である。ところが左視野に文字を提示すると，この情報は右半球に入る。右半球は文字を読むことはできないので，左半球にこの情報を転送して読んでもらわなければならない。不得手な情報処理は反対側半球に転送して処理しなければならないので，反応時間が延びたり，途中で干渉を受けて誤りが増えたりする。左右差を比率や指数で示すことにより，数量的な分析も可能になっている。

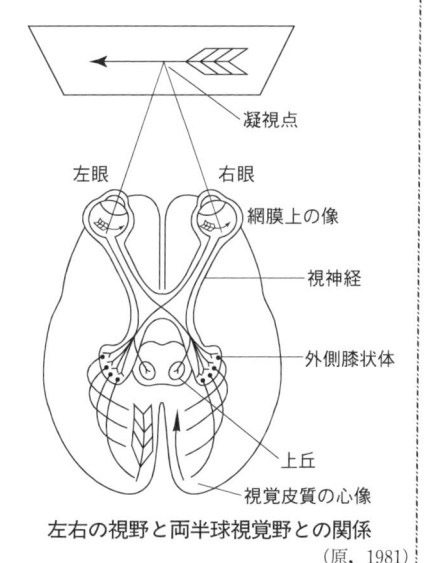

左右の視野と両半球視覚野との関係

（原，1981）

例　　　　　　　左手　　　　　　右手

図3　分割脳患者の模写テスト（Gazzaniga, 1967）

わっていることが分かる。ところが，まさにスプーンを握っているその瞬間に，「あなたの左手が選んだものは何ですか」とたずねると，患者は「分からない」と答える。右半球だけでは，なぜ自分の左手がスプーンを握っているのか理解できない。このことは，私たちの自己意識は左半球にあって，右半球にはないことを示している。声の主は常に左脳であり，右脳は自分の声をもっていない（トピックス7-3参照）。

　全般的にみて推理や判断が必要な課題では，左脳は圧倒的に高い成績を示し，右脳よりも論理的で解釈に優れている。私たちの知的な活動はもっぱら左脳が支えているといってよい。ところが絵を描かせてみると右手はひどく不器用で，ほとんど手本を模写することができない。図3はもともと右利きの患者が術後，左側の図を手本として模写したものである。右手が描いた絵は，見本の空間的な特徴をほとんどとらえていない。不器用なはずの左手の描いた絵の方が，はるかに正確な模写となっている。不完全な図形を完成させたり，完成図と同じになるようにブロックを配列させたりする課題では，右手よりも左手の方が速く正確にできる。このような空間的，幾何学的な処理は右脳の方が優れていることが分かる。このほか，和音の弁別など音楽的な処理も右脳の方が優れていることが分かっている。

　分割脳研究から学ぶことは多い。最も重要なことは，左脳だけが私たちの意識の座として働いていることである。次に重要なことは，私たちは機能が非常に異なった二つの脳を持っていること，そしてまったく違った世界を一つの身

トピックス7-4

世界の右半分しか見えない

≪右半球の障害と半側無視≫

　下図の右側の絵は，右半球後部に損傷のある脳卒中患者が，左側に示した見本を模写したものである。時計は丸い輪郭線だけは描けているが，数字は左側が無視されている。家や花の絵では，全体の輪郭線も左側は消失し，見本の絵の左側はほぼ完全に無視されている。

　このような半側無視は，右頭頂葉から後頭葉にかけての損傷で起こりやすい。正立，倒立，傾き，大きさ，奥行きなど，ものとものの空間的な関係の把握にも障害が起こる。このため日常生活でも左側の障害物に気づかず，障害物に突き当たる。絵を模写させると右半分だけを模写し，食事では皿の左半分を食べ残す。横書きの文章では右半分だけを読み，左半分を見落としてしまう。右頭頂部が空間認識に重要な役割を果たしていることが分かる。

　右側頭葉の障害では言語障害は起こらないが，メロディーを聴き取ったり，それをハミングするなどの音楽的処理ができなくなる。このような認知障害を失音楽症という。また右半球障害者は健常者に比べて，冗談，ユーモア，比喩的表現，言外の意味（裏の意味）などの理解に困難を示し，文字通りの表面的な解釈や見当違いな推測におちいりやすい。このため，物語の全体的な構造や筋の展開を把握することに困難を示すことが多い。右半球は空間的，音楽的，情緒的な情報処理に優れ，全体像の把握や的確な予測などにも優れていることが分かる。

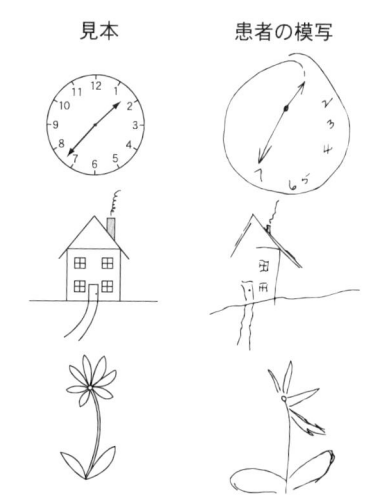

半側無視の患者が描いた絵（模写テスト）
(Springer & Deutsch, 1989)

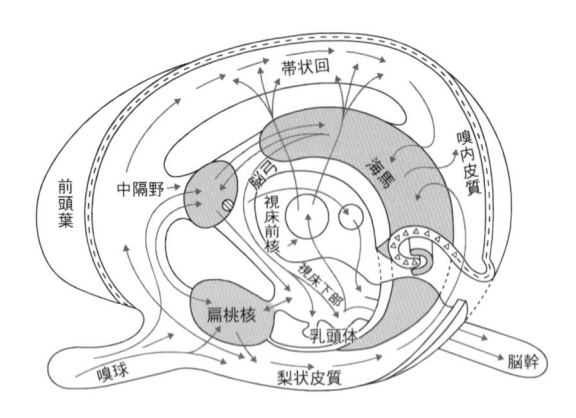

図4 大脳辺縁系の内部連絡 (Isaacsonら, 1971)

体の中に持ち合わせていることである。この不条理が人間理解に与える力は大きい（トピックス7-4〜7-6参照）。

§4 脳と情動——大脳辺縁系と脳幹

情動行動は探索，攻撃，防御，落胆，満足，愛撫の六つに区別され，それぞれ望み，怒り，恐れ，悲しみ，喜び，愛という言葉と対応する。これらの感情と行動が脳のどこで生起するのかをみることにする。

パペッツは，情動障害を生じた症例の病理解剖所見を検討し，情動に関与する脳の部位は**大脳辺縁系**に反響回路を形成していることを指摘した。大脳辺縁系は，大脳皮質の一部（古皮質と旧皮質），視床，視床下部を含み，爬虫類にもあることからワニの脳とも呼ばれている。その主な組織を挙げれば，大脳新皮質のすぐ下にある帯状回，その下に中隔野，扁桃核，海馬，脳弓がある（図4）。パペッツは，視床下部，視床前核，帯状回，海馬を結ぶ回路が，情動体験と情動行動の表出に関係するとした。その後マクリーンはこの情動回路説をさらに発展させ，辺縁リング説を提案している。**辺縁リング**は三つの回路から構成されており，扁桃核を含む前側頭葉は，快-不快，恐れ，悲しみ，不安や攻撃，逃避など，自己保存に不可欠な情動に関係している。これとは反対に

トピックス7-5

曲が鳴る　だが譜にとれない

≪作曲家ラベルと失音楽症≫

　ラベル（Ravel, J. M.：1875-1937）は，『ボレロ』をはじめ数々の名作を残した作曲家であるが，1933年から死ぬまでの5年間は，まったく作品を残していない。原因は，左半球にきわめて局所的に起こった脳組織の萎縮によるものと推定されている。軽度のウェルニッケ失語のために言い間違いや聞き違いがあり，ものの名前が思い出せない（失名詞失語）などがあった。また，思ったように手足が動かない（有意運動性失行）という運動障害にも悩まされた。最もはっきりしていたのは，字が書けない（失書）ことと，文字が読めない（失読）ことだった。失書と失読は比較的早くから現れ，自分の署名で綴りを間違えても，それに気づくことができなかった。文字を読むことも書くこともできなくなったが，会話の能力や音楽を鑑賞し評価する能力は高く保たれていた。ラベルにとって最も衝撃的であったことは，頭に浮かんだメロディーを譜面に採ることができなくなったときである。彼が，オペラ『ジャンヌ・ダルク』の作曲にとりかかろうとしていた矢先であった。たずねてきた友人に，「曲が聞こえる。だが私にはそれを譜面に書き記すことができない」と告白している。アマチュアが音楽を聴くときは，右半球の聴覚野とその周辺の連合野が活性化する。ところがプロの作曲家や演奏家では，むしろ左半球の方が活性化する。ラベルを襲った失音楽症も，左半球の運動前野と側頭頭頂連合野を中心に起こった神経障害によって起きている。作曲活動が論理半球である左半球によって支えられていることは，その後の脳機能画像解析による研究からも明らかにされている。科学と対比させて，芸術は非論理を特徴とするという思い込みが強い。ところが，多くの芸術活動が左半球優位を示している。プロとアマチュアでは活性化する脳の部位が異なる。このことは芸術活動を理解するうえで大切なことである。

　1937年12月，ラベルは自らの希望で脳外科手術を受け，その9日後に62歳の生涯を閉じた。

中隔を通る辺縁リングの部分は，攻撃行動を抑制し快感情の生起に関係している．さらに交尾，生殖を準備するような性的な情動行動とも関係しており，種の保存に重要な役割を果たしている．これらの二つのリングは，嗅球からきている嗅覚神経の入力を受けており，視床下部で合流する．情動が嗅覚と密接に関係していることが分かる．視床下部を刺激すると，摂食行動，性行動，怒り（攻撃，逃避）行動が現れる．性と食と闘争が同じ神経回路を使っていることを示している．第三の経路は，嗅球からの神経経路をバイパスして視床前核に入り，辺縁リングを構成している．哺乳類でよく発達しているがヒトで最も大きい．情動行動が嗅覚よりも視覚により多く依存するように進化したことを反映している．これらの辺縁リングは記憶の回路とも重なっていることが指摘されている．生き残りをかけた生存戦略の観点から考えれば，情動行動の制御過程と記憶，学習過程は不可分のものであり，神経回路を共有することは合理的なことといえる．

　最近の脳機能画像研究から，快感情は左前頭前野，不快感情は右前頭前野の活動と関係していることが分かってきた．たとえばうつ病患者では右前頭前野の活動が高まり，悲観的で不快な出来事に対する感受性が亢進する．これに加えて左前頭前野の活動が低下するため，明るい展望を立て積極的な情報処理を進めることが困難になると考えられている．これらの研究では左右の前頭前野と大脳辺縁系の力動的な関係から，感情障害の病態解明が進められている．

§5　意識——眠りと夢

1　ノンレム睡眠とレム睡眠

　睡眠と覚醒の中枢は**視床下部**と**橋**にあり，視床下部の前部に睡眠中枢，後部に覚醒中枢がある．橋は後で述べるレム睡眠の中枢である．睡眠は視床下部前部にある睡眠中枢の働きで始まる．脳波が意識水準とよく対応して変化し，特に睡眠中は眠りの深さを反映して著明な変化を示すことから，脳波パターンに

トピックス7-6

二つの「こころ」と一人の私

≪分割脳と自己同一性≫

脳梁切断は大手術のわりに，患者の性格や知能，記憶にはほとんど障害は出ない。しかし，手術後に自分の左手が勝手に動くことがあり，止めようとしてもいうことをきかないで困るという訴えは多かった。たとえば洋服ダンスを開けて服を選んでいると，左手が伸びてきて，自分が着ようと思ったものとはまるで違う服をつかみ出したりする。「私」が意識できるのは左脳が支配する右手の動きであり，左手の動きは納得できない。このことは，われわれの自己意識は左脳にあって右脳にはないことを示している。しかし，左手の振る舞いは，確実にもう一つの「こころ」(自由意志)が右脳にあることを表している。ガザニガとルドーは，右図のような実験装置で連想テストを行っている。凝視点の左右に別々の絵を同時に瞬間提示する。次に，手元の8枚のカードから今見た絵と関連のあるカードを選んで下さいと教示する。この場合，左脳は鳥の足を，右脳は雪景色を見ている。右手はニワトリ，左手はシャベルを指させば正解である。正解を確かめてからこの被験者に「どうしてそう答えたの」と聞くと，「鳥の足が見えたのでニワトリを選びました。シャベルはニワトリ小屋の掃除に必要だからです」と答えた。左脳は雪景色を見ていない。だからなぜ左手がシャベルを指しているのか分からない。そこで左脳は半球内の知識を総動員して推理し，筋がうまく通る理屈をとっさに作り上げたのである。左脳にある解釈機構は，意識と無意識の二つの心に矛盾や葛藤が生じると，不協和を解消するために発動される。行動の主体が矛盾なく統一的であること，つまり自己同一性を保つために左脳の合理化機能が優先する。このことにより，われわれは右脳にもう一つの「こころ」があることに気づくことができない。

自己意識は前頭葉にあると考えられている。このことと組み合わせて考えると，意識される自我の座は左前頭葉にあり，右前頭葉の自由意思は気づかれることもなく，無意識の世界に沈みこんでいると考えることができる。

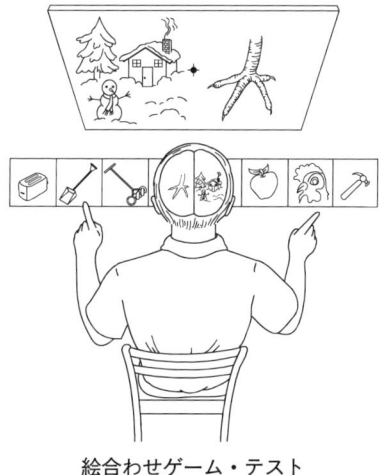

絵合わせゲーム・テスト
(Gazzaniga & LeDoux, 1978)

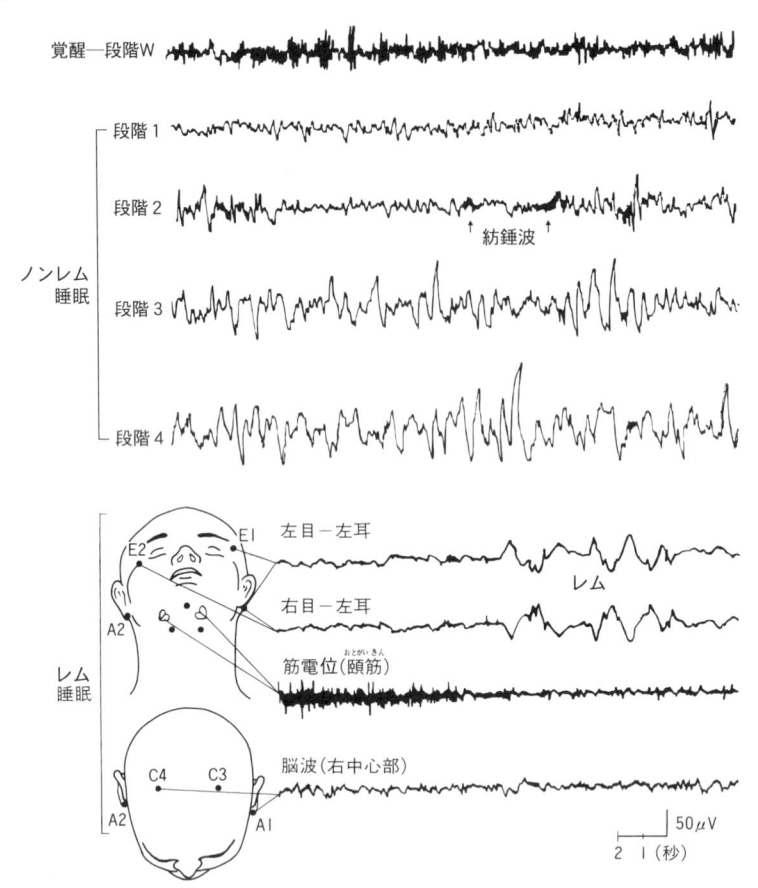

図5 睡眠段階の国際標準判定基準 (Rechtschaffen & Kales, 1968)

よって睡眠状態を分類し眠りの深さを測る指標としている。これが睡眠段階である。図5は，国際睡眠学会の標準判定基準に従って睡眠段階の特徴的な脳波パターンを示したものである。睡眠段階1〜4までは脳波の記録だけで判定が可能であるが，レム睡眠の判定には，脳波のほかに眼球運動と抗重力筋の筋電位の記録が必要になる。そこで睡眠研究では，図5の下側に示したような位置に電極を装着して，睡眠ポリグラムが記録されている。

覚醒段階では 8-12 Hz の α 波と 13-40 Hz の β 波が混ざった状態である。読書中や暗算中には β 波が多く，安静閉眼中は α 波が連続的に出現する。

トピックス 7-7

快感神経と快感物質

≪自己刺激実験と神経伝達物質≫

　普通のスキナー箱では，レバー押し反応には餌や水が報酬として与えられる。餌や水の代わりに脳へ電気刺激がいくようにしても，動物はレバー押し学習を行う。自分で自分の脳を電気刺激するので，「自己刺激」と呼ばれている。自己刺激の結果が不快（罰）を引き起こすのであれば，動物は二度とレバーを押さない。逆に頻繁に押し続ければ，通電は快（報酬）をもたらしていると考えてよい。通電する部位によって反応の頻度は変わるが，反応頻度の高い部位を脳地図にプロットしていくと，視床下部後部から大脳辺縁系（中隔，扁桃核，海馬，嗅内野，帯状回），さらに深い脳幹部にまで広く分布している。これらの部位は，ドーパミン神経とノルアドレナリン神経の上行経路に沿って分布している。

　神経は，神経と神経の接合部（シナプス）で神経伝達物質を放出して情報伝達する。そこで自己刺激部位と繊維連絡のある部位で，どのような物質が放出されているかを調べれば，この快感経路に関与する神経のタイプを確定できる。分析の結果，放出される物質は，ノルアドレナリンとドーパミンであることが確かめられた。さらにこれらの物質の合成阻害剤や神経遮断剤を投与すると，自己刺激が消失する。またノルアドレナリン神経束の始発点（起始核）である青斑核（A6）に電極を挿入すると，自己刺激が起こる。同様に，ドーパミン神経束の始発点である黒質（A9）でも自己刺激が起こるので，この二つの神経系は，快感と強く関係していると考えられている。ごく最近になって，この快感経路（視床下部，側坐核，中心灰白質，青斑核）には，脳内麻薬と呼ばれる β エンドルフィンやエンケファリンが高濃度に含まれており，濃度が高い部位ほど自己刺激の頻度も高いことが分かってきた。また自己刺激がモルヒネ投与で促進され，モルヒネの作用を阻害する薬物（モルヒネ拮抗剤：ナロキソン）の投与で抑制される。快感経路に脳内麻薬が深い関わりもつことが考えられ，注目を集めている。

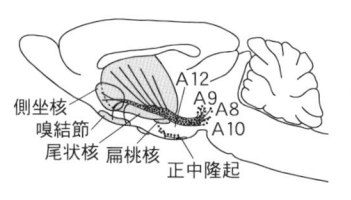

ドーパミン経路 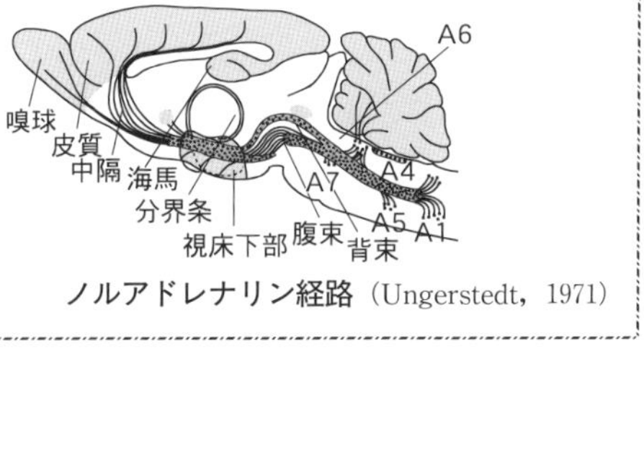　　　　ノルアドレナリン経路 (Ungerstedt, 1971)

睡眠段階1に移行すると，α波は消失し4-7 Hzのθ波が出現してくる。入眠期の段階1ではゆっくりとした眼球の振子運動のセム（SEM：Slow Eye Movement）が見られる。外見上は眠っているように見えるが，眠っていたという答えはごくまれで，うとうとしていたが眠ってはいないというのが大部分である。半醒半睡状態あるいは入眠期とも呼ばれる。

睡眠段階2では睡眠紡錘波（sleep spindle：図5中の矢印の部分）が出現する。段階1に見られたセムは停止し，呼吸は規則正しい寝息になる。男子の呼吸は覚醒中は腹式であるが，段階2から胸式に変わり，睡眠中は呼吸運動に性差はなくなる。この時期に起こして聞くと，大部分の人が眠っていたと答えるようになり，行動的にも内省的にも睡眠状態に入っていることが分かる。

睡眠段階3と4では0.5-2 Hzで振幅の大きなδ波（徐波）が出現する。判定区間に占めるδ波の割合によって，50％以上を段階4，20〜50％を段階3と判定する。段階3と4をまとめて徐波睡眠（SWS：Slow Wave Sleep）と呼ぶこともある。行動的に最も深い眠りの状態で，呼びかけてもなかなか目覚めない。

段階3と4が続いた後，脳波パターンは一度段階2に戻ってから段階1へ移行する。入眠期と違ってこの段階1ではセムは見られず，逆に覚醒中のような急速眼球運動のレム（REM：Rapid Eye Movement）が出現する。さらに抗重力筋である頤筋が脱力を起こし，筋電位の振幅が著しく低下する。これがレム睡眠と呼ばれる状態である。レム睡眠に特徴的な眼球運動と抗重力筋の脱力は，脳幹の橋にあるレム睡眠の中枢によって調節されている。レム睡眠に対して段階1〜4までの睡眠を，レムのない睡眠としてノンレム睡眠と呼んでいる。

図6は睡眠段階の時間経過を模式図で示したものである。レム睡眠はおよそ90分ごとに出現するという周期性があり，ノンレム睡眠とそれに続くレム睡眠までを一つの睡眠単位として睡眠周期と呼ぶ。一夜の睡眠ではこの睡眠周期が4，5回繰り返されるが，各周期を構成する睡眠段階の割合は一定ではない。深い眠りを示す徐波睡眠は，一夜の前半2，3時間に集中して出現する。一方，

トピックス7−8

嘘発見テスト　犯人だけが知っているキーワードを探せ

≪虚偽検出ポリグラフ検査≫

犯罪捜査で用いられている嘘発見テストは，正しくは虚偽検出ポリグラフ検査というが，皮膚電気反応，脈波，呼吸曲線の三つの生体情報を同時に記録して行う。ポリグラフという語感から，すぐに科学捜査官が使う嘘発見器を連想しやすいが，ポリは，モノ（単一）に対するポリ（複数）の意味で，二つ以上の生体情報を同時記録する装置のことである。

思わず手に汗握るという言葉のとおり，緊張すると手の平から汗が出てくる。これが精神性発汗である。皮膚は乾燥していると電気抵抗は高く，汗で湿っていると抵抗が低い。手の平の電気抵抗は精神性発汗の程度とよく対応して変化する。皮膚に微弱な電流を流して電気抵抗の変化を測り，これを記録したものが皮膚電気反応である。今のところ，最も鋭敏に情動を反映する指標と考えられている。

抹梢血管は情動場面で収縮運動を起す。血管内の血液量の変化を記録したものが脈波である。これも自分の意志ではほとんどコントロールできないので，情動の指標として使われる。呼吸の場合は，自分でコントロールすることもできるのだが，思わず息を呑むという言葉のように，強い情動場面に遭遇するとリズムが乱れてしまう。このように，自律神経系の活動が情動事態で「乱れ」を起すことを利用して，質問内容とそれに対する自律神経系活動の乱れ現象の有無や程度を分析するのが，嘘発見テストである。嘘をつくことに特有の生体反応はないので，無関係の人には何も変化が起こらず，犯人だけが激しい情動反応（乱れ現象）を示すような質問を作らなければならない。どのように質問リストを作るかが最も重要なことである。

凶器は花びんだったとする。このことは報道されておらず，今のところ犯人以外は知らないとする。このようなときに，バット，タオル，灰皿，椅子などの無関係語と組み合わせて，「使ったものはバットですか」と順に質問する。答えは被検者の自由で，「いいえ」でも「知りません」でも「分かりません」でもかまわない。花びんという単語は，普通の人にとってはことさらに情動的な単語ではない。しかし犯人にとっては重大な意味をもつ。「使ったのは花びんですか」という質問に対する反応が，他の単語を使った質問に対する反応よりも大きく乱れたとすれば，この人は「普通の人」ではないと考えることができる。一つでは偶然ということもありうるから，いろいろな角度から犯人しか知らない「重要単語」を用意して質問する。たとえば，五つの偶然が重なる確率は32分の1で，3％である。偶然確率が低くなるほど「犯人」である可能性が高くなる。

「犯人」はなんとかして知らないふりをしようとするが，そのことが一層記憶を鮮明にさせ，情動表出を強めてしまう。こうして巧みな質問攻勢により，自らが犯人であることを暴露してしまうのである。

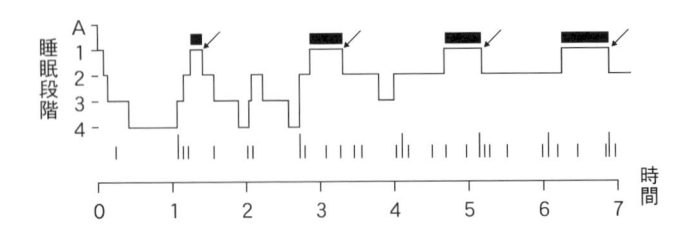

図6　睡眠経過図（Dement & Kleitman, 1957）
睡眠段階　A：覚醒, 1〜4：ノンレム睡眠, 黒帯：レム睡眠
矢印は睡眠周期の終了時点を示す。
下段の縦棒は寝返りなどの粗体動（長）と局所的な体動（短）を示す。

レム睡眠は周期ごとに持続が延長し，朝方には30〜40分も持続するようになる。睡眠は二つの睡眠の単純な繰り返しでないことが分かる。

2　入眠期心像体験，ノンレム睡眠の夢，レム睡眠の夢

　入眠期の段階1では色のついた光や幾何学模様が見える。入眠期が進行するにつれ，風景や人の顔，映画の一場面を思わせるような光景も見える。また急に体が落ちるような落下感や，突然体がふわふわと浮き上がるように感じる浮遊感も起こる。目を閉じているので何も見えないはずであるが，はっきりと映像や音声が感じられる。落下体験ではあまりの恐ろしさに思わず布団にしがみついたりする。このような対象のない知覚体験を幻覚と呼ぶとすれば，入眠時幻覚と呼ぶことができる。実際，入眠時幻覚と呼んだ時代もあるが，誰にでも起こる事象をことさらに異常心理学や精神医学の用語で記述することに疑義が起こり，最近では入眠期心像体験と呼んでいる。心像体験のほか，支離滅裂な思考も体験される（トピックス7-9参照）。

　20世紀最大の芸術運動といわれる超現実主義（シュールレアリスム）の画家や詩人，小説家は，入眠期の心像体験や滅裂思考こそが日常的秩序の束縛から解放された清明な意識状態であるとして，好んで芸術的資源とした。

　段階2〜4までのノンレム睡眠とレム睡眠のそれぞれで起こして，夢を見ていたかどうかを質問する方法で，夢の再生率を調べたこれまでの主な研究をま

トピックス7-9

金縛り体験は入眠期に出現したレム睡眠で起こる

≪睡眠周期の乱れと入眠期レム睡眠≫

「うとうとしていると突然目が覚めました。目だけは動くのですが体はまったく動きません。恐ろしいし，苦しくて心臓がどきどきするのですが，助けを呼ぼうとしても声が出ません。誰かが体の上にのしかかってきたように感じましたが，確かめることも払いのけることもできませんでした。かなり長い間続いたように思いますが，自然に終わりそのまま眠ってしまったように思います」。

金縛り体験は，動けない，声が出ない，強い恐怖や不安を伴う，胸の上に何かが乗っている感じがする，そばに誰かがいるような気配がするなどが主な特徴である。福田らは大学生653名を調査し，金縛り体験の発現率は男性で37.7%，女性で51.4%，全体で43.0%であり，初発年齢のピークは女性が15歳，男性が18歳で性差があることを報告している。金縛り体験の起こる直前の状態を調べると，身体的あるいは心理的ストレスと，睡眠-覚醒サイクルの乱れという二つの特徴があるという。

竹内らの睡眠ポリグラフ記録から，金縛り体験は，入眠期レム睡眠という特殊なレム睡眠で起きていることが分かっている。普通のレム睡眠は，入眠後1時間程度，徐波睡眠が続いてから出現する。睡眠-覚醒リズムに乱れが起こる状態では，ノンレム睡眠-レム睡眠の睡眠周期にも乱れが起こりやすく，入眠後まもなくレム睡眠が出現することがある。これが入眠期レム睡眠である。普通のレム睡眠期よりも脳波にα波が多く出現し，覚醒水準は比較的高い状態であることを示している。レム睡眠では骨格筋の緊張が著しく低下するので，体を動かそうとしても動かない。レム睡眠では鮮やかで情動的な夢体験が起こる。これらのことを総合すると，高い覚醒水準により自分は目覚めたと感じ，この覚醒感が脱力を麻痺，夢を現実と取り違えたと考えられる。部屋の明かりを消して床についたはずなのに，金縛り体験中には，寝室の光景が鮮明に知覚できることがある。この寝室自体が，まさにレム睡眠期の夢が映し出している幻影なのである。

ヨーロッパでは，夢魔という悪魔が胸の上に乗ることで起こる現象と信じられていた。19世紀の画家フュゼリーの『夢魔』は，金縛り体験の特徴をよく表している。21世紀に生きる現代人でも，あまりの怖さと不気味さから，金縛りを心霊現象と考えてしまった人も多いようである。大学生を対象にした調査でも，半信半疑の人を含めれば，女性の70%，男性の45%が，思わず霊の力を信じてしまったと告白している。快眠の確保には，睡眠科学の知識を正しく理解すること，その普及が大切である。

とめると，レム睡眠の再生率に比べてノンレム睡眠の再生率が著しく低い。このことから，当初は夢はレム睡眠に限って体験されるものと考えられた。ノンレム睡眠の夢は再生率が低いだけでなく，心像の鮮明度や物語性や構成の複雑さ，怪奇性などがレム睡眠の夢に比べて低く，現実的で印象に薄く断片的であるなどの特徴から，一つ前のレム睡眠時の夢を記憶していたのだと考えられた。その後の研究で最初のレム睡眠がまだ出現していない状態で起こしても夢の報告が得られることから，ノンレム睡眠でも夢を見ることが確かめられた。ノンレム睡眠では夢を見ないと言い切ってしまうと，これは誤りである。しかし，私たちが普通に夢と呼んでいるものは，レム睡眠中の夢と考えてよいであろう。

瞳孔の大きさと女性の魅力度（Hess, 1965）

トピックス 7-10

瞳孔は口ほどにものを……

≪ヘスの態度と瞳孔拡大の実験≫

　ヘスは，快適なあるいは興味のある視覚刺激に対して，瞳孔が大きくなることを確かめ，「態度と瞳孔の大きさ」という論文を発表した。瞳孔は自律神経の支配を受け，大脳皮質の関与もあり，瞳孔運動を調べることによって，情動など精神活動の様子を知るのに適している。ところが，心理学領域で瞳孔運動に関する研究が盛んになるのは，このヘスの論文が発表されてからである。

　赤外光を瞳孔に照射し，これを反射鏡を使って 16 mm シネカメラに導いて記録する方法を採っている。毎秒2コマで，フィルム像から瞳孔径または面積を測定している。

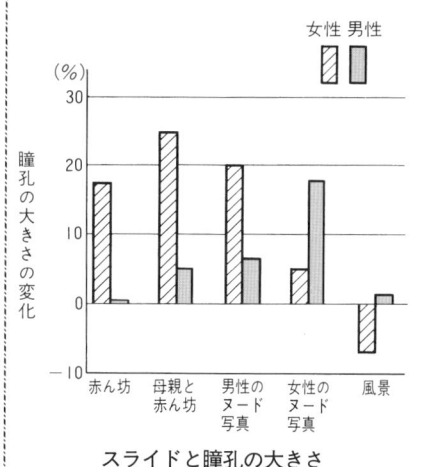

　男女の被験者に5枚の写真を提示し，瞳孔の大きさを測定すると，男性の瞳孔は女性のヌード写真を提示したときに大きくなった。これに対して，女性の瞳孔は，男性のヌード写真，赤ん坊，赤ん坊を抱いた女性の写真を見たときに大きくなった。このように瞳孔は，興味や関心の強さを反映して拡大し，好ましい態度の表れとして変動する。

　次に，女性のポートレートを，一方は実際よりも瞳孔を大きく修正して，無修正の写真とどっちが魅力的かを調べた。すると圧倒的に修正写真の方が，魅力的であるという評価を受けた。私たちは，自分に興味と関心をもち，好いてくれる人に好意を抱き，自分を嫌っている人を嫌いになる傾向がある。目と目のふれあい，アイコンタクトは対人関係において重要である。この瞬間瞬間の視線のなかで，瞳孔の大きさを意識する人は少ない。しかし，ヘスの実験は，この微妙な瞳孔運動も非言語的コミュニケーションとして機能していることを示している。

(Hess, 1965)

スライドと瞳孔の大きさ

第8章 臨床心理と心理療法

《心のケア》

　知覚や学習，また感情など，人間に共通してみられる心理メカニズムについてこれまでの章で学んできた。これらのメカニズムは，私たち人間を理解していくうえで重要な基盤であるが，自分や身近にいる人の行動やその心理を考えようとすると個々の違いが大きく，人を理解するための理論や手法が必要なことに気づく。たとえば，先生から叱られてある子どもは黙りこくって涙を浮かべてじっとたたずむかもしれないが，ある子どもは先生に反発してかえって挑戦的になろうとするかもしれない。いったいその違いはどこからくるのだろうか。そして，その子どもを理解し成長を支援するには，周囲はそれぞれをどう理解し，どう手を差し伸べていったらよいのだろうか。

　臨床心理学は，個を深く理解することを基盤にして，心にストレスや葛藤を抱えている人の悩みを解決したり，心に傷を抱えながら生きている人を援助したりするのに必要な理論や方法について研究している。

　21世紀は心の時代といわれ，心の豊かさを尊重することが強調されている。近年では**スクールカウンセラー**や被害（災）者支援，子育て支援，高齢者支援，HIVカウンセリングなど，社会の広い領域で**心のケア**が行われるようになっている。心は目に見えにくいものだが，臨床心理学ではさまざまな理論や方法によって，人の心を理解し，人が生きていくのを支えることを研究する。

　人の心の構造を理解する手がかりになる人格理論や，それに基づく心理療法の考え方，異常心理の概要などの主な理論については，すでに第5章で学んだ。そこで，この章では，臨床心理学の支援の考え方や方法を中心に学ぶ。

§1 臨床心理学とは

臨床心理学における「臨床」という言葉は，もともとは，病で床にある人に対する治療的な関わりという意味で使われた。しかし，現在では，臨床心理学は病を抱えている人を対象にするだけではなく，健康な人びとのストレスに対する反応への対処など，予防教育も含めて，広い領域でその役割を果たしている。また，近年では，学校臨床心理学，社会臨床心理学，発達臨床心理学などというように人間の活動領域におけるフィールド研究としての「臨床」という視点が重視されてきつつある。

近代科学的心理学との比較における臨床心理学の特徴は，科学的心理学が客観的，科学的にその対象となる「人」の反応を実証することを重視しているのに比べて，臨床心理学では，専門的関わりを重視しながら対象となる「人」をとらえる点である。臨床心理学の専門家（臨床心理士などのカウンセラー）は自身のありようやその関わり方まで含んで，対象となる「**クライエント（来談者）の変容**」をとらえる。カウンセラーとの関わりを通してクライエントは自らに向き合い自分の生き方を探っていく。カウンセラーは支援し見守っていくのであるが，そこには臨床心理学に裏づけられた理論や方法が必要となるのである。下山は，臨床心理学の全体構造を，図1のように表している。

臨床心理学の基本は「実践活動」である。クライエントによる問題が何であるかを査定するアセスメントを行い，その結果から問題解決に向けて方針を立て，実際に問題に介入する。このとき，さまざまな理論や知識を参照してクライエントを理解する仮説やアプローチへの方針を立て，関わりの過程を通してそれを検討し検証することを循環的に繰り返していく。これが「実践を通しての研究」である。また，このような実践活動と研究活動は，説明責任を果たすことを通して社会システムのなかで「専門活動」として位置づけられる。

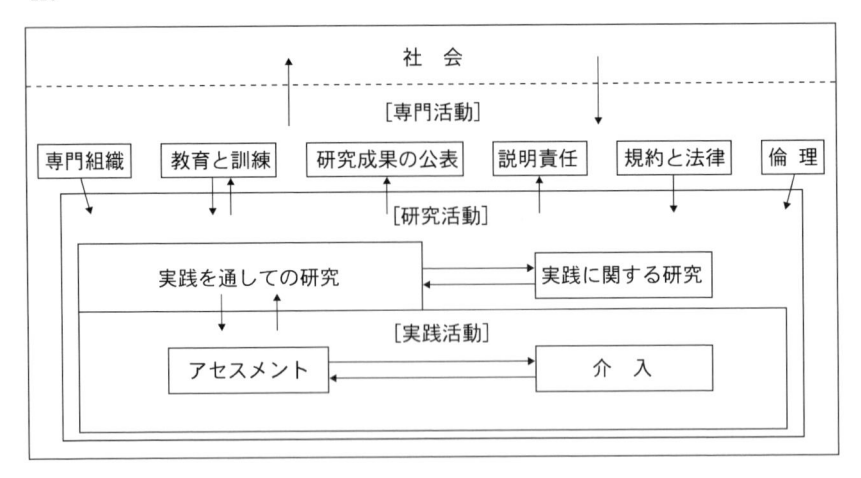

```
              社　会
         ─ ─ ─ ─ ─ ─ ─ ─ ─ ─
              [専門活動]
[専門組織] [教育と訓練] [研究成果の公表] [説明責任] [規約と法律] [倫理]
              [研究活動]
  [実践を通しての研究] ←→ [実践に関する研究]
              [実践活動]
     [アセスメント] ←→ [介　入]
```

図1　臨床心理学の全体構造（下山・丹野，2001）

§2　臨床心理アセスメント

「アセスメント」とは，もともとは課税のための資産評価を示す用語である。臨床心理学では，問題を訴えて来談した人や課題の状況について，臨床心理学の手法に基づいて実態をとらえ，査定していくことを指しており，**臨床心理アセスメント**という。

精神医学診断では，診断基準や疾病分類体系に基づいて患者の医学的な診断を行うが，臨床心理アセスメントでは，診断基準や疾病分類を踏まえながらも，クライエントの訴えている問題（主訴）や心理的な状態，パーソナリティの特徴や発達水準，対人関係や周囲の人的資源などについてとらえ，その後の援助の方針を立てるのに必要な判断を行う。アセスメントにあたっては，まず，クライエントの問題理解のために客観的な情報を収集し，その結果に基づく解釈を行い，心理診断や援助への仮説を立てていく。その際，クライエント自身が気づいていない心理的，社会的，健康的な側面にも注意深く視点をあて，その後の改善に役立つ資源として重視する。

臨床心理学におけるアセスメントの主な方法としては，面接法や心理検査

法，観察法がある。アセスメントの目的に照らし，また，対象となる人や状況によって適切な方法を組み合わせて行う。クライエントが抱える悩みや問題，状況について，客観的に実態をとらえる。加えてそれに対するクライエント自身のとらえ方（主観），性格や考え方，知的能力，生育歴が基本的理解を助ける。また，その問題をめぐり，本人や周囲の対拠の仕方やその経緯，ここで来談に至った動機や，クライエントを囲む環境などについて，情報を統合して問題の全体像を描いていく。主訴がそのままクライエントの抱える問題の本質ではないことも多く，アセスメントにあたってはカウンセラーの専門的技量が必要とされる。医学的援助が必要な場合は的確に見立て，クライエントの気持ちを受容しながらも専門的立場からの助言を機を逃さずに行う。特に，生命に関わる事態などでは，クライエントに適切に助言をして，医療機関と連携を速やかにとり，医学的受診につなげる。

　アセスメントの際は，問題を抱えて不安な心理でいるクライエントに，意図を説明し，その作業がクライエントにとってどのような意義があるか，その後の援助にどのように活きるかなどについて，十分な説明を行う必要がある。仮説が得られた段階で，状況を配慮しながら結果を伝え，クライエント自らが問題の理解を深め，その後の心理療法につなげていく意欲を高められるような援助が必要である。治療的援助の基盤になるカウンセラーとクライエントの関係は，アセスメントの段階からその第一歩が始まっている。

1　面　接　法

　面接法とは，顔を合わせて直接会話を交わしながら情報を収集する方法である。基本的には，①クライエントの語りに沿って耳を傾けながら必要な情報を収集する「非構造化面接」と，②質問項目を確定してどの質問者が行っても差異が生じないように，話の順序や時間も一定にしながら行う「構造化面接」，③状況によってクライエントに添いながらも，面接者から問う項目については情報収集を行う「半構造化面接」がある。初回の面接だけをその後の継続的面接者とは別個に実施する場合は，「半構造化面接」の形態で一定の時間的制約

のなかで必要とする情報を得ることが多い。

　面接法では，対面で一人ずつあるいは少人数のグループなどを対象にするので，長い時間を要することが多い。しかし，目前に接することによりその表情や態度，話し方，面接者からの働きかけに対応する態度，話の内容や時間経過による反応の変化など多くの資料が収集できる。非言語的メッセージが豊富に得られることは，クライエントを理解するには何より貴重な資料となる。

　また，調査面接などでも被面接者にとって，たとえ調査面接が15分ぐらいであっても，面接者から真摯に話を聴いてもらうとその話のなかで自分の気持ちを整理したり，気づきがもたらされたりする。たとえば，子どもたちのいじめ問題について，面接調査で，いじめられていることを第三者だからこそ話せることもある。日頃抑えていた感情を面接調査のなかで一度表現することで，教師にも話せることになり，それが学校全体でのいじめ対策につながるなど，予測を超えて治療的な効果を発揮する場合もある。

　心理専門機関で継続的心理療法を行う場合には，アセスメント面接だけを独立して行うよりも，心理療法の初回面接のなかで信頼関係（ラポール）を成立させながら，アセスメントを同時に行っていくことが多い。

2　心理検査法

　心理検査の種類は，その検査がとらえる領域や形態によっていろいろな分類の仕方がある。とらえる領域からの分類では，知能検査，人格検査，神経心理学的検査などがあり，被検査者の規模では，個人検査，集団検査に分類できる。検査実施の形態からは，質問紙法，投映法，評定法などに分類できる。

　それぞれの検査は，特に質問紙検査では標準化されているものが多いが，臨床実践にもとづいて作成されているものもあり，投映法では人格理論が基盤にあるものなど，その成り立ちもさまざまである。実施にあたっては，その検査の特徴をよく把握していて，クライエントやその状況に照らして，目的に合った検査を選択することが肝要である。それぞれの検査が描き出す人格の側面を考慮して，複数の検査を組み合わせて実施することを「テスト・バッテリーを

トピックス 8-1

代表的心理療法

《心理療法の諸理論と技法》

現代，多くの**心理療法**があるが，各心理療法はそれぞれの心理学理論を基盤としている。代表的心理療法としては，精神分析療法，人間性中心療法，行動療法，認知療法が挙げられよう。これらはいずれも精神分析，人間性心理学，行動主義心理学，認知心理学の理論を背景に開発されている。

各療法はそれぞれ独特の理論と独自の技法をもっている。ここでは各療法の特徴を比較できるように一覧表にまとめてある。

「心理的要素」とは，その療法が人の心理的メカニズムのどこに焦点をあてているかを示している。

「問題の原因」は，現在抱えている心理的問題の原因が，どこにあると考えているかを示している。

「療法の焦点」と「療法の目標」はどこに焦点をあて，最終的な治癒の目標を示している。

「療法者の役割」は来談者に対して，積極的か，来談者中心か，中立的かを示している。

そして「療法の技法」とは，具体的な療法の方法を示している。

主要な心理療法の特徴

療法名	精神分析療法	人間性療法（クライエント中心療法）	行動療法	認知療法
提唱者	フロイト	ロジャーズ	行動主義者（ウォルピ，エリスら）	認知主義者（ベックら）
心理的要素	感情	感情	行動	思考
問題の原因	幼児期の問題 無意識の葛藤	自己成長の阻害	不適応行動の学習	誤った考え 非合理的信念
療法の焦点	葛藤の意識化	真の感情と目標の発見	不適応行動の確認と修正	考えの再構築
療法の目標	自我機能の強化 性的成熟	自己受容と自己実現	行動変容 自己管理	合理的思考 行動コントロール
療法者の役割	中立的	来談者中心的	訓練的	指導的
療法の技法	自由連想法 夢分析	来談者中心の会話	系統的脱感作 行動修正	自己叙述法 接種予防法

組む」という。たとえば，知能検査に，質問紙法と投映法の人格検査を組み合わせることなどがよく行われる。知的な発達の水準の測定に加え，SCTやPETなど半構造化された質問紙への回答の態度と，**描画法**や**ロールシャッハ**など比較的自由な反応を要求される場面での態度や反応内容などを統合してとらえ，人格の多様な側面からその人の全体像を描き出すことが重要である。

　なお，注意しなければならないのは，心理検査の表す結果は，あくまでもその時のその人の状態を表すものであり，たった一つの検査の1回だけの結果をもって，その人を固定的に判断するものではない。一方で，検査の実施は，それを受ける人にとって身体的・精神的に少なからず負荷を負わせるものであり，テスト・バッテリーを組むにあたっては，最小限度のテスト数で，人格の多様な側面を把握するよう配慮する。心理検査法の結果は，面接や観察によって得られた情報とも合わせて，総合的にその事例の全体像を描きアセスメントを行う必要がある。

　さて，得られた結果をクライエントにどのように伝えていくかにも，深い専門性が必要である。また，面接者から伝えられた結果をどのように感じたかを聴き，クライエントが自己像と向き合うのを支える。クライエントの気持ちを受け止め，その後の継続的な治療への意欲を支えていく。クライエント自身が自分をあるがままに受け止め，その後の生き方のヒントを得るような機会にしていくことが重要である。

(1) 知能検査

　知能検査は，それぞれの知能観に基づいて作成されている。このため，検査の選択や実施にあたっては，背景にある知能観を十分に理解しながら行う。知能のとらえ方には被検査者がそれまでに学習してきた能力を新たな事態に適応できる能力，学習能力，また，抽象的に推理する能力などが挙げられており，決まった定義はない。

　ビネー式検査では，知能を一つの統合体としてとらえ，知能の本質を，一定の方向をとり持続しようとする方向性，目的を達成するために働く目的性，自己の反応結果について適切に自己批判する自己批判性の三つの側面をもった心

トピックス8-2

論理療法（REBT，理性感情行動療法）

≪エリスのABCDE理論≫

　論理的思考を重視し，積極的関与による短期治療を目指す心理療法である。エリスの創始による。
　エリスは従来の心理療法が，長期にわたるにもかかわらず治癒が進まない点に満足できず，哲学から学んだ独自のABC理論を開発している。帝政ローマで活躍したストア派の哲学者エピクテートスの「人はもの自体によって困惑させられるのではなく，それをどう見るかによって困惑させられるのである」という考えに基づいている。この考えによれば，考え方を変えることにより，困惑はなくすことができることになる。そこでこの療法では，来談者にABC理論を理解させ，困惑している原因の考え方を変えるように積極的に働きかけることになる。ABC理論とは次のような考え方である。
　Aは不幸な出来事（adversity）のAで，失敗や失恋などである。Cは結果（consequence）のCで，Aの不幸な出来事により生じた結果の落ち込みや不安，憂うつなどである。人は不幸な出来事（失敗や失恋）のAにより，不幸な感情の不安や憂うつのCが生じたと考える。そして，自分はダメな人間だと思ってしまい，引きこもったり，衝動的な行動をする。しかし，この理論では，Aは直接Cを引き起こすのではなく，Cを生じさせている直接の原因はBであると考えるのある。Bとは考え方（beliefs）である。
　不幸な出来事が生じたとき，それをどうみるか，どう考えるかが，Cの結果の感情を決めることになるのである。失敗したとき，これは最悪だ，自分はダメな人間だと思うから，落ち込むのである。考え方を変えて，できたら成功したかったけど，失敗から学んだことも多かった，と思えば，そんなには落ち込まない。同じ不幸な出来事でも，考え方のBにより結果のCは大きく異なるのである。つまり，最悪だ自分はダメだと思い込んでいるBの考え方を変えることにより，Cで落ち込んだり，不安になったりすることはなくなることになる。
　この療法では，来談者との面談において，このCの落ち込みを作り上げているBを改めさせることが重要なポイントとなる。そこでは，不安や憂うつをもたらしているのは間違った思い込み（不合理な考え方）であるとして，それを合理的な考え方に変えることに積極的に関与し，説得していくことになる。
　他の心理療法が来談者と良い関係を保つことに神経を費やすのに対して，論理療法では，思い込みを取り除き，より合理的な考えを導くために，来談者との対決も辞さない姿勢をもつ。このため，来談者との論駁（dispute）が交わされることにもなる。しかし，それはあくまで，良い効果（effect）を得るためである。この論駁のDと効果のEをABCに加えた論理療法のカウンセリングモデルは，ABCDEモデルと呼ばれている。

(Ellis, 1994)

的能力である，とする。

　ウェクスラー法では，知能を多面的にとらえ，全体的で総合的な能力とする。この総体的な能力によって，人間は外界を理解することができ，環境を効果的に処理できると考える。

　また，K・ABC（カウフマン児童査定バッテリー）やITPA（言語学習能力診断検査）では検査結果を子どもへのその後の指導に関連づけることを強調している。K・ABCで認知過程から知能を定義し，認知処理過程として継次処理と同時処理の能力に重点をおいてとらえる。ITPAは，言語能力の側面から個人内差の概念に基づき，子どもの能力のなかでの発達的な不均衡を測定し，障害のある領域を診断したり，治療のための教育計画を立てる際に役立つ情報を得たりする。

　どの知能検査においても，検査者と被検査者の信頼関係が基本にあって，はじめて被検査者は検査の課題に向かう姿勢がとれる。検査態度が結果に影響を及ぼすことはもちろんだが，検査者が被検査者の検査に向かう態度をよく観察し，受け止めながら実施することにより，被検査者が課題解決の実感を味わい達成意欲を満たすこともある。その結果自己肯定観を得られるなど，治療的効果を及ぼすことさえある。

　検査中の態度の観察からは，パーソナリティや心理的状態，ふだんの周囲との人間関係を推測させる多くの情報も得られる。なお検査者が被検査者に過度に期待したり，逆に諦めをもちながら検査をしたりすることは，結果に影響を

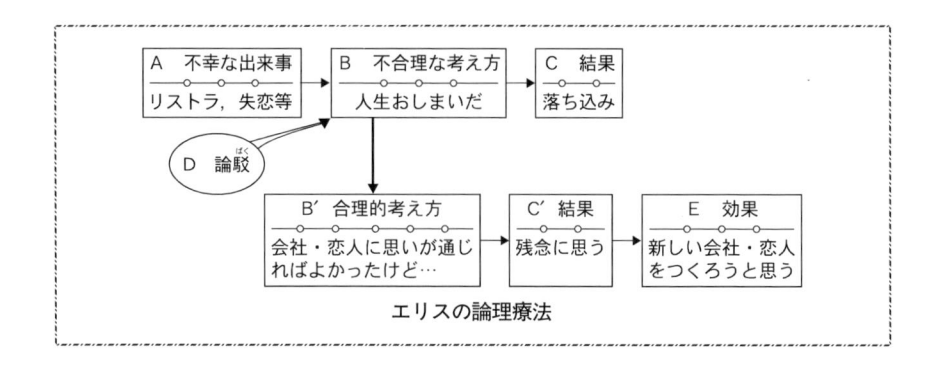

```
┌─────────────┐   ┌──────────────┐   ┌──────────┐
│ A 不幸な出来事 │──▶│ B 不合理な考え方 │──▶│ C 結果   │
│ リストラ，失恋等│   │ 人生おしまいだ   │   │ 落ち込み │
└─────────────┘   └──────────────┘   └──────────┘
        ▲                  ▲
        │   ( D 論駁(ばく) )
        │
                  ┌──────────────┐   ┌──────────┐   ┌──────────────┐
                  │ B′合理的考え方 │──▶│ C′結果   │──▶│ E 効果        │
                  │ 会社・恋人に思い │   │ 残念に思う│   │ 新しい会社・恋人│
                  │ が通じればよかっ│   │          │   │ をつくろうと思う│
                  │ たけど…        │   │          │   │              │
                  └──────────────┘   └──────────┘   └──────────────┘
                              エリスの論理療法
```

トピックス8-3

認知療法

≪ベックの認知再構築療法≫

　認知療法は，人が世界をどう認知しているかが，その人の感情や行動を決めていると考える。たとえば，うつの人は，子どもの頃から物事をすべて否定的にみる見方が身についているので，それに伴い感情もうつになり，このため行動も消極的になるとしている。うつは，感情が主たる問題ではなく，認知が主たる問題だとしているのが認知療法の特徴である。認知療法では，原因となっているそのような否定的認知を心理療法を用いて肯定的認知に変えることにより，うつの状態から抜け出せると考え，認知の修正や変更を積極的に働きかける療法である。

　認知療法は認知心理学の隆盛に影響されて，ベックにより提唱された。ベックはこの療法はうつの治療に有効であるとしている。うつの人は幼児期から自動的な否定的思考をもっており，それが日常化している。そこでこの療法は，その自動的な否定的思考を明確に意識化させ，それがいかにゆがんだ認知であり，間違った思い込みであるかに気づかせ，それを修正し，再構築していくのである。来談者の否定的な自己陳述に積極的に介入して，再構築させることから，ベックの認知療法は，**認知再構築療法**とも呼ばれている。

　認知療法という名称は，認知のゆがみを治すことを主とするという点からみると，エリスの論理療法やマイケンバウムの自己教示訓練法も，認知療法の一つとされる。また，これらの療法は広く認知行動療法のなかに含まれる。認知行動療法とは認知の修正に力点をおいた行動療法的アプローチの総称である。

(Beck, 1987)

及ぼしかねない。ふだんから検査者自身の心理にも目を配りたい。

(2) 人格テスト

●質問紙法

質問紙法には，主なものにMMPI（ミネソタ多面人格目録），YG（矢田部・ギルフォード性格検査），TEG（東大式エゴグラム），MPI（モーズレイ性格検査）などがある。いずれも，臨床心理学的観点から人格特徴を描き出す検査として，その妥当性や信頼性が確かめられているが，それぞれの検査によって基礎とする性格理論が異なり，それにともなって尺度構成も異なる。

たとえば，MMPI（トピックス5-3参照）では，精神病理を表す患者群の症状から，経験的に得た項目を元に質問紙や尺度が作成されている。YG検査はギルフォードの性格特性論（トピックス5-7参照），MPI検査はアイゼンクの性格理論（トピックス5-9参照），TEGはバーンの交流分析（トピックス8-5参照）の自我理論に基づいて開発されている。

●投映法

投映法検査には，主なものにロールシャッハ，TAT（主題統覚検査），CAT（幼児・児童絵画統覚検査），SCT（文章完成法），P-Fスタディ（絵画欲求不満テスト），描画法（バウム・テスト，人物画テスト，風景構成法など），言語連想法，心理劇などがある。

投映法検査の特徴は，正解のない漠然とした多義的な刺激が提示されるクライエントにとって，自由度が非常に高い課題であることにある。刺激は，たとえばロールシャッハ（トピックス5-6参照）ではインクのしみであり，TATでは一場面を描いた絵であり，SCTでは文章の書き出しだけであり，描画法では課題だけが与えられる。投映法は，回答として表現された言葉や物語りや心の像，絵などにそのクライエントの過去の経験や感情などが投映されるという考え方で，その反応内容が分析や解釈の対象となる。正解がないだけにクライエントは不安を感じやすい。検査者の熟練度や心理臨床の経験によってクライエントの回答内容にも影響を受けやすいので，検査実施についての訓練が重視される。投映法の性質上，被検査者にとっても予測しない反応を表現するこ

トピックス 8-4

「いま，ここで」問題を解決する

≪パールズのゲシュタルト療法≫

ゲシュタルト療法はパールズにより提唱された療法で，精神分析と人間性心理学をベースにした独特の療法である。ゲシュタルトとは全体，形態，イメージなどを意味する言葉で，ここでは，「自己全体」を意味していると考えられる。

パールズによれば，人は誰でも自分自身の全体を知り，環境との交互作用を通して，人間的に成長する能力をもっているとしている。しかし，その能力に気づいていない人が多い。それに気づくことにより，心に抱えている問題が解決され，自己成長できるとしている。そのためには，「気づくこと」が大事である。ゲシュタルト療法は，精神分析同様，抑圧されている欲求や幼児期の未解決の問題が，現在の心理的問題を引き起こしていると考えている。しかし，精神分析と違い，その問題を「いま，ここで」の問題ととらえ直して，解決することを提唱している。

たとえば，子ども時代の母との葛藤に今でも悩む人には，それを「いま，ここで」再体験させて，未解決の問題の解決を図っていく方法をとる。未解決の問題を今ここで，解決することにより，自律した人間へと成長できる。それを助けるのがゲシュタルト療法的カウンセリングである。

ゲシュタルト療法的カウンセリングの具体的方法として，たとえばエンプティ・チェア（空き椅子）という方法がある。当人が座っている椅子のほかにもう一つの椅子を用意して，そこに，自分のなかで問題になっている人（先ほどの例でいえば母親）が座っていると仮想して，対話するというものである。あるいは，エンプティ・チェアに自分自身を座らせ，自分と話すという方法もある。大切なことは，このような対話を通して，「あっ，そうか」と自分の心のなかにある今まで気づかなかったことに「気づく」ことである。

ゲシュタルト療法の特徴は，療法者が問題を指摘したり，問題の解決策を示したりするのではなく，あくまで，来談者が自分自身で気づき，自分で解決していくことを手助けすることである。ただし，他のクライエント中心の療法と違い，ただ来談者の話を聞くだけでなく，積極的に気づきが生じるように働きかけ，自己成長を促すことである。

(Perls, 1971)

とになる可能性があることを，検査者は十分理解している必要がある。検査者は検査を実施しながらもよく観察していて，検査に答えているクライエントの言葉を中立的立場ながら受け入れ支えていく心理臨床の専門性が求められる。検査終了後には，検査を受けてどのように感じたかについて感想を聞いたり，反応内容についてどのように感じているかなどについて話し合うとよい。これにより，クライエントが自己理解を進めていくのにつながる。

3 観察法

科学的心理学における観察では，観察者は対象者と距離をおき，対象者に影響を与えることのないよう配慮して観察を行う。しかし，臨床心理学における観察では，同じ場にあって観察を行う場合，相互に影響を与え合う「関与しながらの観察」が基本に考えられる。アメリカの精神医学者サリバンは，治療者が患者と同室しているなかで，患者から受ける感情を治療者が認識していることを重視している。

§3 心理療法

アセスメントを経てカウンセラーは，そのクライエントについて見立てを行う。心理療法を進める際には，カウンセラーは，カウンセラー自身の所属する機関の法的基盤や特徴，自身の得意，不得意などの力量なども考慮に入れて行う。初期における的確な見立てが，その先に行われる心理的援助の成否を握る。また，当初立てた仮説は心理的援助を進めていくなかで必要に応じて変えていくなど，援助者として柔軟な対応が必要である。

心理療法の開始にあたっては，その目的や方法，時間や場所，料金，ある程度の期間の見通しなどを伝え，クライエントとよく話し合う。これによって心理療法は，クライエントが自分のこれまでたどってきた人生や現在抱える問題，これからの生き方などの現実に目を向け，新たな生き方を見出すプロセスをたどるものとなるだろう。

トピックス 8-5

五つの自我状態と対人関係の分析

≪バーンの交流分析≫

交流分析はバーンによって創始され，TA（Transactional Analysis）と呼ばれることもある。フロイトの精神分析をベースにした，短期的に心理的問題を解決する心理療法で，次の四つのプロセスが特徴である。

第一は，心理的構造分析を通して自分の心理的構造を知ることである。人の心理的構造は，精神分析の超自我，自我，エスの分類に相似する形で，P（親：Parent），A（大人：Adult），C（子ども：Child）の三つの自我状態からなるとしている。PはさらにCP（厳格な親）とNP（養育的な親）に分類され，CはFC（自由な子ども）とAC（順応した子ども）に分類されており，自我状態は合計五つとなる。つまり，自我状態には，頑固親父的厳格性，慈母的な優しさ，社会人としての冷静さ，きかん坊的わがままさ，良い子的従順性の五つの特徴をもつ。

来談者はまず自分の現在の自我状態について，この図式で自己分析を行う。質問紙形式のエゴグラムが開発されている。

第二は，対人関係におけるやりとり（交流，トランザクション）である。交流分析の名前から分かるように，この交流の分析が，この心理療法の中心である。自分の他者との対人関係をP, A, Cのどの部分で交流しているのかを分析し，下図のように図式化したパターンで考えていく。そして，そのやりとりが，平行的であるか，クロスしているかを考える。平行的な交流は適応的であるが，クロスしているやりとりは不適応的で，問題を生じやすいので，それに気づいたらそれを改善していくことになる。

第三は，日常の交流のなかで習慣化している，不快で非生産的な交流のパターン（これをゲームと呼んでいる）を示し，それを参考に自分がやっているゲームに気づき，それをやめるようにする。

第四は，子ども時代に身につけてしまった悪い交流のパターン（スクリプト）から自分を解放して，再決断して，人生を再スタートすることである。

(Berne, 1964)

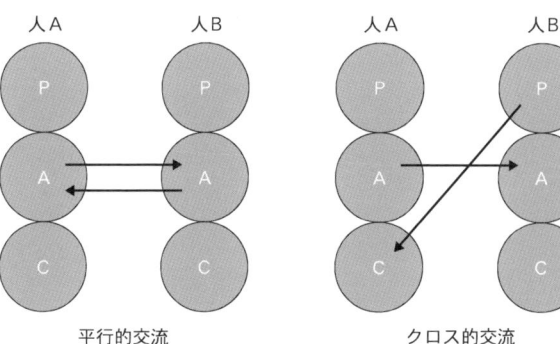

平行的交流　　　　　　クロス的交流

人Aと人Bの二つの種類の交流パターン

図2　心理治療室の風景

　その過程で，クライエント自身が今まで十分目を向けきれなかった，あるいは心の奥深くに自覚のないまましまいこんであった深い感情に気づいたり，いやおうなく直面せざるをえない状況にも追い込まれることがある。心理療法は，カウンセラーの意向だけでその過程を進めるものでは決してない。カウンセラーは，クライエント自身が内にもっている資質のなかから，生きることへのエネルギーをつかみ，育てていくことに敬意を払いながら，共に歩むことを心得ることが大切である。心理的援助の開始にあたっては，クライエントと援助について，ある程度の了解をし合い確認し合っておくことが望ましい。

　人びとの心の悩みや困難に対する援助や対応は，太古の昔から宗教などにより行われてきている。専門的な治療援助は，20世紀初めにフロイトによって精神分析の考え方が開発されて以来，そのあり方はさまざまな経過をたどり約百年を経た。この間，社会の発展に伴い，心の問題は複雑化，重症化しており，現在ではそれらに対処しようとする心理療法も多くの学派や技法が開発されている（トピックス8-1参照）。一つひとつの理論はその創始者の人生とも深くからんで生まれてきたものであり，その背景や理論の生まれてきた必然性などを知るとより深く理解が進む。代表的心理療法は，フロイトに始まる**精神分析療法**，ロジャーズを中心とする**クライエント中心療法**（人間性療法），行

> トピックス8-6

遊戯療法

　遊戯療法（プレイセラピー）は，子どもを対象とした心理療法で，初期においては児童の精神分析の分野で開発された。
　子どもは遊ぶことそれ自体が目的で，子どもを自由に遊ばせることにより，子どもの心は解放され，自己治癒力を高めていくことができ，また，成長していくことができるという考えに基づいている。さらに，子どもは言語による自己表現の代わりに，遊びにより自己表現するので，遊びのなかに深層心理が象徴的に表れやすいと考えられるので，そこから子どもの心を探ることができる。
　遊戯療法は，通常多くの玩具が用意されている広いプレイルームが使用される。治療者は信頼関係が結ばれた後は，子どもに最大限の自由とイニシアティブを与える。そして感情の無条件の受容，共感的理解，抑圧されている心理の表出の援助を行う。子どもはプレイルームで自由に遊ぶことが保障されることにより，不満や不安を解消でき，さらに自分の感情の統制や現実への対処の仕方を学んでいき，心の成長を促進することができる。この療法は特に，情緒的不適応の問題をもった子どもに有効であるとされている。

【箱庭療法】
　箱庭療法は遊戯療法の一部である。箱庭療法は下に示されている写真のように，砂が敷き詰められた箱庭と，いろいろな種類のミニチュア（建物，人物，動物，植物，乗り物，それに怪獣やキャラクターなど）を用いて行われる。箱庭のそばに棚に入ったミニチュアを置いておく。子どもは通常，自然とこの箱庭に興味をもち，気に入ったミニチュアを棚から出し砂の上に移し，何かを作り始める。
　箱庭療法の創始者カルフは，ローウェンフェルトから習った箱庭に，ユングの精神分析的解釈を行い，箱庭療法を作り上げた。このため，作品の解釈にはユングの考え方が反映されている。
　カルフは，箱庭の自由でかつ保護された空間は，母子一体性の状況の再現だとしている。そこで，子どもの作品作成を温かく見守り，援助していくと，子どもは自然治癒力が促進され，不安が解消して，心の成長がうながされるとしている。また，使用されるミニチュアや作成される作品は，象徴性をもっており，言語表現を不得意とする子どもの，抑圧されている心理を知る手がかりにもなる。

遊戯療法 　　　　　　　　　　箱庭（立正大学プレイルーム）

動主義心理学の理論に基づく**行動療法**（トピックス8-2参照）である（これらについては，すでに第5章においてくわしく述べてある）。また，認知心理学の隆盛に伴い，ベックらが始めた**認知療法**（トピックス8-3参照）も注目されている。

　また，心の問題は人間関係が深くかかわっているという認識から，個人ではなく集団を対象とした心理療法が盛んになってきている。その対象により，集団療法，家族療法，カップル療法，エンカウンター・グループなどがある（トピックス8-4〜8-6参照）。

　さて，これらの療法を学ぶにあたっては，一つひとつの理論や技法を自身で体験的に学ぶことが必要である。また，実際の心理療法を行うにあたっては，必ずしも一つの学派による心理療法に固執することなく，目の前のクライエントの抱える問題やパーソナリティの特徴，クライエントのもつさまざまな資源を考慮したうえで，その時期，その状況に，どの考え方に基づいて何を行うかが決定されていることが多い。これを折衷的療法というが，この方法が成果を上げている（トピック8-7参照）。

　それぞれの療法の理論やそれに基づくアプローチの仕方は確立されている。このことはもちろん重視する必要がある。しかし一方で，どの療法においても共通している次のような側面がある。すなわち，クライエントの話を積極的な関心をもって真摯によく聴くこと，クライエントの尊厳を受け止め，共感的，受容的に話を聴くこと，面接者が感じたことや意図することをクライエントに言葉を通して分かりやすく伝えていくこと，クライエントへの受容と同時に援助による変容を客体化して観察する必要があること，クライエントが自分の生き方に目を向けてそれにかかわって感情表現を自由に行い，自らの生き方を模索していくことを保障するよう面接者が共に歩むこと，両者の関わりのなかからクライエントの変容が生まれてくること，面接者は自らへの視点を鋭くもち続け，クライエントとの関わり方に目を向け続けること，それぞれの療法のルールを十分理解することなどが挙げられる。

　心理療法が広く社会に認知されるようになってきて，近年では，専門機関の

トピックス8-7

どの心理療法が本当に治るのか

≪心理療法の実態≫

ここまで多くの心理療法について説明してきたが，ここで挙げたほかにもたくさんの心理療法がある。では，そのようにたくさんある心理療法のなかで，実際にはどの心理療法が多く使用されているのであろうか。また，どの心理療法が治療に一番効果的なのであろうか。ここでは心理療法の実態についてみていく。

まず，知っておかなければいけないことは，心理療法は心の問題の解決を扱っているが，心の問題を扱っているのは心理療法だけではないということである。最近は脳科学と薬学の発展により，薬物療法がこれまで以上に効果を上げている。アメリカでは，心理療法を受ける人は減少しているという調査結果もある。薬を処方できるのは精神科医である。

さて，アメリカでは精神科医を含め，心理療法の基本は精神分析であったことから，心理療法の大半が精神分析療法であった。しかし，近年，前述したような短期的な療法も多く提唱されて，精神分析のみを行う人は少なくなっている。現在では左下図に示されているように，来談者に合わせて適切な療法を選択し，また，併用するといった**折衷的療法**を行う人が増えてきている。

ではどの療法が最も有効かというと，これは調査の仕方などにより結果が違っており，一概にはいえない。かつてアイゼンクが，「心理療法は，行動療法以外まったく有効ではない。治療を受けた人と受けない人の治癒率は同じである」と衝撃的な報告をし議論を巻き起こしたが，それ以来，いろいろな形で比較調査が行われている。結果，心理療法のいずれの療法も，受けないよりも受けた方が治癒されることが明らかになったが，問題の性質や深刻さにより異なることも分かってきた。右下図は，そのような療法間の効果比較の一つの結果である。

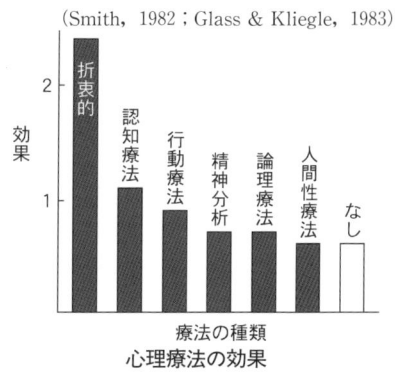

(Smith, 1982 ; Glass & Kliegle, 1983)

療法	使用率
折衷的	36%
精神分析	24%
その他	16%
行動療法	
認知療法	
人間性療法	6%

各心理療法の使用状況

心理療法の効果（効果の高い順：折衷的，認知療法，行動療法，精神分析，論理療法，人間性療法，なし）

面接室の中だけでなく，心理臨床の専門家が自ら社会の現場に出向いて援助を行うことが増えてきた。スクールカウンセラーは，学校内に出向いて日常生活を送る子どもたちと共にあって心のケアを行い，あわせて教師が行う学校組織としての教育相談体制の充実に向けて支援している。子育て支援では，地域の子ども家庭支援センターなどに出向いて，保健師や地域の人びとと共に子育てする保護者を支援している。HIVカウンセリングでは，保健所に出向いて保健師や医師と共に感染者へのカウンセリングなどを行い，事件や事故，災害後の被害（災）者支援では，被害を受けて混乱した現場に即日に出向いて行政や現場の人びとと共に支援にあたる。

　このようにさまざまな活動が展開するなかで，心理臨床のあり方も変容しつつある。心理療法を非日常の専門的な場面で行うだけでなく，対象とする人の生活の場そのもののなかで，あるいは面接として人と会いながらも，心の深層だけを対象にするのではなく，その人の生活との関わりのなかでその人の心に目を向け，生きることを支援する臨床が重視されるようになりつつある。心理療法の考え方や技法もその対象の状況に合わせて，あるいは，その時間的経過における変容に合わせて，柔軟に選択したり統合的にアプローチしたりすることが重視されつつある。

　行政の施策も地方分権化の進展をみており，それぞれの地域のもつ資源を生かし連携を促進してネットワークを構築する方向性が重視されてきている。臨床心理学においても，一人専門家だけの専門性の追及だけを研究するのではなく，非専門家との連携やコミュニティ全体の生き方を模索することに，専門家がいかにかかわるべきかを研究する必要性が，今後の課題として重視される。

引用・参考文献

[Journal of Abnormal and Social Psychology は JASP、
Journal of Personality and Social Psychology は JPSP とした]

序

Atkinson, R. L., Atkinson, R. C., Smith, E. E., & Bem, D. J. 1993 *Introduction to Psycology 11th ed.* Harcourt Brace Jovanovich.

Belkin, G.S. & Skydell, R.H. 1979 *Foundations of Psychology.* Houghton Mifflin.

Buss, A.H. 1978 *Psychology, Behavior in Perspective 2nd ed.* Wiley.

Newman, P.R. & Newman, B.M. 1983 *Principles of Psychology.* Dorsey Press.

Roediger, H. L., Rushton, J.P., Capald, E. D., & Paris, S.G. 1984 *Psychology.* Little Brown.

Sherif, M. & Sherif, C.W. 1969 *Social Psychology.* Harper & Row.

Trotter, R.J. & McConnell, J.V. 1978 *Psychology : The Human Science.* Holt, Rinehart & Winston.

Whittaker, J.O. 1970 *Introduction to Psychology 2nd ed.* Saunders.

Wortman, C. B., Loftus, E. F., & Marshall, M.E. 1981 *Psychology.* Knopf.

第1章

Bruner, J.S. & Goodman, L. 1947 Value and need as organizing factor in perception. *JASP,* **42**, 33-44.

Bruner, J.S. & Minturn, A.L. 1955 Perceptual identification and perceptual organization. *Journal of General Psychology,* **53**, 21-28.

Cooper, L.A. & Shepard, R.N. 1973 Chronometric studies of the rotation of mental images. In W.G. Chase (Ed.), *Visual Information Processing.* Academic Press.

Kanisza, G. 1976 Subjective contours. *Scientific American,* **241**, 66-87.

Kanisza, G. 1970 *Organization in Vision : Essays on Gestalt Perception.* Praeger Publishers. (野口 薫〈監訳〉1985 視覚の文法――ゲシュタルト知覚論 サイエンス社)

Köhler, W. 1917 *Intelligenzprüfungen an Menschenaffen.* Springer. (宮 孝一〈訳〉1978 猿人類の知恵試験 岩波書店)

Lindsay, P.H. & Norman, D.A. 1977 *Human Information Processing : An Introduction to Psychology 2nd ed.* Academic Press.

牧野達郎 1982 知覚とは何か 心理学1 知覚・認知 有斐閣

本明 寛(編) 別冊サイエンス ものを見る心理 日本経済新聞社

Norton, D. & Stark, K. 1971 Scanpaths in eye movements during pattern perception. *Science,* **171**, 308-311.

大山 正(編) 1970 講座心理学4 知覚 東京大学出版会

大山 正(編) 1982 別冊サイエンス イメージの科学 日経サイエンス社

Selfridge, O. 1959 Pandemonium : A paradigm for learning. *Symposium on the Mechanization of Thought Processes.* HM Stationery Office.

Shepard, R.N. & Metzler, J. 1971 Mental rotation of three-dimensional objects. *Science,* **171**, 701-703.

Shiffman, H.R. 1976 *Sensation and Perception : An Integrated Approach.* Wiley.

Stratton, G.M. 1897 Vision without inversion of the retinal image. *Psychological Reviw,* **4**, 341-360.

Taylor, S.E. & Fiske, S.T. 1975 Point-of-view and perception of causality. *JPSP*, **32**, 439-445.

和田陽平・大山 正・今井省吾(編) 1969 感覚・知覚心理学ハンドブック 誠信書房

Witkin, H.A. 1950 Individual differences in ease of perception embedded figures. *Journal of Personality*, **16**, 1-15.

八木 晃 1973 心理学Ⅰ 培風館

第2章

Arnold, A.M. 1960 *Emotion and Personality*. Columbia University Press.

Avrill, J.R. 1969 Autonomic response patterning in sadness and mirth. *Psychophysiology*, **5**, 399-414.

Avrill, J.R. 1980 A constructive view of emotion. In R. Plutchik & H. Kellerman (Eds.), *Emotions: Theory, Research and Experience. Vol.1*. Academic Press.

Ax, A. 1953 The physiological differentiation between fear and anger in humans. *Psychosomatic Medicine*, **15**, 433-442.

Carter, R. 1998 *Mapping The Mind*. University of California Press. (養老孟司〈監修〉 藤井留美〈訳〉 1999 思考・感情・意識の深淵に向かって 脳と心の地形図Ⅰ 原書房)

Cornelius, R.R. 1996 *The Science of Emotion : Research and Tradition in the Psychology of Emotion*. Prentice-Hall. (齊藤 勇〈監訳〉 1999 感情の科学――心理学は感情をどこまで理解できたか 誠信書房)

Craighead, L.W., Stunkard, A.J., & O'Brien, R.M. 1981 Behavior therapy and Pharmacotherapy for obesity. *Archives of General Psychiatry*, **38**, 763-768.

Csikszentmihalyi, M. & Rathunde, K. 1992 The measurement of flow in everyday life : Toward a theory of emergent motivation. *Nebraska Symposium Motivation*, **40**, 57-97.

Dweck, C.S. 1975 The role of expectations and attributions in the alleviation of learned helplessness. *JPSP*, **31**, 674-685.

Ekman, P. & Friesen, W.V. 1971 Constants across cultures in the face and emotion. *JPSP*, **17**, 124-129.

Ekman, P., et al. 1983 Autonomic nervous system activity distinguishes among emotions. *Science*, **21**, 1208-1210.

Ekman, P., et al. 1987 Universals and cultural differences in the judgement of facial expressions of emotion. *JPSP*, **53**, 712-717.

Forgas, J.P. 1995 Mood and judgement : The affect infusion model (AIM). *Psycological Bulletin*, **117**, 39-66.

Funkenstein, D.H., Kings, S.H., & Drolette, M. 1954 The direction of answer during a laboratory stress inducing situation. *Psychosomatic Medicine*, **16**, 404-413.

Goleman, D. 1995 *Emotional Intelligence*. Bantam Books. (土屋京子〈訳〉 1996 EQ――心の知能指数 講談社)

濱 治世・鈴木直人・濱 保久 2001 感情心理学への招待――感情・情緒へのアプローチ サイエンス社

福井康之 1990 感情の心理学――自分とひととの関係性を知る手がかり 川島書店

Izard, C.E. 1977 *Human Emotions*. Plenum Press.

James, W. 1884 What is an emotion? *Mind*, **9**, 188-205.

海保博之(編) 1997 温かい認知の心理学 金子書房

Laird, J.D. 1974 Self-attribution of emotion : The effects of expressive behavior on the quality of emotional experience. *JPSP*, **29**, 475-486.

LeDoux, J.E. 1989 Cognitive-emotional interactions in the brain. *Cognition and Emotion*, **3**, 267-289.

Lepper, M., Greene, D., & Nisbett, R.E. 1973 Undermining children's intrinsic interest with extrinsic rewards. *JPSP*, **28**, 129-137.

Maslow, A.H. 1967 *Motivation and Personality*. Herper & Row.

Motley, M.T. & Camden, C.T. 1988 Facial expression of emotion: A comparison of posed expressions versus spontaneous expressions in an interpersonal communication setting. *Western Journal of Speech Communications*, **52**, 1-22.

茂木健一郎 2003 心を生みだす脳のシステム——「私」というミステリー 日本放送出版協会

奈須正裕 1995 達成動機の理論 宮本美沙子・奈須正裕(編) 達成動機の理論と展開 金子書房

Oatley, K. & Turner, T.J. 1990 What's basic about basic emotions? *Psycological Review*, **97**, 315-331.

Parkinson, B. & Manstead, A.S.R. 1992 Appraisal as a cause of emotion. In M. S. Clark (Ed.), *Review of Personality and Social Psychology. vol.13*.

Plutchik, R. 1987 Emotions: A general psychoevolutionary theory. In K. Scherer & P. Ekman (Eds.), *Approaches to Enotion*. Lawrence Erlbaum Associates.

Posner, M.I. & Snyder, C.R. 1975 Facilitation and inhibition in the processing of signals. In P.M.A. Rabbitt & S. Dornic (Eds.), *Attention and Performance V*. Academic Press.

Rime, B., et al. 1991 Beyond the emotional event: Six studies on the social sharing of emotion. *Cognition and Emotion*, **5**, 435-465.

Russell, J.A. & Fehr, B. 1987 Relativity in the perception of emotion in facial expressions. *Journal of Experimental Psychology: General*, **117**, 89-90.

Schscher, S. 1964 The interaction of cognitive and physiological determinants of emotional state. In L. Berkowitz (Ed.), *Advances in Experimental Social Psychology*. Academic Press.

Smith, E., et al. 2003 *Introduction to Psychology*. Thomson.

Speisman, J.C., et al. 1964 Experimental reduction of stress based on ego-defense theory. *JASP*, **68**, 367-380.

高橋雅延・谷口高士(編著) 2002 感情と心理学——発達・生理・認知・社会・臨床の接点と新展開 北大路書房

Toetes, F. 1986 *Motivational Systems*. Cambridge University Press.

上淵 寿(編著) 2004 動機づけ研究の最前線 北大路書房

Weiner, B. 1986 *An Attribution Theory of Motivation and Emotion*. Springer-Verlag.

Wigfield, A. & Eccles, J.S. 2000 Expectancy-value theory of achievement motivation. *Contemporary Educational Psychology*, **25**, 68-81.

Zajonc, R. 1980 Feeling and thinking: Preferences need no inferences. *American Psychologist*, **35**, 151-175.

第3章

Atkinson, R.C. & Shiffrin, R.M. 1971 The control of short-term memory. *Scientific American*, **225**, 82-90.

Bandaura, A. 1977 *Social Learning Theory*. Prentice Hall. (原野広太郎〈監訳〉1979 社会的学習理論——人間理解と教育の基礎 金子書房)

Bandura, A., Ross, D., & Ross, S.A. 1961 Transmission of aggression through imitation of aggressive models. *JASP*, **63**, 575-582.

Bandura, A., Loss, D., & Ross, S.A. 1963 Imitation of film-mediated aggressive models. *JASP*, **66**, 3-11.

Birch, H.G. & Rabinowitz, H.S. 1951 The negative effect of previous experience on productive thinking. *Journal of Experimental Psycology*, **41**, 121-125.

Bootzin, R.R., Bower, G.H., Zajonc, R.B., & Hall, E. 1975 *Psychology Today : An Introduction. 3rd ed.* CRM/Random House. (梅本堯雄・南 博〈監訳〉 1977 学習・記憶・思考 講談社)

Bransford,J. D., Berclay, J. R., & Franks, J. J. 1972 Sentence memory : A constructive versus interpretive approach. *Cognitive Psychology*, **3**, 193-209.

Bruner, J.S., Goodnow, J.J., & Austin, G. A. 1956 *A Study of Thinking.* John Wiley & Sons. (岩本 弘ほか〈訳〉 1969 思考の研究 明治図書)

Carmichael, L.L., Horgan, H.P., & Walter, A.A. 1932 Experimental study of the effect of language on the reproduction of visually perceived form. *Journal of Experimental Psychology*, **15**, 73-86.

Duncker, K. 1945 On problem solving. *Psychological Monographs*, **58**, 5, Whole No. 270.

Ebbinghaus, H. 1885 *Memory : A Contribution to Experimental Psychology.* (Trans by H.A. Ruger & C.E. 1913, 1964 Dover Publications). (宇津木 保〈訳〉 望月 衛〈閲〉 1978 記憶について——実験心理学への貢献 誠信書房)

学習理論研究グループ(編) 1968 学習心理学 川島書店

Gleitman, H. 1987 *Basic Psychology.* Norton.

Guttman, N. & Kalish, H.I. 1956 Discriminability and stimulus generalization. *Journal of Experimental Psychology*, **51**, 79-88.

藤永 保(編) 1976 思考心理学 大日本図書

金城辰夫・斎賀久敬(編) 1978 学習・思考 有斐閣

古武彌正・新濱邦夫 1976 条件反応——行動科学の原理 福村出版

Köhler, W. 1917 *Intelligenzprüfungen an Menschenaffen.* Springer. (宮 孝一〈訳〉 1962 類人猿の知恵試験 岩波書店)

Loftus, E. F. 1979 *Eyewitness Testimony.* Cambridge, Harvard University Press. (西本武彦〈訳〉 1987 目撃者の証言 誠信書房)

Loftus, E. F. & Palmer, J. C. 1974 Reconstructions of automobile destruction: An example of the interaction between language and memory. *Journal of Verbal Learning and Verbal Behavior*, **13**, 585-589.

Loftus, G.R., & Loftus, E.F. 1976 *Human Memory : The Processing of Information.* Lawrence Erlbaum Associates. (大村彰道 1980 人間の記憶——認知心理学入門 東京大学出版会)

Luchins, A.S. 1942 Mechanization in problem solving : The effect of einstellung. *Psychological Monographs.*

Maire, N.R.F. 1930 Reasoning in humans I : On direction. *Journal of Comparative Psychology*, **10**, 115-143.

Mayer, R.E. 1977 *Thinking and Problem Solving : An Introduction to Human Cognition and Learning.* Scott, Foresman. (佐古順彦〈訳〉 1979 新思考心理学入門——人間の認知と学習へのてびき サイエンス社)

Miller, G.A. 1956 The magical number seven, plus or minus two : Some limits on our capacity for processing information. *Psychological Reviews*, **63**, 81-97.

Miller, N.E. 1948 Studies of fears on aequirable drive I : Fear as motivation and fear reduction as reinforcement in

the learning of new responses. *Journal of Experimental Psychology, 38,* 89-101.
Miller, N.E. & Dollard, J. 1941 *Social Learning and Imitation.* Yale University Press.（山内光哉・祐宗省三・細田和雄〈訳〉1956 社会的学習と模倣 理想社）
Murdock, B.B., Jr. 1974 *Human Memory : Theory and Data.* Lawrence Erlbaum Associates.
太田　信夫（編著）1988 エピソード記憶論　誠信書房
Pavlov, I.P. 1927 *Conditioned Reflexes : An Investigation of the Physiological Activity of the Cerebral Cortex.* Oxford University Press.
Peterson, L.R., & Peterson, M.J. 1959 Short-term retention of individual items. *Journal of Experimental Psychology, 58,* 193-198.
Reynolds, G.S. 1975 *A Primer of Operant Conditioning.* Scott, Foresman.（浅野俊夫〈訳〉1978 オペラント心理学入門――行動分析への道　サイエンス社）
Rundus, D. & Atkinson, R.C. 1970 Rehearsal processes in free recall : A procedure for direct observation. *Journal of Verbal Learning and Verval Behavior, 9,* 99-105.
Schank, R. & Abelson, R. 1976 *Script, Plans, Goals, and Understanding.* Erlbaum.
Seligman, M.E.P. & Maier, S.F. 1967 Failure to escape traumatic shock. *Journal of Experimental Psychology, 74,* 1-9.
Skinner, B.F. 1938 *The Behavior of Organisms : An Experimental Analysis.* Appleton-Century-Crofts.
Squire, L.R. 1987 *Memory and Brain.* Oxford University Press.
Thomson, R. 1959 *The Psychology of Thinking.* Penguin Books.（島津一夫・水口礼治〈訳〉1964 思考心理学　誠信書房）
Thorndike, E.L. 1911 *Animal Intelligence : Experimental Studies.* Macmillan.
Tulving, E. 1983 *Element of Episodic Memory.* Oxford University Press.（太田信夫〈訳〉1985 タルヴィングの記憶理論――エピソード記憶の要素　教育出版）
梅岡義貴・大山　正（編著）1967 学習心理学　誠信書房
Wallas, G. 1926 *The Art of Thought.* Cape.
Watson, J.B., & Rayner, R. 1920 Conditioned emotional reaction. *Journal of Experimental Psychology, 3,* 1-4.
Wolfe, J.B. 1936 Effectiveness of token-rewards for chimpanzees. *Comparative Psychology Monographs, 12,* 1-72.

第4章

Ariès, P. 1960 *L'enfant et la vie familiale sous l'Ancien Re'gime.* Plon.（杉山光信・杉山恵美子〈訳〉1980 「子供」の誕生――アンシャン・レジーム期の子供と家族生活　みすず書房）
Bettelheim, B. 1967 *The Empty Fortress : Infantile Autism and the Birth of the Self.* The Free Pess.（黒丸正四郎ほか〈訳〉1973 自閉症・うつろな砦　みすず書房）
Bower, T.G.R. 1977 *A Primer of Infant Development.* W.H. Freeman.（岡本夏木ほか〈訳〉1980 乳児期――可能性を生きる　ミネルヴァ書房）
Bowlby, J. 1952 *Maternal Care and Mental Health.* WHO Monographs.（黒田実郎〈訳〉1962 乳幼児の精神衛生　岩崎書店）
Bowlby, J. 1969 *Attachment and Loss vol.1. Attachment.* Hogarth Press.（黒田実郎ほか〈訳〉1991 母子関係理論Ⅰ 愛着行動　岩崎学術出版社）
Bruner, J.S. 1960 *The Process of Educa-*

tion. Harvard University Press. (鈴木祥蔵・佐藤三郎〈訳〉 1963 教育の過程 岩波書店)
Bruner, J.S. 1966 *Toward a Theory of Instruction.* Belknap Press of Harvard University Press. (田浦武雄・水越敏行〈訳〉 1966 教授理論の建設 黎明書房)
Condon, W.S. & Sander, L.W. 1974a Neonate movement is synchronized with adult speech : Interactional participation and language acquisition. *Science,* **183**, 99-101.
Condon, W.S. & Sander, L.W. 1974b Synchrony demonstrated between movements of the neonate and adult speech. *Child Development,* **45**, 456-462.
Crain, W.C. 1980 *Theories of Development : Concepts and Apllications.* Prentice-Hall. (小林芳郎・中島 実 1984 発達の理論 田研出版)
Erikson, E. H. 1950 *Childhood and Society.* W. W. Norton & Company. (仁科弥生〈訳〉 1977 幼児期と社会 I みすず書房)
Erikson, E.H. 1959 *Identity and the Life Cycle. Psychological Issues vol.1. Monograph 1.* International University Press. (小此木啓吾〈訳編〉 1973 自我同一性——アイデンティティとライフ・サイクル 誠信書房)
藤永 保(編) 1971 講座心理学11 精神発達 東京大学出版会
藤永 保(編) 1973 児童心理学 有斐閣
藤永 保(訳) 1976 図説現代の心理学2 人間性の発達 講談社
藤永 保ほか(編) 1978 テキストブック心理学(3) 乳幼児心理学 有斐閣
藤永 保 1970 発達研究の諸問題 児童心理学講座1 成長と発達 第2章 金子書房
Gesell, A. & Thompson, H. 1929 Learning and growth in identical infant Twins : An experimental study by the method of co-twin control. *Genitic Psychology Monographs,* **6**, 1-124.
Harlow, H.F. & Zimmermann, R.R. 1959 Affectional responses in the infant monkey. *Science,* **130**, 421-432.
Hebb, D.O. 1972 *Textbook of Psychology 3rd ed.* Saunders. (白井 常ほか〈訳〉 1975 行動学入門——生物科学としての心理学 紀伊國屋書店)
Hess, E.H. 1958 "Imprinting" in animals. *Scientific American,* **198**, 81-90.
Hess, E.H. 1959 Imprinting. *Science,* **130**, 133-141.
星野 命(訳) 1976 図説現代の心理学1 パーソナリティ 講談社
Hilgard, J.R. 1933 The effect of early and delayed practice on memory and motor performances studied by method of co-twin control. *Genetic Psychology Monographs,* **14**, 493-567.
平井彦仁・横山浩司 1986 発達 高橋たまき(編著) 教育心理学エッセンス 第3章 八千代出版
Hunt, J.McV. 1969 *The Challenge of Incompetence and Poverty : Papers on the Role of Early Education.* University of Illinois Press. (宮原英種・宮原和子〈訳〉 1978 乳幼児教育の新しい役割——その心理学的基盤と社会の意味 新曜社)
ハント, J. McV. 波多野誼余夫(監訳) 1976 乳幼児教育の10年を振り返って 乳幼児の知的発達と教育 第3章 金子書房
井上健治 1979 子どもの発達と環境 東京大学出版会
イタール, J. M. 古武弥正(訳) 1975 アヴェロンの野生児 福村出版
Kastenbau, R. 1979 *Growing Old : Years of Fulfillment.* Harper & Row. (池上千寿子〈訳〉 1983 老年期——高年齢の心理 鎌倉書房)
鹿取廣人(編) 1984 現代基礎心理学10 個体発達 東京大学出版会

小林　登ほか(編)　1986　新しい子ども学2　育てる　海鳴社

Lorenz, K. 1958 *Er redete mit dem Vieh, den Vögeln und den Fischen.* Borotha-Schoeler. (日高敏隆〈訳〉1963　ソロモンの指環──動物行動学入門　早川書房)

南舘忠智　1968　レディネス　東洋ほか(編)　学習心理学ハンドブック　第12章　金子書房

宮川知彰　1973　青年の性格構造　依田新ほか(編)　現代青年心理学講座4　青年の性格形成　第1章　金子書房

三宅和夫ほか(編)　1978　テキストブック心理学(4)　児童心理学　有斐閣

三宅和夫　1990　子どもの個性──生後2年間を中心に　東京大学出版会

宮本美沙子ほか　1983　児童発達心理学　学術図書

宮本美沙子・加藤千佐子　1982　やる気を育てる──子どもの成長と達成動機　有斐閣

永野重史・依田　明(共編)　1984　乳幼児心理学入門　新曜社

長野　敬(監修)　1989　歴史に浮かぶ「生命」の物語生命論の変遷　NHK取材班　NHKサイエンススペシャル驚異の小宇宙・人体1生命誕生　日本放送出版協会　pp. 98-109.

ニルソン, L.(写真)・フールイェルム, M.ほか(文)　松山栄吉(訳)　1981　生まれる──胎児成長の記録　講談社

小川捷之　1983　フロイト初期の精神分析　長島貞夫(監)　性格心理学ハンドブック　金子書房

岡野美年子　1979　もう一人のわからんちん──心理学者わが子とチンパンジーを育てる　ブレーン出版

Piaget, J. & Inhelder, B. 1966 *La Psychologie de L'enfant.* Presses Universitaires de France. (波多野完治ほか〈訳〉1969　新しい児童心理学　白水社)

Sameroff, A. J. 1975 Early Influences on Development: Fact or Fancy? Merrill-Palmer Quarterly. 1974, **21**. 267-294.

Singh, J.A. L. & Zingg, R.M. 1966 *Wolf-Children and Feral Man.* Archon Books. (中野善達・清水知子〈訳〉1977　狼に育てられた子──カマラとアマラの養育日記　福村出版)

白井　常(編著)　1980　児童心理学　光生館

Thomas, R.M. 1979 *Comparing Theories of Child Development.* Wadsworth Publishing Company. (小川捷之ほか〈訳〉1985　児童発達の理論　新曜社)

Vygotsky, L.S. 1962 *Thought and Language.* M.I.T. Press. (柴田義松〈訳〉1962　思考と言語　上　明治図書)

Watson, J. B. 1924 *Behaviorism.* Norton. (安田一郎〈訳〉1968　行動主義の心理学　河出書房)

山下栄一ほか(編)　1978　テキストブック心理学5　青年心理学　有斐閣)

第5章

Bleuler, E. 1911 *Dementia Praecox Oder Gruppe der Schizophrenien.* Franz Deuticke. (飯田　真ほか〈訳〉1974　早発性痴呆または精神分裂病群　医学書院)

Breuer, J. & Freud, S. 1895 *Studien über Hysterie.* (懸田克躬・小此木啓吾〈訳〉1974　ヒステリー研究　フロイト著作集7　人文書院)

Cattell, R.B. 1965 *The Scientific Analysis of Personality.* Penguin Books. (斎藤耕二ほか〈訳〉1980　パーソナリティの心理学──パーソナリティの理論と科学的研究　金子書房)

Crow, T.J. 1980 Molecular pathology of schizophrenia: More than one disease process. *British Medical Journal,* **12**, 66-68.

土居健郎　1961　性格の精神力学　戸川行男ほか(編)　性格の理論　性格心理学講座1　金子書房

Dollard, J. & Miller, N.E. 1950 *Personal-*

ity and Psychotherapy : An Analysis in Terms of Learning, Thinking, and Culture. McGraw-Hill. (河合伊六・稲田準子〈訳〉 1972 人格と心理療法——学習・思考・文化の視点 誠信書房)

Eysenck, H.J. 1959 *Maudsley Personality Inventory.* (MPI研究会〈編訳〉 モーズレイ性格検査手引：日本版 誠信書房)

Eysenck, H.J. & Rachman, S. 1965 *The Causes and Cures of Neurosis.* Routledge & Paul. (黒田実郎〈訳編〉 1967 神経症——その原因と治療 岩崎学術出版社)

Freud, S. 1905 *Drei Abhandlungen zur Sexualtheorie.* (懸田克躬ほか〈訳〉 1969 性欲論3篇 フロイト著作集5 人文書院)

Freud, S. 1908 *Charakter und Analerotik.* (懸田克躬ほか〈訳〉 1969 性格と肛門愛 フロイト著作集5 人文書院)

Freud, S. 1917 *Vorlesungen zur Einführung in die Psychoanalyse.* (懸田克躬・高橋義孝ほか〈訳〉 1971 精神分析学入門 フロイト著作集1 人文書院)

Freud, S. 1933 *Neue Folge der Vorlesungen zur Einführung in die Psychoanalyse.* (懸田克躬・高橋義孝ほか〈訳〉 1971 続精神分析学入門 フロイト著作集1 人文書院)

古籏安好 1960 交友関係の診断 戸川行男ほか(編) 性格診断の技術 性格心理学講座3 金子書房

Guilford, J.P. 1936 *Psychometric Methods.* McGraw-Hill. (秋重義治〈監訳〉 1959 精神測定法 培風館)

花田耕一・高橋三郎 1982 わが国におけるDSM-III臨床試行——7大学付属病院における精神科医間の診断一致度 臨床精神医学, **11**, 171-181.

飯田 真・風祭 元(編) 1979 分裂病——引き裂かれた自己の克服 有斐閣

伊東 博 1980 カウンセリング 新訂版 誠信書房

伊沢秀而ほか 1982 16PF人格検査手引き(日本版) 日本文化科学社

James, W. 1892 *Psychology.* Henry Holt. (今田 寛〈訳〉 1992 心理学 上下 岩波書店)

Jaspers, K. 1948 *Allgemeine Psychopathologie (5. Auflage).* Springer. (内村祐之ほか〈訳〉 1953 精神病理学総論 上・中・下 岩波書店)

Jones, M.C. 1924 A laboratory study of fear : The case of Peter. *Pedagogical Seminary,* **31**, 308-315. (アイゼンク〈編〉 異常行動研究会〈訳〉 1965 行動療法と神経症——神経症の新しい治療理論 誠信書房に収録)

Jung, C.G. 1921 *Psychologische Typen.* Rascher. (吉村博次ほか〈訳〉 1979 心理学的類型 中央公論社)

海保博之・次良丸睦子(編著) 1987 患者を知るための心理学 福村出版

梶田叡一 1980 自己意識の心理学 東京大学出版会

笠原 嘉ほか(編) 1984 必修精神医学 南江堂

片口安史 1982 作家の診断——ロールシャッハ・テストから創作心理の秘密を探る 新曜社

Kretschmer, E. 1955 *Körperbau und Charakter (22 Auflage).* Springer. (相場 均〈訳〉 1960 体格と性格——体質の問題および気質の学説によせる研究 文光堂)

松本 啓・鮫島和子 1977 臨床心理検査入門——諸検査の思考とその解釈 医学書院

水島恵一 1980 パーソナリティ 有斐閣

Mowrer, O.H. 1960 *Learning Theory and Behavior.* Wiley.

Myers, I.B. & Myers, P.B. 1980 *Gifts Differing.* Consulting Psychologists Press. (大沢武志・木原武一〈訳〉 1982 人間のタイプと適性——天賦の才異なればこそ 日本リクルートセンター出版部)

中井節雄 1970 人事検査法——YG性格

検査・キャッテル知能検査・クレペリン作業検査応用実務手引　竹井機器工業

中西信男・鑪幹八郎(編)　1981　自我・自己　有斐閣

鳴沢　實　1975　共感と心理療法　春木豊・岩下豊彦(編著)　共感の心理学——人間関係の基礎　川島書店

日本MMPI研究会(編)　1969　日本版MMPIハンドブック　三京房

岡崎祐士・太田敏男　1982　精神分裂病の陽性症状と陰性症状　臨床精神医学, **11**, 1337-1350.

大熊輝雄　1980　現代臨床精神医学　金原出版

大原健士郎・融　道男・山本和郎(編著)　1977　鬱病——管理社会のゆううつ　有斐閣

Rogers, R.C. 1951 *Theory of Personality and Behavior.* (伊東　博〈編訳〉1967　パースナリティ理論　ロージァズ全集8　岩崎学術出版社)

Rogers, R.C. 1957 *The Necessary and Sufficient Conditions of Therapeutic Personality Change.* (伊東　博〈編訳〉1966　サイコセラピィの過程　ロージァズ全集4　岩崎学術出版社)

Rogers, R.C. 1958 *A Process Conception of Psychotherapy.* (伊東　博〈編訳〉1966　サイコセラピィの過程　ロージァズ全集4　岩崎学術出版社)

Rorschach, H. 1921 *Psychodiagnostik.* Bricher. (片口安史〈訳〉1976　精神診断学　金子書房)

Schultz, D.P. 1977 *Growth Psychology : Models of the Healthy Personality.* Van Nostrand Reinhold. (上田吉一〈監訳〉1982　健康な人格——人間の可能性と七つのモデル　川島書店)

関　旬一・中西信男　1981　信長・秀吉・家康の人間関係　新人物往来社

須田　陽　1983　臨床心理的人間理解の基礎　(橋口英俊〈編著〉　新臨床心理学入門　建帛社)

祐宗省三・春木　豊・小林重雄(編著)　1984　行動療法入門——臨床のための理論と技法　川島書店

高橋雅春・北村依子　1981　ロールシャッハ診断法I　サイエンス社

詫摩武俊(編著)　1978　性格の理論　第2版　誠信書房

詫摩武俊・星野　命(編)　性格は変えられるか——個性カウンセリング入門　有斐閣

辻岡美延　1965　新性格検査法——YG性格検査実施・応用・研究手引　竹井機器工業

Watson, J.B. & Rayner, R. 1920 Conditioned emotional reactions. *Journal of Experimental Psychology,* **3**, 1-14. (アイゼンク〈編〉　異常行動研究会〈訳〉1971　行動療法と神経症——神経症の新しい治療理論　3刷　誠信書房に収録)

Wolpe, J. 1958 *Psychotherapy by Reciprocal Inhibition.* Stanford University Press. (金久卓也〈監訳〉1979　逆制止による心理療法　誠信書房)

依田　新・本明　寛(編著)　1971　現代心理学のエッセンス——意識の心理学から行動の科学へ　ぺりかん社

第6章

Adorno, T. W., Levinson, D. J., Frenkel-Brunswik, E., & Sanford, R.N. 1950 *The Authoritarian Personality.* Harper & Row. (田中義久・矢沢修次郎・小林修一〈訳〉1980　権威主義的パーソナリティ　青木書店)

Anderson, N.H. 1968 Likableness ratings of 555 personality-trait words. *Journal of Social Psychology,* **90**, 272-279.

Asch, S.E. 1946 Forming impression of personality. *Journal of Abnormal and Social Psychology,* **41**, 258-290.

Asch, S.E. 1955 Opinion and social pressure. *Scientific American,* **19**, 31-35.

Axelrod, R. 1984 *The Evolution of Coop-*

eration. Bacic Books.（松田裕之〈訳〉1987 つきあい方の科学——バクテリアから国際関係まで　CBS 出版）

Cialdini, R.B. 2001 *Influence : Science and Practice (4th ed.)*. Allyn and Bacon.（社会行動研究会〈訳〉1991 影響力の武器——なぜ，人は動かされるのか　誠信書房）

Daly, M. & Wilson, M. 1988 *Homicide (Foundations of human behavior)*. Walter De Gruyter.（長谷川眞理子・長谷川寿一〈訳〉1999 人が人を殺すとき——進化でその謎をとく　新思索社）

Festinger, L. 1957 *A Theory of Cognitive Dissonance*. Row, Peterson & Company.（末永俊郎〈監訳〉1965 認知的不協和の理論——社会心理学序説　誠信書房）

Festinger, L. & Carlsmith, J.M. 1959 Cognitive consequences of forced compliance. *Journal of Abnormal and Social Psychology*, **580**, 203-210.

Festinger, L., Schachter, S., & Back, K. 1950 *Social Pressures in Informal Groups : A Study of Human Factors in Housing*. Harper & Brothers.

Heider, F. 1958 *The Psychology of Interpersonal Relations*. Wiley.（大橋正夫〈訳〉1978 対人関係の心理学　誠信書房）

Hovland, C.I. & Weiss, W. 1951 The influence of source credibility on communication effectiveness. *Public Opinion Quarterly*, **15**, 635-650.

Jones, E.E. & Nisbett, R.E. 1972 The actor and the observer : Divergent perceptions of the causes of behavior. In E. E. Jones et al. (Eds.), *Attribution : Perceiving the Causes of Behavior*. General Learning Press. pp. 79-94.

Kelley, H.H. 1967 Attribution theory in social psychology. *In Nebraska Symposium on Motivation*. University of Nebraska Press, 192-235.

Kelley, H.H. & Thibaut, J.W. 1978 *Interpersonal Relations : A Theory of Interdependence*. Wiley.（黒川正流〈監訳〉1995 対人関係論　誠信書房）

Kiesler, C.A. & Kiesler, S.B. 1969 *Conformity*. Addison-Wesley.（早川昌範〈訳〉1978 同調行動の心理学　誠信書房）

Latane, B. & Darley, J.M. 1970 *The Unresponsive Bystander : Why doesn't He Help?* Appleton-Century Crofts.（竹村研一・杉崎和子〈訳〉1997 冷淡な傍観者——思いやりの社会心理学　ブレーン出版）

Milgram, S. 1974 *Obedience to Authority : An Experimental View*. Harper & Row.（岸田　秀〈訳〉1995 服従の心理——アイヒマン実験　河出書房新社）

Miller, D.T. & Ross, M. 1975 Self-serving biases in the attribution of causality : Facts or fiction? *Psychological Bulletin*, **82**, 213-225.

Newcomb, T.M. 1961 *The Acquaintance Process*. Holt.

Rosenthal, R. & Jacobson, L. 1968 *Pygmalion in the Classroom : Teacher Expectation and Pupils' Intellectual Development*. Holt.

Ross, L. 1977 The intuitive psychologist and his shortcomings : Distortions in the attribution process. In L. Berkowitz (ed.), *Advances in Experimental Social Psychology*, **10**, 174-221. Academic Press.

Ross, L., Greene, D., & House, P. 1977 The "false consensus effect" : An egocentric bias in social perception and attribution. *Journal of Experimental Social Psychology*, **130**, 279-301.

Sears, D.O. 1983 The person-positivity biases. *JPSP*, **44**, 233-250.

Sherif, M. 1936 *The Psychology of Social Norms*. UT Back-in-Print Service.

Sternberg, R.J. 1986 The triangular theory of love. *Psychological Review*, **93**,

119-135.
田中熊次郎 1970 ソシオメトリー入門――集団研究の一つの手引 明治図書出版
Zajonc, R.B. 1965 Social facilitation. *Science*, **149**, 269-274.
Zajonc, R.B. 1968 Attitudinar effects of mere exposure. *JPSP, Monograph Supplement*, **9**, 1-27.
Zimbardo, P.G., Haney, C., Banks, W.C. & Jaffe, D. 1977 The psychology of imprisonment: Privation, power and pathology. In L.S. Wrightsman & J.C. Brigham (Eds.), *Contemporary Issues in Social Psychology 3rd ed.* Brooks/Cole.

第7章

アイバーセン, L.L. 森 昭胤(訳) 1979 脳内の科学伝達物質 サイエンス, **9**, 82-97.
Broca, P. 1861 Remarques sur le Siège de la Faculté du Langage Articule, Suriviesd'une Observation d'ahpemine. *Bulletins de la Societe Anatomique*, **6**, 330-357.
Brodmann, K. 1909 *Vergleichende Lokalisationslehre der Grosshirnrinde in Ihren Prinzipien Dargestellt auf Grund des Zellenbaues.* Barth.
Dement,W.C. & Kleitman,N. 1957 Cyclic variations in EEG during sleep and their relation to eye movements, body motility, and dreaming. *Electroencephalography & clinical Neurophysiology*, **9**, 673-690.
福田一彦・堀 忠雄 1997 眠りと夢のメカニズム 宮田 洋(監) 新生理心理学2 生理心理学の応用分野 北大路書房 pp. 71-87.
Gazzaniga, M.S. 1967 The split brain in man. *Scientific America*, **217**, 24-29. (春木 豊〈訳〉 1972 脳の中の分業 本明 寛〈監修〉 別冊サイエンス 特集：不安の分析 日本経済新聞社 pp. 23-30 に収録)
Gazzaniga, M.S. 1985 *The Social Brain: Discovering the Networks of the Mind.* Basic Books. (杉下守弘・関 啓子〈訳〉 1987 社会的脳――心のネットワークの発見 青土社)
Gazzaniga, M.S. & LeDoux, J.E. 1978 *The Integrated Mind.* Plenum Press. (柏原恵龍ほか〈訳〉 1980 二つの脳と一つの心――左右の半球と認知 ミネルヴァ書房)
ゲシュヴィント, N. 山河 宏(訳) 1979 脳と精神活動 サイエンス, **9**, 126-137.
原 一雄 1981 大脳半球の統合 平野俊二(編) 現代基礎心理学12 行動の生物学的基礎 pp. 203-239.
Harlow, J.M. 1848 *Recovery from the Passage of an Iron Bar through the Head. Massachusetts Medical Society Publishing*, **2**, 327-346. (時実利彦〈編〉 1966 脳の生理学 朝倉書店 pp.349-350.より引用)
Hess, E. A. 1965 Attitude and pupil size. *Scientific America*, **212**, 46-54.
堀 忠雄 1995 脳の非対称性――右脳と左脳 根平邦人(編) 「左と右」で自然界を切る 三共出版 pp. 134-158.
堀 忠雄 1997 睡眠状態と生理心理学 宮田 洋(監) 新生理心理学2 生理心理学の応用分野 北大路書房 pp. 88-97.
堀 忠雄 1999 睡眠の生理心理 鳥居鎮夫(編) 睡眠環境学 朝倉書店 pp. 7-22.
堀 忠雄・齊藤 勇(編) 1992 脳生理心理学重要研究集1――意識と行動 誠信書房
堀 忠雄・齊藤 勇(編) 1995 脳生理心理学重要研究集2――情報処理と行動 誠信書房
Isaacson, R.L., Douglas, R.J., Lubar, J.F. & Schmaltz, L.W. 1971 *A Primer of*

Physiological Psychology. Harper & Row. (平井 久・山崎勝男・山中祥男・小嶋祥三〈訳〉 1973 生理心理学入門 誠信書房)

石浦章一(編) 1999 わかる脳と神経 羊土社

Jacobsen, C.F. 1935 Function of the frontal association and in primates. *Archives of Neurology & Psychiatry,* **33**, 558-569.

McLean, P.D. 1949 Psychosomatic disease and the "Visceral Brain". Recent developments bearing on Papez theory of emotion. *Psychosomatic Medicine,* **11**, 338-353.

三上章允 1991 脳はどこまでわかったか 講談社現代新書 講談社

二木宏明 1984 脳と心理学——適応行動の生理心理学 朝倉書店

Olds, J. 1956 Pleasure centers in the brain. *Scientific American,* **195**, 105-116.

Papez, J.W. 1937 A proposed mechanism of emotion. *Archives of Neurology & Psychiatry,* **38**, 725-743.

パウエル, N. 1979 フューゼリ——夢魔 辻井忠男〈訳〉 みすず書房

Penfield, W. & Boldrey, E. 1937 Somatic motor and sensory representation in the cerebral cortex of man studied by electrical stimulation. *Brain,* **60**, 389-443.

Penfield, W. & Rasmussen, T. 1957 *The Cerebral Cortex of Man : A Clinical Study of Localization of Function.* Macmillan.

Penfield, W. & Roberts, L. 1959 *Speech and Brain-Mechanisms.* Princeton University Press. (上村忠雄・前田利男〈訳〉 1965 言語と大脳——言語と脳のメカニズム 誠信書房)

Rechtschaffen, A. & Kales, A. (Eds.) 1968 *A Manual of Standardized Terminology, Techniques and Scoring System for Sleep Stages of Human Subjects.* Washington DC, Public Health Service, U.S.Government Printing Office. (清野茂博〈訳〉 1971 睡眠脳波アトラス——標準用語・手技・判定法 医歯薬出版)

Sergent, J. 1993 Music, the brain and Ravel. *Trend in Neuroscience,* **16**(5), 168-172.

Sperry, R.W. 1968 *Mental Unity following Surgical Disconnection of the Cerebral Hemispheres.* The havey lectures series, Academic Press.

Springer, S.P. & Deutsch, G. 1989 *Left Brain, Right Brain 3rd ed.* W.H.Freeman.

Temple, C. 1993 *Brain : An Introduction to the Psychology of Human Brain and Behaviour.* Penguin Books. (朝倉哲彦〈訳〉 1997 脳のしくみとはたらき——神経心理学からさぐる脳と心 ブルーバックス 講談社)

Ungerstedt, U. 1971 Stereotaxic mapping of the monoamine pathways in the rat brain. *Acta Physiologica Scandinavica,* **82**(suppl. 367), 1-48.

Wernicke, C. 1874 *Der Aphasische Symptomenkomplex.* Cohn & Weigert.

第8章

Beck, A.T. 1911 Cognitive therapy. *American Psychologist,* **46**, 368-375.

Beck, A.T. 1987 Cognitive model of depression. *Journal of Cognitive Psychotherapy,* **1**, 2-27.

Berne, E. 1964 *Games People Play : The Psychology of Human Relationships.* Ballantine Books. (南 博〈訳〉 1976 人生ゲーム入門——人間関係の心理学 河出書房新社)

Chapman, A.H. 1978 *The Treatment Techniques of Harry Stack Sullivan.* Brunner/Mazel. (チャップマン, A. H. 作田 勉(監訳) 1979 サリヴァン治療

技法入門　星和書店　pp. 141-147, 193-196.)

Ellis, A. 1994 *Reason and Emotion in Psychotherapy*. Carol Publishing Group. (野口京子〈訳〉 1999 理性感情行動療法　金子書房)

エリス, A.　齊藤 勇(訳)　2000　性格は変えられない，それでも人生は変えられる──エリス博士のセルフ・セラピー　ダイヤモンド社

Glass, G.V. & Kliegle, R.M. 1983 An apology for research integration in the study of psychotherapy. *Journal of Consulting and Clinical Psychology*, **31**, 28-41.

前川久男・石隈利紀・藤田和弘・松原達哉(編著)　1995　K・ABCアセスメントと指導──解釈の進め方と指導の実際　丸善メイツ

Perls, F.S. 1971 *Gestalt Therapy Verbatim*. Bantam.

下山晴彦・丹野義彦(編)　2001　講座臨床心理学1　臨床心理学とは何か　東京大学出版会

品川不二郎・小林重雄・藤田和弘・前川久男(共訳編著)　日本版WAIS-R成人知能検査法

Smith, D. 1982 Trends in counseling and psychotherapy. *American Psychologist*, **37**, 802-809.

田中教育研究所(編著)　1987　田中ビネー知能検査法　全訂版　田研出版

上野一彦・越智啓子・服部美佳子　1993　日本版言語学習能力診断検査手引き　改訂版　日本文化科学社

Wechsler, D.　1998　日本版WISC-III刊行委員会(訳編著)　日本版WISC-III知能検査　日本文化科学社

人名索引

ア 行

アイゼンク（Eysenck, H. J.） 161
アクセルロッド（Axelrod, R.） 181
アッシュ（Asch, S. E.） 172, 173, 194, 195
アトキンソン（Atkinson, R. C.） 48, 100, 103
アドルノ（Adorno, T. W.） 170
アーノルド（Arnold, A. M.） 60
アベルソン（Abelson, R.） 109
アリエス（Aries, P.） 113
アンダーソン（Anderson, N. H.） 175
ヴィゴツキー（Vygotsky, L. S.） 132, 134
ウィトキン（Witkin, H. A.） 23
ウィルソン（Wilson, M.） 169
ウェイス（Weiss, W.） 185
ウェルトハイマー（Wertheimer, R.） 15
ウェルニッケ（Wernicke, C.） 198
ウオラス（Wallas, G.） 92
ウォルピ（Wolpe, J.） 160, 223
ウォルフ（Wolfe, J. B.） 81, 83
エイヴェリル（Avrill, J. R.） 64
エクマン（Ekman, P.） 56, 59
エビングハウス（Ebbinghaus, H.） 106, 107
エリクソン（Erikson, E. H.） 122, 128, 129, 131
エリス（Ellis, A.） 223, 225
オルポート（Allport, G. W.） 131, 165

カ 行

カステンバウム（Kastenbau, R.） 130
ガットマン（Guttman, N.） 79
カーマイケル（Carmichael, L. L.） 109
カリッシュ（Kalish, H. I.） 79
カールスミス（Carlsmith, J. M.） 183
カルフ（Kalff, D. M.） 233
キースラー（Kiesler, C. A.） 195
キースラー（Kiesler, S. B.） 195
キャッテル（Cattell, R. B.） 159
キャノン（Cannon, W. B.） 44, 58
ギルフォード（Guilford, J. P.） 157
クレイグヘッド（Craighead, L. W.） 45
グレゴリー（Gregory, R. L.） 35
クレッチマー（Kretschmer, E.） 145
ゲゼル（Gesell, A.） 131, 133
ケーラー（Kohler, W.） 31, 82, 85
ケリー（Kelley, H. H.） 170, 178
コフカ（Koffka, K.） 31
ゴールマン（Goleman, D.） 55
コンドン（Condon, W. S.） 119

サ 行

ザイアンス（Zajonc, R. B.） 62, 175, 189
サメロフ（Sameroff, A. J.） 114
サリバン（Sullivan, H. S.） 230
ジェイコブセン（Jacobsen, C. F.） 198
シェパード（Shepard, R. N.） 27
ジェームス（James, W.） 147
シェリフ（Sherif, M.） 192
シフリン（Shiffrin, R. M.） 100
シャクター（Schacher, S.） 62
シャンク（Schank, R.） 109
シュテルン（Stern, W.） 114
シュルツ（Schultz, D.） 165
ジョーンズ（Jones, M. C.） 158
シング（Singh, J. A. L.） 141
ジンバルド（Zimbardo, P. G.） 190
スキナー（Skinner, B. F.） 70, 72
スクワイアー（Squire, L. R.） 109, 110
スターンバーグ（Sternberg, R. J.） 179
ストラットン（Stratton, G. M.） 29
スペリー（Sperry, R. W.） 202
セリグマン（Seligman, M. E. P.） 74, 75
セルフリッジ（Selfridge, O.） 34
ソーンダイク（Thorndike, E. L.） 70, 72, 73, 82

タ 行

ダーリー（Darley, J. M.） 189, 191
タルヴィング（Tulving, E.） 108, 110
チクセントミハイ（Csilszentmihalyi, M.） 61
チボー（Thibaut, J. W.） 178
チャルディーニ（Cialdini, R. B.） 186
テイラー（Taylor, S. E.） 39
デイリー（Daly, M.） 169
デュセイ（Dusay, J. M.） 231
ドウェック（Dweck, C. S.） 49
ドゥンカー（Duncker, K.） 91, 92
トーテス（Toetes, F.） 43

トマス（Thomas, R. M.）115
ドラード（Dollard, J.）95,97,158

ナ 行

ニューカム（Newcomb, T. M.）175
ニュートン（Newton, I.）17
ニルソン（Nilson, L.）117

ハ 行

ハイダー（Heider, F.）170,175,177,182
バーチ（Birch, H. G.）91
パブロフ（Pavlov, I. P.）67,68,69,77,78,81
パペッツ（Papez, J. W.）206
パールズ（Perls, F. S.）229
ハーロウ（Harlow, H. F.）121,138
バーン（Berne, E.）231
バンデュラ（Bandura, A.）96,99
ハント（Hunt, J. McV.）137
ピアジェ（Piaget, J.）87,125,127
ピーターソン（Peterson, L. R.）102,105
ピーターソン（Peterson, M. J.）105
ヒルガード（Hilgard, J. R.）132
フェスティンガー（Festinger, L.）174,182,183
フォーガス（Forgas, J. P.）65
フォン・フリッシュ（von Frisch, K.）17
フランクル（Frankl, V. E.）165
ブランスフォード（Bransford, J. D.）104
ブルーナー（Bruner, J. S.）38,87,89,134
フロイト・アンナ（Freud, A.）52
フロイト（Freud, S.）108,114,129,150,151,152,154,156,223,232
ブロイラー（Bleuler, E.）143,144
ブローカ（Broca, P.）198
ブロードマン（Brodmann, K.）196
フロム（Fromm, E.）165
ヘス（Hess, E. H.）139,217
ベック（Beck, A. T.）223,227,234
ヘッブ（Hebb, D. O.）138
ボウルビィ（Bowlby, J.）123
ポーター（Porter, C.）163

ホブランド（Hovland, C. I.）185

マ 行

マイアー（Mayer, R. E.）88,90,91
マイケンバウム（Meichenbaum, D.H.）227
マウラー（Mowrer, O. H.）158
マクリーン（McLean, P. D.）206
マズロー（Maslow, A. H.）46,165
ミラー（Miller, N. E.）94,97,101
ミルグラム（Milgram, S.）192,193
メイヤー（Maier, S. F.）75
モニス（Moniz, A. E.）200
モレノ（Moreno, J. L.）175

ヤ 行

ヤコブソン（Jacobson, L.）172
ヤスパース（Jaspers, K.）147
ユング（Jung, C. G.）153,233

ラ 行

ラザルス（Lazarus, R. S.）62
ラタネ（Latane, B.）189,191
ランダス（Rundus, D.）103
ルソー（Rousseau, J-J.）112
ルーチンス（Luchins, A. S.）91,93
ルドゥ（LeDoux, J. E.）63
ルビン（Rubin, E. J.）14
レイナー（Rayner, R.）71
レッパー（Lepper, M.）47
ローウェンフェルト（Lowenfeld, M.）233
ロジャーズ（Rogers, C. R.）162,164,165,223,232
ローゼンソール（Rosenthal, R.）172
ロフタス（Loftus, E. F.）109
ロールシャッハ（Rorschach, H.）155
ローレンツ（Lorenz, K.）112,136

ワ 行

ワイナー（Weiner, B.）48
ワトソン（Watson, J. B.）68,71,77,114,156,158

事項索引

ア 行

愛着　120, 121, 123, 136
ITPA　226
アイヒマン実験　192, 193
アタッチメント　120
RFT　23
α波　210
アンダーマイニング効果　47
暗黙のパーソナリティ理論　171
EFT　23
EQ　55
鋳型照合モデル　34
維持的リハーサル　102
異常心理　142
一次的強化刺激　81
一貫性　171
一致・依存の行動　95
一致性　171
一般解　92
遺伝論　114
意味記憶　109
印象形成　172
インプリンティング　136
ウェクスラー法　226
運動残効　20, 24
運動視差　18
運動知覚　19
運動野　197
映像的表象　84
鋭敏化　66, 110
エゴグラム　231
エス　150
SCT　228
HIVカウンセリング　236
エディプス・コンプレックス　151
ABCDE理論　225
エピソード記憶　109
MMPI　149, 228
MPI　161, 228
エンカウンター・グループ　234
応諾獲得　186
置き換え　152, 158
恐れ　68

カ 行

オペラント条件づけ　70, 73, 74, 76, 77, 78, 81, 83, 156, 158
外延　86
下位概念　87
外向性格　153
概念　82, 84
概念学習　66
概念駆動型処理　25
概念達成　87, 89
概念的行動　86
概念の外延　84
概念の階層性　87
概念の代表化　87
概念の典型性　90
概念の内包　84
回避反応　72, 74, 75
カウフマン児童査定バッテリー　226
カウンセリング　163
拡散的思考　94
学習　5, 66, 68
学習性無力　75
学習理論　67
カクテル・パーティ効果　30
隔離実験　138
家系研究法　114
仮現運動　20
仮説　87
家族療法　234
課題解決学習　66
合接概念　89
カップル療法　234
カテゴリー化　168
金縛り体験　215
感覚　13
感覚遮断実験　136, 138
感覚貯蔵庫　101
感覚野　197
環境論　114
眼瞼反射　74
観察学習　94, 96, 98, 99, 156, 158
干渉　106
感情　3, 54

干渉説　106
感情の二要因説　60
関与しながらの観察　230
記憶　66,98
記憶痕跡　106,108
記憶術　104
記憶(の)変容　108,111
記憶崩壊説　106
気質類型論　145
帰属バイアス　171
期待×価値理論　48
期待価値理論　182
機能地図　197
機能的固定　91,93
規範的影響　194
気分　54
基本的情動　56
基本的信頼感　122
記銘　98,108
きめの勾配　19
逆向干渉　106,108
キャノン-バード説　58
ギャング・エイジ　126
急速眼球運動　212
橋　208
教育　112
強化　68,72,74,79
強化子　78
強化刺激　72
強化スケジュール　80
恐怖喚起メッセージ　186
共変原理　170
虚偽検出ポリグラフ検査　213
クライエント中心療法（人間性療法）　166,223,232
群化の法則　15,16
系統的脱感作療法　160
系列位置曲線　103
系列学習　103
K・ABC　226
ゲシュタルト　172
ゲシュタルト心理学　31,82,85
ゲシュタルト療法　229
権威主義的パーソナリティ　170
原因帰属　50,170
嫌悪刺激　74
幻覚　26,143
言語　84
言語学習能力診断検査　226

言語中枢　199
言語的表象　84
言語連想法　228
顕在記憶　109
検索　100,109
検索失敗説　108
検索の失敗　108
幻肢　26
検証　87
減衰説　106
行為者-観察者バイアス　173
効果の法則　73
攻撃行動　96,98,99
恒常現象　28
恒常性　26,28
構造化面接　221
行動主義　82
行動主義心理学　94
後頭葉　196
行動療法　160,223,234
衡平理論　178
交流分析　231
刻印づけ　136,139
心のケア　218
子育て支援　236
古典的条件づけ　67,68,69,70,74,76,81,156,158
言葉　84
コンフリクト　52
根本的帰属錯誤　173

サ　行

再帰属法　49
再現像　197,198
再生　98,108
再体制化　82,84,109
再認　106
再符号化　104
作業記憶　100,101,102
錯視　24,35
錯覚　24
ザッツ・ノット・オール・テクニック　186,187
差別　170
3次元の知覚　18
CR　68,69,71
シェイピング　72
CS　68,69,71
GSR　39

事項索引　255

CAT　228
ジェームズ-ランゲ説　58
自我　150,158
自我関与　184
視覚逆転　29
視覚野　197
自我同一性　128
視空間の異方性　26
刺激　67,68,70,74,76
刺激汎化　77,79
自己意識　200
思考　5,66
試行錯誤学習　82,85
自己概念　162
自己実現傾向　167
自己実現欲求　46
自己充足的予言　172
自己中心性　127
自己理論　147,162
視床下部　208
システマティック処理　184
θ波　210
失音楽症　207
失語症　199
失語症研究　198
実践活動　219
実践を通しての研究　219
質問紙法　222,228
私的受容　195
自動運動　20,24
児童期　113,124,126
自発的回復　76
自閉　144
社会的学習　66,94
社会的交換理論　176
社会的構築主義　64
社会的促進　189
社会的認知　38,39
社会的抑制　189
社会的欲求　46
囚人のジレンマ　178,180
集団圧力　194
集団規範　192
集団療法　234
執着気質　146
周辺ルート　184
16 PF　159
主観的輪郭　21
熟知性　175

受容方略　89
順化　66
準拠系　33
順向干渉　106,108
上位概念　87
昇華　152
消去　76
消去抵抗　80
条件刺激（CS）　68,69,76,78,79,81
条件性強化子　81
条件性情動反応　68,71
条件づけ　66,67,68,70,71,95,109
条件反応（CR）　68,69,74,76
情緒　3
情動　54
情動の二経路説　63
情報処理理論　100
情報的影響　194
情報統合理論　172
初期経験　66,136,140
初頭効果　172
初頭性効果　103
自立　124
自律神経系の反応　74
自律神経系の不随意反応　76
進化心理学　169
新近性効果　103
神経症　148
人生周期（ライフ・サイクル）　129
心的回転　27
信憑性　184
心理劇　228
心理検査法　222
心理的反発（リアクタンス）　186
心理療法　12,223,230,235,236
図　13,14
水晶体の調節　18
睡眠周期　212
睡眠段階　210
睡眠紡錘波　212
スキナー・ボックス　70
スキーマ　109
スクリプト　109
スクールカウンセラー　236
図地反転図形　15
ステレオコープ　18
ステレオタイプ　170
ストラテジー　89
スリーパー効果　184

性格　8
性格特性論　157, 159
性格類型論　151, 153, 155
生活体　67, 78
生産的思考　94
正刺激　78
成熟優位説　131
正事例　86, 89, 90
成人期　130
精神性発汗　213
精神的健康論　165
精神分析療法　223, 232
精神分析理論　108, 150
精緻化リハーサル　102, 104
生得的　67
青年期　126, 128
正の強化子　74, 81
正の罰　74
性欲発達説　151
生理心理学　10
生理的欲求　42
責任の拡散　189
折衷的療法　234, 235
説得的コミュニケーション　184
節約法　107
節約率　107
セム (SEM)　210
潜在記憶　109
選択的比較水準　178
選択方略　89
前頭葉　196, 201
前頭葉ロボトミー　200
専門活動　219
躁うつ病　146
想起　98, 109
相互依存理論　178
相互同調活動　119
操作　127
双生児研究法　133
創造的行動　87
創造的思考　91, 94
側頭葉　196
ソシオメトリック・テスト　175
素朴心理学者　170

タ 行

第一次条件づけ　81
第一反抗期　124
体験　162

退行　152
他者（モデル）　94
対人魅力　174
体制化の法則　16
胎生期　116
態度の ABC　182
第二次条件づけ　81
大脳の機能局在　198
大脳半球機能差　202
大脳皮質　196
大脳辺縁系　196
代理性強化　96
脱中心化　125, 126
短期記憶　100, 102, 103, 105
単純接触効果　175
地　13, 14
遅延時間　68
知覚　2, 13
知覚的鋭敏化　39
知覚的防衛　39
知能検査　224
チャンク　101
注意　28
中心化　125
中心特性　172
中心ルート　184
中枢神経系の随意反応　76
長期記憶　100, 102, 103
超自我　150, 158
直接記憶範囲　101
貯蔵　100, 109
直観的思考期　125
追従　195
追従者　97
月の錯視　24
TEG　228
TAT　228
定時隔強化　80
ディストラクタ法　102
定率強化　80
テストバッテリー　222, 224
データ駆動型処理　25
デッドライン・テクニック　187
ドア・イン・ザ・フェイス・テクニック　186, 187
同位概念　87
同一化　128
同一性拡散　128
投映法　222, 228

動機　4, 41
動機づけ　41
瞳孔　217
瞳孔拡大　217
統合失調症　143
洞察　156
洞察学習　82, 85
投射　152
頭頂葉　196
逃避　152
逃避反応　72, 74, 75
特殊解　92
特性類型論　161
特徴分析モデル　34
ドーパミン神経　211

ナ　行

内向性格　153, 161
内包　86
二次性徴　126, 128
二次的強化　80, 81, 83
二次的強化刺激　81
二重処理モデル　184
偽の一致性情報　173
乳児期　118
入眠期心像体験　214
ニュールック心理学　38
人間関係　10
人間性療法　223
認知　3, 13
認知閾　38
認知心理学　84
認知的一貫性理論　182
認知的対処法　62
認知的不協和理論　182, 183
認知療法　223, 227, 234
ネガティビティ・バイアス　173
脳地図　196
脳内麻薬　211
脳の機能地図　196
脳梁　202
ノルアドレナリン神経　211
ノンレム睡眠　208, 212
ノンレム睡眠の夢　214

ハ　行

箱庭療法　233
パーソナリティ　142
パターン認識　34

罰　74
発達　7, 112
発達の最近接領域　132, 134
バランス理論　175, 182
ハロー効果　173
汎化　77, 78
汎化勾配　77, 79
半構造化面接　221
半側視野法　203
半側無視　205
パンディモニアム・モデル　34, 36
反動形成　152
反応　67, 68, 70, 74, 76
ハンフレイズ効果　80
P-Fスタディ　228
被害（災）者支援　236
比較水準　178
ピーク・テクニック　187
ピグマリオン効果　174
非構造化面接　221
否認　164
ビネー式検査　224
皮膚抵抗の変化　74
皮膚電気反応　213
ヒューリスティック処理　184
描画法　228
表情符号化システム　59
評定法　222
不安　68
輻輳説　114
符号化　100, 104, 109
符号解読　104
負刺激　78
負事例　86, 89
フット・イン・ザ・ドア・テクニック　187, 188
物理的近接性　174
負の強化子　74
負の罰　74
部分強化　78, 80
部分強化効果　80
プライミング　109
フラストレーション・トレランス　51
プレイング・ハード・トゥ・ゲット・テクニック　187
プレグナンツの法則　31
プロトタイプ　90, 171
フロー理論　61
分化　78

分化条件づけ　78
分割脳　202,204,209
ベータ運動　20
β 波　210
辺縁リング　206
偏見　170
変時隔強化　80
弁別　77,78
弁別学習　78,97
弁別刺激　76,78,97
弁別性　171
返報性　186
変率強化　80
防衛機制　108,152
忘却　66,106,108
忘却曲線　106,107
保持　98
保持曲線　106
ポジティビティ・バイアス　173
ホスピタリズム　120
保存　87
保存実験　125
保存の概念　125,127
ホメオスタシス　42

マ　行

マスキング現象　30
マターナル・ディプリベーション　120
マッチング現象　178
見立て　230
無意味綴り　107
無条件刺激（US）　68,69,74,76,78,81
無条件反応（UR）　68,69,74
夢魔　215
面接法　220,221
模擬刑務所実験　190
モデリング　96,98
模倣　94
模倣学習　94,96,97
模倣行動　95,96,97
模倣者　95
模倣反応　97
問題解決　82
問題解決行動　73,87
問題箱　73,82
問題場面　70

ヤ　行

野生児　138,140

UR　68,69,71
誘因　41
有機体　67
遊戯療法　233
誘導運動　20
有能な乳児　120
US　68,69,71
幼児期　122
抑圧　108,150,158
抑圧説　108
欲求　4,41

ラ　行

ライフ・サイクル　122
らせん型カリキュラム　134
利己的バイアス　173
リスト・テクニック　188
離接概念　89
リーダー　95,97
リハーサル　101,103
リハーサルの機能　101
リビドー　150
両眼視差　18
両眼輻輳　18
両耳分離聴　37
両面的メッセージ　186
臨界期　136,139
臨床心理アセスメント　220
臨床心理学　11
類似性　175
レディネス　131,135
レム（REM）　212
レム睡眠　208,212,215
レム睡眠の夢　214
連合野　198
連続強化　78
老年期　130,131
ロー・ボール・テクニック　187,188
ロールシャッハ　228
ロールシャッハ・テスト　155
論理的思考　94
論理療法　225

ワ　行

歪曲　164
YG　228
YGテスト　157
枠組み　33

執筆者紹介

齊藤　勇（さいとう　いさむ）
　────────────────〈序章・第8章トピックス〉

鈴木晶夫（すずき　まさお）────────〈第1章〉
　現　在　早稲田大学名誉教授

生熊譲二（いくま　じょうじ）────────〈第2章〉
　元　湘南工科大学工学部教授

荻野七重（おぎの　ななえ）────────〈第3章〉
　元　白梅学園短期大学心理学科教授

杉本真理子（すぎもと　まりこ）────────〈第4章〉
　現　在　帝京大学教育学部教授

丹野義彦（たんの　よしひこ）────────〈第5章〉
　現　在　東京大学名誉教授

古屋　健（ふるや　たけし）────────〈第6章〉
　現　在　立正大学心理学部教授

堀　忠雄（ほり　ただお）────────〈第7章〉
　現　在　広島大学名誉教授

岡本淳子（おかもと　じゅんこ）────〈第8章本文〉
　元　立正大学心理学部教授

編　者

齊　藤　　勇

1943年　山梨県に生まれる
1972年　早稲田大学大学院博士課程単位取得満期退学
現　在　立正大学名誉教授
　　　　日本ビジネス心理学会会長
　　　　大阪経済大学客員教授
　　　　ミンダナオ国際大学客員教授
　　　　博士（文学）
主　著　『対人心理の分解図』誠信書房
　　　　『人間関係の分解図』誠信書房
　　　　『人間関係の心理学』（編）誠信書房
　　　　『対人心理学トピックス100』（編）誠信書房
　　　　『感情と人間関係の心理』（編）川島書店
　　　　『欲求心理学トピックス100』（編）誠信書房
　　　　『対人社会心理学重要研究集　全7巻』（編）誠信書房
　　　　『経営産業心理学パースペクティブ』（共編）誠信書房
　　　　『イラストレート心理学入門［第2版］』誠信書房
　　　　『イラストレート人間関係の心理学』誠信書房
　　　　『イラストレート恋愛心理学』（編）誠信書房
　　　　『図説社会心理学入門』（編）誠信書房

図説心理学入門［第2版］

1988年 5月10日　初　版第 1 刷発行
2004年 1月10日　初　版第25刷発行
2005年 3月25日　第 2 版第 1 刷発行
2025年 1月20日　第 2 版第29刷発行

編　者　齊　藤　　勇
発行者　柴　田　敏　樹
発行所　株式会社　誠 信 書 房

〒112-0012　東京都文京区大塚 3-20-6
電話 03 (3946) 5666
https://www.seishinshobo.co.jp/

© Isamu Saito, 1988, 2005　　　印刷／あづま堂印刷　製本／協栄製本
検印省略　　落丁・乱丁本はお取り替えいたします
ISBN978-4-414-30163-2 C1011　Printed in Japan

JCOPY ＜(社)出版者著作権管理機構　委託出版物＞
本書の無断複写は著作権法上での例外を除き禁じられています。
複写される場合は，そのつど事前に，(社)出版者著作権管理機構
(電話03-5244-5088，FAX03-5244-5089，e-mail: info@jcopy.or.jp)
の許諾を得てください。

イラストレート心理学入門 [第3版]

齊藤 勇 著

心理学の入門書として、また大学の教科書として選ばれ続け、毎年増刷を重ねてきた大好評ロングセラーの第3版。入門的な内容と、かみくだいた解説は踏襲しつつ、性格の特性論や効果的学習法など、注目の研究動向も盛り込んだ。また、心理学史上のエポックメイキングな実験を分かりやすくまとめたトピックスも、イラストと構成を刷新してさらに分かりやすくなった。楽しく読んで、心理学の全体を見渡す知識を身につけることができる。

目次
第1章　知覚と認知の心理
第2章　感情と情緒の心理
第3章　欲求と動機の心理
第4章　学習と記憶の心理
第5章　性格と知能の心理
第6章　無意識と臨床心理
第7章　発達と成長の心理
第8章　対人と社会の心理

A5判並製　定価（本体1500円＋税）

図説 社会心理学入門

齊藤 勇 編著

好評の『図説 心理学入門』の姉妹編。豊富な図版と約100点のトピックスで、社会心理学を初めて学ぶ人にもわかりやすく、楽しく読み進められるように編集した。本書は、自己、人間関係、集団、文化と大きく四分野に分け、小さな社会から大きな社会へと視点を移せるよう構成し、また、社会心理学の研究方法や主要な理論的背景にも言及した、社会心理学の入門書である。

目次
序　章　社会心理学とは
第1章　自己と社会心理
第2章　性格・態度と社会心理
第3章　対人行動と社会心理
第4章　集団と社会心理
第5章　文化と社会心理
付　章　社会心理学の応用

A5判並製　定価（本体2800円＋税）